国家“十一五”科技支撑计划项目

心理咨询与心理治疗技术操作规范

张亚林　曹玉萍　主编

科学出版社
北京

内 容 简 介

本书科学编制了中国道家认知疗法、移空技术（气功疗法）、心理动力学治疗、行为改变与行为促进技术、认知疗法、人本心理治疗、森田疗法、危机干预、归因治疗及网络心理咨询十种常用心理技术的操作规范。让这些心理治疗技术从此有章可循、有样可学。尤其难能可贵的是，这些操作规范并非一群"大师们"闭门造车、一挥而就，而是经过大量的科学实验和深度的临床案例分析，反复打磨、多次修订之后确立。

本书特别强调简化理论、强化操作、细化注意事项，适宜于临床一线心理咨询与心理治疗从业者研读，尤其便于初学者学习。

图书在版编目(CIP)数据

心理咨询与心理治疗技术操作规范 / 张亚林，曹玉萍主编. —北京：科学出版社，2014. 3

ISBN 978-7-03-039559-7

Ⅰ. 心… Ⅱ. ①张… ②曹… Ⅲ. ①心理咨询-技术操作规程 ②精神疗法-技术操作规程 Ⅳ. ①R395.6-65 ②R749.055-65

中国版本图书馆 CIP 数据核字(2014)第 009646 号

责任编辑：杨小玲 丁慧颖／责任校对：郑金红
责任印制：赵 博／封面设计：耕者设计工作室

科 学 出 版 社 出版
北京东黄城根北街 16 号
邮政编码：100717
http://www.sciencep.com
中煤（北京）印务有限公司印刷
科学出版社发行 各地新华书店经销
*
2014 年 3 月第 一 版 开本：A5（890 × 1240）
2024 年 7 月第十一次印刷 印张：9 7/8
字数：338 000

定价：59.80 元

（如有印装质量问题，我社负责调换）

《心理咨询与心理治疗技术操作规范》

现场实验研究单位

（以单位首字笔画为序）

上海交通大学医学院附属精神卫生中心
广西省心理卫生协会
天津师范大学
天津市 12355 青少年综合服务平台
无锡市精神卫生中心
中国人民解放军第四军医大学西京医院
中国地质大学应用心理学系
中国农业大学
中国传媒大学
中国医科大学附属盛京医院
中国医科大学附属第一医院精神医学科
中南大学湘雅二医院精神卫生研究所
中南大学湘雅医院临床心理科
北京大学心理健康教育与咨询中心
北京大学精神卫生研究所
北京中医药大学
北京化工大学
北京师范大学
北京回龙观医院
北京交通大学
北京科技大学
北京航空航天大学
北京理工大学人文与社会科学学院
四川大学华西医院心理卫生中心
宁夏医科大学附属医院心身医学科
兰州大学
华中师范大学心理学院
华中科技大学同济医学院
华南师范大学
江西师范大学
安徽省精神卫生中心
青岛市精神卫生中心
青海大学
昆明医学院第一附属医院精神科
河北省石家庄市中心医院
陕西省人民医院
南开大学
南京医科大学附属脑科医院
哈尔滨工程大学人文学院
首都师范大学
首都医科大学附属北京安定医院
浙江大学医学院附属邵逸夫医院
海南职业技术学院
清华大学心理学系
湘潭职业技术学院
新乡医学院第二附属医院
新疆精神卫生中心临床心理科
福建省煤矿中心医院

《心理咨询与心理治疗技术操作规范》
现场实验研究人员

（以姓氏笔画为序）

万建群	于红军	于丽霞	马学尧	马喜亭	仇剑崟	尹海兰	王　伟
王　兴	王　旭	王　阳	王　纯	王　伞	王　艳	王化宁	王兰兰
王旭梅	王芙蓉	王国强	王晓东	王敬群	邓　琳	丛　中	东玉林
冯书芳	史　闻	申丽娟	艾小青	龙　江	刘　军	刘　盈	刘　峰
刘　淼	刘　瑜	刘　鑫	刘天君	刘冬全	刘建新	刘晓敏	刘燕玲
向　慧	吕大为	吕建宝	吕淑云	孙　聪	孙启武	安　芹	成　颢
曲海涛	朱　旭	朱文臻	江光荣	江瑞芳	纪骁纹	何　影	何　瑾
余　萍	吴　边	吴　皓	吴才智	吴月波	吴晓云	呙冬冬	宋红艳
应丽莎	张　宁	张　宇	张　红	张　凯	张　明	张　勇	张　洁
张　骏	张　皓	张天布	张风刚	张发斌	张亚林	张延妍	张旭静
张迎黎	张春燕	张海波	张海音	张朝辉	李　飞	李　丹	李　倩
李　斌	李　焰	李凤兰	李玉焕	李江雪	李红霞	李晓驷	李鸿磊
李雄鹰	李慧生	杜　睿	杨　华	杨　学	杨　峘	杨　娟	杨世昌
杨彦春	杨晓玲	汪海燕	肖丁宜	邵　云	邹韶红	陈　欢	陈小舟
陈亚飞	陈昌乐	陈珑方	周　月	周　娟	周　蜜	周春英	周琴飞
宗　敏	林　红	林　芳	林　瑶	罗厚员	苑　璞	范　华	范津津
郑浩鹏	侯言彬	侯智娟	姜长青	施　钢	施琪嘉	柳　娜	柳珺珺
祝秋菊	胡　力	胡姝婧	赵　金	赵　静	赵兴蓉	赵丽珠	赵幸福
赵海鹏	赵嘉路	郝　燕	钟洁琼	须　卫	凌　霄	唐佃珍	夏　天
夏　勉	夏宇欣	徐　琳	徐兰慧	徐凯文	徐慧兰	聂振伟	袁　辛
袁锦芳	贾　峰	贾　烜	贾伟平	贾春廷	贾晓明	郭志峰	郭果毅
郭建红	郭晓丽	郭蓄芳	陶　嵘	高　茹	崔　俊	曹玉萍	曹瑞想
曹磊明	彭　贤	曾　洁	程亚平	葛　鹏	董乐芳	蒋文辉	鲁小华
鲁淑红	楚利君	蓝　薇	熊珍明	缪绍疆	蔡　篮	谭庆荣	谭雅容
樊亚奇	樊富珉	薛昀赟	魏　虹	魏玉龙			

《心理咨询与心理治疗技术操作规范》

编写人员

主　编　张亚林　曹玉萍

撰稿人（以姓氏笔画为序）

王　纯（南京医科大学附属脑科医院）
王旭梅（中国医科大学附属盛京医院）
丛　中（北京大学精神卫生研究所）
刘天君（北京中医药大学）
江光荣（华中师范大学心理学院）
张　宁（南京医科大学附属脑科医院）
张　骏（四川大学华西医院心理卫生中心）
张亚林（中南大学湘雅二医院精神卫生研究所）
张海音（上海交通大学医学院附属精神卫生中心）
施琪嘉（华中科技大学同济医学院）
贾晓明（北京理工大学人文与社会科学学院）
徐凯文（北京大学心理健康教育与咨询中心）
曹玉萍（中南大学湘雅二医院精神卫生研究所）
谭庆荣（中国人民解放军第四军医大学西京医院）
樊富珉（清华大学心理学系）

审稿人（以姓氏笔画为序）

肖泽萍（上海交通大学医学院附属精神卫生中心）
张亚林（中南大学湘雅二医院精神卫生研究所）
陈乾元（香港中文大学医学院）
赵旭东（同济大学附属东方医院）
钱铭怡（北京大学心理学系）
曾文星（美国夏威夷大学医学院）
赖德仁（台湾中山医学大学）

前　言

有道是：青山本不老，为雪白头；绿水原无忧，因风皱面。人有七情六欲，还要经历雪雨风霜，难免精神上会有忧虑，心理上会有伤痛。于是，世上便有了心理咨询与心理治疗，经由言语的沟通、情绪的抒发、认知的转变、行为的调节等心理途径为患者解疑释惑、排忧除病。

心理治疗有很长很长的过去，但作为独立的专业门类来说，却只有很短的历史。如果按照这个专业的定义，我国的心理咨询与心理治疗起步较晚，眼下还处于自发的、启蒙的、不均衡的、却又充满生机的发展阶段。

据说美国心理学会现有会员约 150 000 人，欧洲心理治疗协会也至少有 120 000 位心理治疗师。而我国注册的心理治疗师尚不足千人，即使加上少数偏好心理治疗的精神科医师，也不过区区数千，与我们为之服务的十三亿同胞实在不成比例。

我国心理咨询与心理治疗的从业人员，不仅数量极少，而且水准参差不齐。有研究报告发现 76.2%的从业人员难以胜任工作（赵静波、季建林，2009）。提高我国心理健康服务工作者的专业素质和专业技能，刻不容缓（徐华春、黄希庭，2007）。

面对我国心理治疗从业人员量质双低的严峻局面，我们思考：如果将心理治疗的技术流程和实施方法编制成规范化的操作手册，会不会是一种较快、较大规模推广心理治疗技术的好方法。我们的想法得到了北京大学、清华大学、华中科技大学、华中师范大学、第四军医大学、四川大学、南京医科大学、首都医科大学、上海交通大学、中国医科大学、北京理工大学、北京中医药大学的专家同仁的呼应，又得到了国家“十一五”科技支撑计划项目的经费支持。百余专家，历时三年，合作完成了“十种心理咨询与心理治疗技术的规范与示范研究”课题（2009BAI77B07），本书便是这一课题的收官之作。

心理治疗门派众多，各种心理治疗似乎都有自己的用武之地。临床实践告诉我们，没有哪一种心理疗法能包打天下，能单独地应对这错综复杂的世界，能单独地解决形形色色的心理问题。因此，研究伊始的问题便是：编制哪几种心理治疗技术的操作规范才符合我国国情，才能最大程度地满足我国当前的需求呢？答案是：兼顾实用与流行。我们在数以百计的心理治疗技术中筛选了 10 种：2 种我国本土心理疗法，5 种国际经典心理疗法，以及 3 种新兴的心理疗法，意在彰显中国特色、国际主流和与时俱进三个主旨。

科学编制心理治疗技术的操作规范，本是一道世界难题；要编制一套适合我国国情和国人的心理治疗技术操作规范更是前无古人的挑战。

固然我国引进的国际经典大多是举世公认、行之有效的心理治疗，但是心理治疗是一门实践性很强的学科，每一种心理治疗都产生于特定的社会文化中，适用于特定的社会人群。于是问题来了：那些创建于西方的认知疗法、行为疗法、精神分析疗法、人本心理疗法是不是可以拿来就用呢？拿来就用究竟管不管用呢？本课题组整合了精神医学、心理学和社会人文科学的综合力量，研讨东西方社会文化的差异，注意到引进国际经典不可东施效颦，不可以像当年的唐三藏，从西方取来了真经就踌躇满志，以为大功告成。西方思维具有浓厚的实证和理性色彩，而我国传统思维则注重实践经验和直觉体会。原封不动地移植可能遭遇水土不服，湖南的肯德基都用上辣椒了，可见引进需要本土化，需要一个扬弃、消化、吸收和再创新的艰难历程。

规范我国本土原创性心理治疗的操作技术也是一项新课题。这些原创性心理治疗问世不久，还在成长之中，尚需时间检验；而且这些原创性心理治疗往往带有原创者个人的心理学见解、文化背景、临床经验甚至个性特点，旁人难得真髓。为此，规范本土心理治疗技术，非邀原创人员担纲不可。

最关键的问题是技术规范的研究方法必须革新。

当今心理治疗的研究，常常只关注治疗结果。当然，结果研究可以用来评价某种心理治疗的疗效或进行几种心理治疗的比较。若要总结、优化、重组一种心理治疗，仅仅知道结果是不够的，要弄清治疗为何能够奏效？哪些环节发生重要作用？哪些环节次要甚至多余？结果研究不能回答这些问题，而过程研究则可以回答。因此关注治疗过程（therapy process）是不可或缺的研究手段。

又由于受当今占主流的科学方法学的影响，即使是过程研究，大多采用的仍然是量化的、假设-检验式的方法。而量化的均数指标可能会与心理治疗当事双方（来访者和治疗师）的真实感受相去甚远。例如，2012年我国职工平均收入是4.7万元，多数国人似乎没有年收入近5万元的幸福感，而这个数据对少数年收入过百万者来说更是无关痛痒。其实，统计局的数据未必不真实，均数是削峰填谷的结果，自然与绝大多数人的感受不一致，而心理治疗却尤其注重个人的真实感受。Stiles（1996）就曾强烈批评过这种量化研究范式，呼吁提倡质化研究在心理治疗领域的重要性。

因此，我们的矫枉应对之策是：在进行结果研究的同时加强过程研究；在进行随机对照式量化研究的同时加强发现式的质化研究；在研究治疗与效果简单的线性关系的同时加强复杂的非线性研究。运用这些相辅相成的研究方法，发现大量心理治疗的新信息、新结果。而且每种心理疗法均经过不少于100例患者/来访者的临床对照实验，治疗全过程均录音录像用于质化研究。研究的对象既包括患者/来访者，也包括治疗者；分析结果既用量化指标，也用质化方法。用以验证这套操作规范的合理性、有效性和可行性。整个规范化技术操作流程的建立都是以临床实验研究为基础的。

这种繁复的“编写—实验研究—编写”的过程是本书最大的特色与最大的优势。

十种心理疗法的理论、方法不尽相同，但写作形式相对统一。均分为三部分内容：基本理论、基本操作、注意事项，而且是简化理论、强化操作、细化注意事项。当然，即使这些规范的撰稿者均是国内心理治疗的大家，而且又请了另一批心理治疗的大家进行盲审，但疏漏、争议之处一定在所难免。出于对心理治疗高深无涯的尊重，也出于对大家们原创精神的尊重，主编既不画蛇添足，也不刀砍斧伐，力保原汁原味。不管是见解独到的，还是离经叛道的，只要言之有据、文责自负就行。况且执笔者都是心理治疗的高手，不论是理论造诣或是临床经验，个个都蜚声业内、不同凡响，每字每句都应是匠心独具才是。

最后要说的是，将心理治疗技术的操作流程规范化、模式化，目的是便于初学者学习，先求形似，再求神似。收之桑榆或失之东隅，规范有可能束缚了治疗师和来访者之间的灵活互动。因此，学习操作规范不能过于刻板，不能太具指定性。优秀的心理治疗师应永远保持这样一种状态：学习、实践、思考、再学习……周而复始，无穷无尽。心理治疗涉及个体的喜怒哀乐、人生的酸甜苦辣、自然的春来春去、社会的潮涨潮落，真是经纬万端、变化万千。所以，心理治疗其实本不该有一成不变的金科玉律，本无必要亦步亦趋地循规蹈矩。

一言以蔽之，学习心理治疗技术要多多用脑思考，用心品味；先形而下，再形而上。要从手中有剑，到心中有剑，再到心中无剑；最后达到炉火纯青、自由自在的至高境界。

中南大学湘雅二医院精神卫生研究所
张亚林
2013 年 7 月

目　　录

第一章　中国道家认知疗法

第一部分　基 本 理 论

一、道家的基本处世养身之道

道家学脉源远流长，可追溯到远古时代。例如，母系氏族中的原始平等意识，以及物我一体、人天同构的自然生态意识，都为道家思想奠定了文化基础。

老子(约公元前 571 年～公元前 471 年)是中国古代伟大的思想家，道家学派的创始人，所著《道德经》(又称《老子》)的哲学思想得到后来的庄子(约公元前 369 年～前 286 年)和他的门人后学的阐发而发扬光大，后世并称“老庄哲学”。这是中国历史上一部完整的哲学体系，对后来整个中华民族的思想、心理、政治和文化都产生过深远的影响。

老庄的道家哲学思想认为，“道”是派生天地万物的精神本原，指的是当代人所说的事物存在的规律，“德”是道的展开和在具体事物中的应用；“道”犹如大树的根，“德”则是树上的枝叶花果。其主要思想是自然、无为、虚静、柔弱，倡导天人合一的思维方式、顺应自然的行为原则、返朴归真的价值取向、崇俭抑奢的生活信条、柔弱不争的处世之道以及重生养生的人生追求。《老子》第十章写道：“载营魄抱一，能无离乎？专气致柔，能如婴儿乎？涤除玄览，能无疵乎？爱国治民，能无为乎？天门开阖，能为雌乎？生之畜之，生而不有，为而不恃，长而不宰。是谓玄德。”用“玄览”和“玄德”来讲明道与德的不同作用。所谓“玄览”，老子注云：“心居玄冥之处，览知万物，故谓之玄览”，即为内心之光明，为形而上之镜，能照察事物。“玄德”是“玄览”的体现，大道的具体化。老子似乎在教导我们一种最朴素的“玄览引导”：第一步，将我们的心身合一(“营魄抱一”)；第二步，集气到最柔和的境界(专气致柔)；

第三步，洗清杂念，深入观照(涤除玄览)。老子在进德修业上主张要遵循“玄德”的三个基本阶段：第一阶段，要懂得内心放松(“无为”)；第二阶段，要懂得守静开放(“为雌”)；第三阶段，要懂得不用心机，大智若愚(“明白四达”)。从中，亦可总结老子对人生能“玄览可达、玄德可致”的六个要求：①个人心身的统一；②专气致柔的运用；③洗清杂念的观想；④无为而治的态度；⑤表里放松的心情；⑥大智若愚的操守。

显然，这些道家的处世养生之道，无论过去或者今天，都是一套行之有效的保健方法。其中包含了若干心理治疗的基本元素，它能缓解精神压力、抚慰精神创伤、调整心身状态，这些元素对于神经症及精神应激性障碍来讲，无疑是一剂对症良药。

二、中国道家认知疗法的由来

不难发现这样一个事实：在我国，从事心理治疗的医师和接受心理治疗的患者，几乎都是清一色的生活在中国社会的中国人，而我们所使用的心理治疗却大多来源于西方社会，它们的创立者，大多是生活在西方社会的西方人。

心理治疗是一门实践性很强的学科，无论是它的理论构建、价值取向还是操作方式都受到社会文化的深刻影响。从20世纪上半叶的精神分析一统天下，到20世纪中期行为医学的崛起，以及之后风靡一时的咨客中心疗法，我们都可以清楚地看到，西方心理治疗的发展与西方社会文化的变迁是亦步亦趋、息息相关的。可见，每一种心理治疗都产生于特定的社会文化中，因而适合特定的社会人群。

东方社会与西方社会的文化差异是不言而喻的。中国人习惯的思维方式、表达方式和接受方式与西方人也不尽相同。

这就不难理解，为什么我们在使用精神分析治疗时，有的患者会莫名其妙，中国的心理治疗师也有些“东施效颦”。

于是，我们逐渐意识到，原封不动地将西方的心理治疗搬到中国是不适宜的，心理治疗应该本土化。修正和改良是一条出路，钟友彬老先生的领悟疗法(一种修正、改良了的中国化的精神分析疗法)便是成功的范例。另外，运用我国独特的文化思想建立一套具有中国特色的、适合中国人的心理治疗方法，则是一条新思路。它是医师的需要，也是患者的需要。

有人曾认为“中国没有自己的心理学”，但也有一批曾受过西方心理学训练，又接受过中国传统文化洗礼的学者坚信中国有自己的心理学，称“我国古代的心理学思想丰富多彩，琳琅满目，给我们建立自己的科学心理学提供了大量有益的参考资料”。

我国历史悠久，多元传统文化交织并存。早在春秋战国时期，就有“百家争鸣”。但几经历史沧桑，大浪淘沙、优胜劣汰，流传至今并仍然影响着现代中国人的也不过只有几家，除却外来的释家，儒、道两家便成为中华传统文化的两大流派。儒家文化以北方华夏文化为根基，倾向人文主义；而道家文化以南方荆楚文化为依托，追求自然主义。儒家讲究修身、齐家、治国、平天下，有强烈的社会责任感，向往建功立业，表现出自强不息、积极进取、迎难而上、舍生忘死和人定胜天的精神，充分展现了中华文化的阳刚之雄；而道家则讲究顺应天道、回归自然，享受生命、舒展个性，超然物外、清静无为，体现了中华文明的阴柔之美。毫无疑问，儒家的这种勇往直前、百折不挠的精神，对社会的发展和个体的心理成长功不可没。但是，无论是社会发展的道路或是人生成长的过程，不可能总是一帆风顺的，总会有挫折和坎坷，此时，道家的处世养生之道便可以抚慰心理创伤、解脱精神痛苦、稳定心身、养精蓄锐。儒、道两家，正如一阳一阴、一刚一柔，互助互补、相辅相成。

然纵观中国的历史，儒家文化过盛，堪称中国最主流的文化体系。从公元前 140 年，汉武帝刘彻“罢黜百家，独尊儒术”起，儒家文化便开始了“一枝独秀风雨中，独领风骚两千年”的悠长历史。尽管“五四”运动的号角给中国古老的文化注入了新的生命力，尽管“文革”时期从意识形态上要铲除儒家思想学说，尽管历经多次外来文化的浸润，尽管还有本民族其他思想的挑战，儒家文化都没有改变其固有的内涵，相反，它不断充实自己，并占据统治地位，源远流长，经久不衰。就是在今天，仍然以主流文化的优势潜移默化地影响着我们每个人的精神世界，乃至我们社会的精神风貌。在中国的多元文化体系里，道家文化是中国亚主流文化体系中最主要的文化。与儒家文化相比，它如同偎依在参天大树旁的小草，柔弱似水，饱受千年风雨吹打，但是它的生命力也如同它的学说一样，以柔制胜，以退为进，历经数千年而未衰。

如果把人生比作生活，儒家思想就是粮食，常吃粮食，身体才能强壮；道家思想则是良药，一旦有了疾病，良药就成了最佳选择。林语堂说过："道家学说给中国人心灵一条安全的退路"，"是用来慰藉中国人受伤心灵的止痛药膏"。

三、中国道家认知疗法的创建

20 世纪 90 年代，我国湘雅医学院一批学者根据心理治疗的要求和我国的人文特点，对道家思想特别是其养生处世之道，进行了一番正本清源的研讨，弃其糟粕、取其精华，将其作为理论基础，并吸收现代认知疗法的成功经验，创立了中国道家认知疗法(张亚林，杨德森，1998)。经过全国范围内的多中心实践、总结、辩论、再实践、再总结，建立了中国道家认知疗法可供操作使用的程序。它主要是在道家哲学思想的引导下，通过改变个体的认知观念和调整应对方式，达到调节负性情绪、矫正不良行为和达到防病治病的目的。

第二部分　基 本 操 作

道家认知疗法的具体实施，可分为五个基本步骤，即评估目前的精神刺激因素(actual stress factor, A)；调查价值系统(belief system, B)；分析心理冲突和应付方式(conflict and coping styles, C)；道家哲学思想的导入与实践(doctrine direction, D)；评估与强化疗效(effect evaluation, E)。按每一步骤关键词的第一个字母，此治疗的操作程序可简称为 ABCDE 技术。

一、评估目前的精神刺激因素(A)

1. 操作时间　60～90 分钟。

2. 治疗目标　帮助来访者找出目前的精神刺激因素，并对精神刺激因素进行定性、定量和分类。

3. 内容和方法　应激有两种性质，一种叫良性应激(eustress)，它可以激发潜能、振奋情绪、增进健康。另一种叫不良应激，或称为苦恼(distress)。大量的研究表明，不良刺激可以影响神经系统、内分泌系统及免疫系统的功能，从而导致各种心身疾病和心理疾患。因此，找出主要的精神刺激因素，在缓解和治愈应激性疾病中有首要的作用。

为了使患者正确全面地理解应激源的概念，要向患者说明，精神刺激除了重大的突发事件以外还包括反复遭遇的日常琐事；除了令人悲痛的灾难以外还包括令人兴奋的喜事；除了客观存在的生活事件以外，还包括未成事实的错误感知、推测与幻想。应激源虽有其固有的性质和强度，但唯有患者实际感受到的精神压力才对健康构成真正的威胁。所以，要消除患者的精神紧张就要弄清患者的真实感受。为此，在与患者完成上述交谈后，必要时可使用自评的生活事件量表(life event scale，LES)评估患者的应激源(附录 1)。

通过 LES 的评估，我们可以比较全面地了解患者精神刺激的来源、性质、严重程度，然后经过综合分析，判定应激源是属于外在性的(即客观产生，如天灾人祸)或是内在性的(即引发于个体本身的，如杞人忧天)，以便在治疗时采取相应对策。

在完成该步骤的同时，辅以一般性社会支持。

4. 治疗要点　A 步骤中，不仅治疗师要了解患者的主要精神应激因素，而且要让患者明白这些精神因素与他们的症状有关系。

然而，来访者并非都能清楚地知道他们患病的精神因素，或者不愿意承认这些精神刺激与他们的症状有关系。有时来访者认为有许多应激因素而不知从何说起，因此需要治疗师与其反复讨论与分析，方能找到主要的精神应激因素；有时来访者自诉找不到应激源，究其原因，可能因不承认有心理问题，或者因病耻感而不愿承认，或在谈及应激源时与道德品质、坚强与否联系起来，担心自己被人瞧不起而不愿意究其应激源，所以，治疗者要对其来访者进行细致耐心地解释，说明心理反应与道德无关，消除他的顾虑，使其认真地回忆并如实地报告，才可能有所收获。

二、调查价值系统(B)

1. 操作时间　40～60 分钟。

2. 治疗目标　帮助患者完成价值系统序列表。

3. 内容和方法　个体对事物的认知和评价，在应激过程中有重要的中介作用。当事情发生时，不同个体会根据其自身的内部需要，分辨其性质，并做出是大利、小利、大害、小害或无利无害的评估。然后产生大喜、小喜、大悲、小悲或无动于衷的情感反应和相应的行为。由此可见，个体的内部需要是决定情绪和行为的关键。内部需要一旦改变，情绪和行为自然也会随之改变。

根据自己的内部需要形成了对各种事物的不同评价。最需要的是最有价值的，最不需要的是最无价值的，这就是个体的价值观。

人生在世，通常都有许多需要，如温饱、健康、爱情、金钱、名誉、地位等。何为第一需要，何者次之，何者再次之，按序排列，便构成一个人的价值系统。有的人嗜钱如命，他们信奉的是人为财死，鸟为食亡的信念；有的人爱情至上，他们愿做当代的梁山伯和祝英台；有的人则认为自由可贵，他们为了追求自由，可以抛弃珍贵的生命和爱情；有的仁义为重，他们为朋友情愿赴汤蹈火、两肋插刀；有的名誉关天，他们认为士可杀不可辱；有的则感叹生命有限，健康无价。价值系统直接反映了个体的内部需要，其形成与个体的文化背景、社会环境、以往经历及现实处境有关。价值系统决定患者对事物的态度，并制约着患者的情绪反应和行为方式。理清患者的价值系统可以更深刻地理解患者产生应激的主观原因，更重要的是使我们在运用道家思想帮助其重建认知时有的放矢。有些患者在清楚了自己的价值系统后便可能产生“顿悟”。

评定价值系统时，要注意提醒受试者，应完全按照他自身的想法，而不要考虑别人的看法、社会的观念，更不要考虑孰是孰非，也不要管是否合情、合理、合法。并列出日常生活中人们的各种需要和愿望，让受试者首先从中选出他认为最重要的一条(只能选一条)，评为 10 分，再选出他认为最不重要的一条(只能选一条)，评为 1 分，然后按此标准给其他条目评分，如受试者认为还有此处未列出的条目，可补写在后面(表 1-1)。

表 1-1　价值系统评价表

(1) 金钱	分	(8) 享受	分
(2) 自由	分	(9) 权力	分
(3) 安定	分	(10) 和睦	分
(4) 爱情	分	(11) 名誉	分
(5) 社会地位	分	(12) 情义	分
(6) 健康	分	(13)	分
(7) 事业	分	(14)	分

4. 治疗要点　测查价值系统的目的在于了解患者当前环境下的欲望与其现实的距离有多远，以免好高骛远。在治疗师讨论与说明价值系统，或患者填写价值系统评价表时，治疗师不一定要对患者的价值观进行逐项解释。同时，要让患者知道无论什么样的价值观都是可以的，没有好坏之分，鼓励患者说出他的真实想法。有可能出现的问题之一是其渴望的东西是当前所缺少的，如癌症患者将其身体健康排在价值系统的第一位；问题之二是，其欲望是当前努力也可能无法达到的。如果发现患者居于前几位的价值观是通过稍加努力能达到的，则其价值系统对其是有益的；如果发现其欲望与实现欲望的条件和能力相差不大时，则需鼓励患者；如果发现其欲望与现实条件相冲突时，则要让患者认识到这一点，告之价值系统是可以变化的。人要有目标，但不能高不可攀，应不断修订目标，拟将其设定在经过努力伸手可及的范围内较好。根据患者的现实环境，帮助其分析价值系统的合理性，在治疗师的引导下，让患者在不知不觉中改变或调整自己的价值系统，从而使患者可能比较容易实现其欲望。治疗师可以列举一些简单、通俗、易懂的事例来表达观点，说明问题。

本步骤中治疗师是引导作用，应淡化指导作用。

三、分析心理冲突和应付方式(C)

1. 操作时间　40～60 分钟。

2. 治疗目标　分析确定患者的心理冲突并了解患者的应付方式。

3. 内容和方法　通过价值系统的调查，我们可以比较清楚地发现个体究竟需要什么，通过精神刺激因素的评估，我们便了解了客观环境又给他提供了什么。两者之间的不一致，往往就是心理冲突之所在。个体的内部需要是维持个体生命及种族延续的必需条件，是推动人们从事各种活动的原动力。需要形成了动机，但是客观现实并不总是能满足个体的需要，此时个体便面临着一种选择，或是压抑改变自己的需求以适应环境，或是付出更大的努力改变现实以满足需要。如果压抑自己的需求与改变现实同样困难，心理冲突便形成了，这属于性质相反而强度相近的心理冲突。如果若干个需要不可同时满足，它们性质相同，强度相近，使人难以取舍，也会形成心理冲突。还有即使需要可以满足，如果个体觉得满足需要的方式有悖于社会规范和道德良知，而且两种力量旗鼓相当，个体犹豫不决时，也会产生心理冲突。

经过心理冲突的分析，明了冲突双方的性质和强度，然后根据其合理性和可行性，强化一方、削弱另一方，以减轻或化解冲突。

人的一生始终处于不断选择之中，很多选择是轻而易举的，甚至是不经意的，因而印象并不深刻。但是，其中也有举棋不定、左右为难的时候，此时，人们常常感到焦虑和痛苦。另一方面，人在成长之中会自觉或不自觉地运用一些方法，调整冲突双方的关系，以减轻心理痛苦、维护心理平衡，帮助自己渡过难关。这些用来应付挫折和挑战的方法便称为应付方式(coping styles)。通过调查发现，人们常用的应付方式有以下八种：

(1) 压抑或否认：如凡事“忍”字当头，或假设事情没有发生、或假设事情与己无关。中国有许多古训，诸如“忍为贵，和为高”、“忍得一时气，免得百日忧”、“小不忍则乱大谋”。的确，压抑自己常常可以顾全大局，也可以缓解人际冲突，因此，压抑有它的实际意义。但大量的研究证明，当激烈的情绪受到压抑时，身体姿势的协调性会受到损害，局部肌肉紧张和血管的舒缩功能会发生变化。因此，长期过度的压抑是不利于身心健康的。心字头上一把刀，“忍”字的组成自有其一定的道理。

(2) 倾诉：是一类较为平和的疏泄方式，可以疏泄自己内心的痛苦，获得别人的同情、安慰和帮助。例如，在亲友面前痛哭流涕，倾诉自己的不幸和委屈。虽然我们并不苛求对方的话语一定能抚慰你心灵的创伤，也不奢望他一定能帮助你解决你的实际问题。然而倾诉本身就足以释放你内心的压力，而且不知不觉中也满足了倾听者的自尊心和成就感，拉近了诉说者与倾听者的心理距离，一举两得。因此，倾诉不失为一付解除精神痛苦的良剂。

(3) 发泄：是一类较为暴力的疏泄方式，轻则吵闹、叫骂，重则伤人、毁物。虽然可能换得一时痛快，但于事无补，继之而来的可能是更大的麻烦。或伤及无辜，或造成财产损失，或破坏社会治安，甚至触犯法律。如果能避免上述不良后果，在不妨碍他人和社会治安的前提下，发泄也不是不可以偶尔为之。如对沙袋拳打脚踢，在大海之滨、高山之巅或狂风暴雨之中奔走呼号、痛哭狂笑，释放内心的压抑和不满未尝不可。

(4) 升华：当人生遭受到精神重创时，如高考落榜、婚姻失败、亲友遇难或自己患了重病，不是悲观绝望或自暴自弃，而是转而奋发学习、努力工作、埋头事业、热心公益、积德行善，把痛苦和悲伤转化为积极向上的动力，转变成具有建设性、有利于社会和本人发展的情感及行为，便称为升华。如不幸遭遇天灾人祸之后，从原来的以个人为中心的价值取向和人生哲理中解脱出来，升华到以他人、社会、国家、全人类为己任的崇高境界；如中年丧子后收养孤儿、救助失学儿童；如身患绝症之后积德行善、捐款捐物、铺路架桥、热心公益事业等。

这是一种值得提倡的和推崇的、积极的应付方式，不足之处在于远水难解近渴，少有立竿见影的效果。

(5) 物质滥用：这里的物质是指烟、酒、茶、安眠药甚至毒品等精神活性物质。即用大量吸烟、酗酒、吸毒或服用镇静安眠药物来缓解自己的心理压力和痛苦。这些物质虽然在短期内有兴奋、镇静和愉快的作用，但从长期看来，却是有害的，如果成瘾，将留下持久的心理后遗症，并可能对躯体造成伤害。故有“借酒消愁愁更愁”之说。尤其是毒品，更是后患无穷。吸毒者把一生的快乐在几分钟里享受了，快乐透支得干干净净，剩下的便是无穷无尽的痛苦。

烟、酒、茶等物质可用，但切忌滥用。要根据自身情况，适可而止。安眠药以及那些极易成瘾的吗啡等特殊药物则要遵照相应法规，在严格管理和严密监控之下，由相关专家酌情使用。

(6) 自我惩罚：是指遭遇挫折后自责自罪、甚至自伤自杀。显然，这是最消极、最无功效的方式。有这种倾向的人通常可能有如下一些心理特征：①认知方面，他们大多习惯采用非此即彼和以偏概全的思维模式分析问题，因而易走极端；他们对眼前的困境不能正确估计，看不到身边可利用的社会资源和心理支持；他们往往相信宿命论，认为这是命运的安排，是不可避免的。②情绪方面，他们经常有压抑者的痛苦、委屈、内疚或愤怒，又不善于释放或自我排解，而且情绪不稳定、不成熟。③行为方面，他们往往带有冲动性，容易失控，不计后果。这是一种不良应付方式，应该制止和反对。

(7) 超脱和自慰：清心寡欲、超凡脱俗、淡泊名利等称为超脱。如看破红尘、清心寡欲、淡泊名利等，或认定“吃不到的葡萄肯定是酸的”及阿 Q 精神胜利法；完全超凡脱俗，不食人间烟火的苦行僧般的生活，则物极必反，不值推崇。但是当现实条件不能满足个人的愿望时，不妨把名利看得淡泊一些，对物质的渴求降低一些，任物欲横流而少受诱惑。名和利的功用在于使我们的物质生活和精神生活更丰富、更美好。如果本末倒置，为名利所累，则不为明智之举，也不利于心理健康。

(8) 消遣娱乐：如各种文娱活动、体育活动、旅游休闲等。这些活动均有显著的精神抚慰作用。“一张一弛文武之道，”“不会休息的人就不会工作”早就说明了这个道理。近年来，国家的一系列改革举措，如实行一周五天工作制，如大力发展第三产业，如“十一”放长假，除了有扩大内需、拉动经济的作用外，实际上也倡导了这一观念。

上述各种应付方式是社会调查的结果，是一种客观存在，指个体实实在在的行为，是个体长期形成的一些定式心态和习惯行为，是个性特征的主要体现，也是人类能动性的主要体现。从健康心理的观点来看，有些应付方式较为健康积极，如倾诉、升华、消遣娱乐；有些应付方式可用，但不可多用，如压抑、发泄；有些应付方式限用，但不可滥用，如物质滥用、自我惩罚。一个心理健康的人应该具有较多的、健康的、合适自己的应付方式，并且能灵活运用。只有这样，在遭遇到生活和工作中的压力与挫折或挑战时，才能做到兵来将挡、水来土掩。

将每种应付方式分为“不用、很少用、常用、总是用”四种情况，让受试者根据自己的实际情况选择打钩。通过了解个体的应付方式，可针对其应付方式的不当或不足之处，给予适当的调整和强化；并告知哪些应付方式是好的今后可以使用，哪些方式是有条件地使用，哪些可短期使用，哪些是不好的应该避免使用。应付方式测查表见表 1-2。

表 1-2　应付方式测查表

应付方式	不用	很少用	常用	总是用
压抑或否认				
倾诉				
发泄				
升华				
物质滥用				
自我惩罚				
超脱和自慰				
消遣娱乐				

4. 治疗要点　C 步骤中，治疗师应了解患者当前最需要的是什么；当前环境给他提供了什么；患者又是怎样应对的。并解释欲望、需求与情绪的关系，欲望不达可能使人产生的痛苦；分析患者需求的可行性及合理性(这种合理性只对患者而言)。然后，根据患者的应付方式提出建议。治疗师无需先将诸多应付方式一一讲解或灌输予患者，而是根据患者的情况与需要予以建议或解释。与患者共同分析其常用的应付方式，说明其利弊。

此步重点在于分析需求的可行性、痛苦情绪产生的原因，哪些应付方式利大于弊，哪些应付方式弊大于利。建议其或改善应付方式，或减少欲望，或增强自身能力。

在 A、B、C 三个阶段发现问题，针对问题，在 D 步骤中应用道家思想去引导患者。

四、道家哲学思想的导入与实践(D)

1. 操作时间　100～120 分钟。

2. 治疗目标　让患者熟记 32 字保健诀，并理解吸收。

3. 内容和方法　此步骤是道家认知疗法的核心和关键。首先向患者简单介绍老庄哲学的来龙去脉，亦可说明，老庄的道家人生哲学与我国另一大哲学派系即孔孟的儒家人生哲学是人生不同侧面的反映。儒家的这种勇往直前、百折不挠的精神，对个体的心理塑造功不可没。但是，无论是社会发展的道路或是漫长的人生之路，不可能总是一帆风顺的，总会有挫折和坎坷，此时，道家的处世养生之道便可以抚慰心理创伤、解脱精神痛苦、稳定心身，养精蓄锐。这儒道两家，正好比一阳一阴、一刚一柔，互助互补、相辅相成。儒家思想更适宜于一帆风顺者，道家思想则更适合于身处逆境者，二者互补，构成完整的人生。然后逐字逐句辨析解读道家认知疗法的 4 条原则，即 32 字保健诀。并与其现实事件或处境相结合。

(1) 利而不害，为而不争：此条源于《老子》八十一章，“天之道，利而不害，圣人之道，为而不争”。“利而不害”，意思是劝导人们只做那些利已、利人、利社会(天下)之事，不为害已、害人、害社会之举。求生畏死、趋利避害，首先要求得自我生存权，因此自然人性中必然包含利己成分，只要不损人，尽量做到同时利己利人，即“人人为我，我为人人”的互助合作，利己便无可非议。一方面不幸灾乐祸，不嫉妒别人的成功；另一方面，不过分要求与责备自己，不跟自己过不去，便能为人大度、处世豁达。

不伤害外物的人，外物也不会伤害他。“处物不伤物，不伤物者，物亦不能伤也。唯无所伤者，为能与人相将迎”(庄子《外篇·知北游》)，正因为无所伤害，因而能够与他人自然相送或相迎。认为万物本无小大、轻重、高低、尊卑等区别，提示人们要破除人为的戒心，以平等的观念与态度去看待万事万物，而且“夫天下者也，万物之所一也”(庄子《外篇·田子方》)。这种天人合一的观念使人摆脱主客观彼此对峙的胶着状态，摆脱生命的“靡常”局面，摆脱生命中多种不可知的可能性的干扰、摆脱人际的矛盾冲突，从而达到我与他的和谐状态，获得彻底的精神自由。

“为而不争”，是指做事要尽力而行，量力而行，以达到最佳效果，最终获取成功，且不争名争利、不与人攀比、不妒贤嫉能。老子还以水为例对“不争之德”称赞道“上善若水，水善利万物而不争，居善地，心善渊，与善仁”(老子《道德经》八章)，就是说，上德之人好像水一样，有利于万物而不争其功，立身处世如同水一样居卑却安于谦下，心如水一样清明，处世如同水滋润万物一样无私心。道家的不争，不是简单的退让，而是对利己与利他的辩证统一关系的认识而提出的。人际交往是交往双方的互动过程，谦让友爱的行为必然引起对方的积极回应，“既以为人己愈有，既以与人己愈多”，即为助人者，人恒助之；布施者，会有成倍的回报。

吸取道家柔弱不争的处世之道，能帮助人们更豁达地对待个人利益、维持人际关系的和谐，也有利于个人的身心健康和生存发展。每个人都有气盛与气衰的时候，强者与弱者在同一个人身上，在不同的条件下是可以相互转化的。所以在引入竞争机制的同时，提倡互助合作，在主张刚健有为的同时，提倡谦虚礼让，在“进一步山穷水尽”时，深刻理解“退一步海阔天空”的道理。老子告诫人们效法天地之道，天地创造万物却毫无私心，因此才能永恒长久，“以其不自生故能长生”。在名利权位、生活待遇面前，不强求、不攀比、不争强好胜，才能得到众人的拥戴，故曰“夫唯不争，故天下莫能与之争”(老子《道德经》二十二章)。

“利而不害”属起码的要求，应从现时做起，“为而不争”为崇高境界，需要长期修养。

(2) 少私寡欲，知足知止：《道德经》十九章、四十四章、四十六章，及《庄子·逍遥游》中反复强调了少私寡欲、知足知止的思想。人要生存、要发展，总是有欲望的。自古即提出人有七情与六欲，私心与欲望皆与生俱来，是自然人性的表现。人的欲望与需求一方面可以催人奋进，改造物质世界，创造条件满足自己的欲求，从而推动社会的发展与生活质量的不断提高；另外，老庄认为欲海难填。极多私欲又会给人造成很大的精神压力与躯体劳顿，其精神被奴役、肉体被驱使，终生“当局者迷”而至死不悟，自然得不到人性的自由与精神的超脱。

人的生存，物质生活的最低保障是必需的，因而无私无欲是不现实的；相反，追求过分，面壁十年，不食人间烟火，悟出万事皆空，物我俱忘，也是不行的。另外，极私多欲为社会所不容、为群体所抵御，也必然四处碰壁，带来无穷无尽的精神痛苦与行为受挫。此时，接受道家少私寡欲的处世养生原则，减少私心、降低过高的物质欲望和对名誉地位的追求，则可在“山重水复疑无路”时，省察到“柳暗花明又一村”的境界。

“知足知止”，是指做事要有分寸，要留有余地，点到为止，见好就收。“祸莫大于不知足”、“辱莫大于不知止”(《道德经》四十六章)。罪过莫大于欲望膨胀，祸害莫大于不知道满足，凶险莫大于欲望得以放纵。这里的不知足是指对财富、权势的贪得无厌，受此贪欲支配的人，往往会不择手段，从而产生诸多心理问题。古往今来，多少贪夫殉财，常因贪得无厌，不知足，不知止，栽进了罪恶的泥潭。所以，知道满足的富足平衡心理，就是永远的富足。只有在生活上寡欲有度者才能保持身心健康，不为物役，获得安然自在的良好心态。只有知足，才会常乐；只有知止，才能避免危险。

(3) 知和处下，以柔胜刚：“知和处下”，是由《道德经》四十一章中“上德若谷”的思想演化而来，“知和曰常、知常曰明”，“常”指的是“事物的客观常规”。《道德经》六十八章中写道：“善用人者，为之下”，与儒家“以和为贵”异曲同工。和谐是天地万物的根本规律，谦恭是中华民族的传统美德。和光同尘、不露锋芒，平易近人，和睦相处，善待他人。温和并非示弱，有理更可让人。中国人颂谦虚、爱和平、取中庸、讲尊卑，是为数千年积淀的为人处世哲学。虽有其种种缺陷，但对于保持社会稳定与群体人际和谐，自有其价值。道家教导世人“处下”，因为刚强者易折；主张“守黑”，因为皎皎者易污。在中国社会要获得良好的适应，为群体所接纳，就要不高高在上、盛气凌人，不可自作聪明、自以为是，不可指手画脚、操纵别人。知和处下，能减少人际冲突、维持安定团结。

“以柔胜刚”的思想，则出于《道德经》三十六章、四十三章和七十八章。老子以水为例，“天下莫柔弱于水，而攻坚强者莫之能胜”(《道德经》七十八章)。天下柔弱莫过于水，随圆而圆，随方而方，但它却能怀山襄陵，穿石销金，众人皆知滴水穿石和水容万物的道理。认为海纳百川、水容万物，均以处下和至柔而取胜。人生在世，少不了坎坷经历，要受得起失败挫折。柔弱的一类事物往往更有生命力，而坚硬刚强的一类事物往往容易被破坏，柔弱者反而能胜过刚强，“天下之至柔驰骋天下之至刚”，“柔弱者，生之徒”(《道德经》七十八章)。刚强者即时玉碎、柔弱者终得瓦全。老子主张的“柔弱”，主要是针对逞强的作为而提出的，逞强者刚愎自用、自以为是，也就是老子所说的自矜、自伐、自是、自见、自彰。世间的纷争多半是这种心理状态和行为状态所产生的。同时强调要自觉置身于柔弱的地位，处事要低调，办事要节俭，柔弱胜刚强。“圣人欲上人，必以言下之；欲先人，必以身后之”(《道德经》六十六章)，可见“守柔居弱”有后发制人之功效。“天之道，不争而善胜”(《道德经》七十三章)，不争最终是为了更好地去争，其实也是“守柔居弱”的反映。但道家从未提倡卑躬苟活，而是主张坚持真理走自己的路，不自怜、不自卑、独自舐干伤口，继续前进，去追求超然物外的逍遥人生。道家处世能以退为进、以守为攻，能知雄守雌、知白守黑，能攻心为上、攻城为下，能后发制人、不战而胜。这种守柔处弱，是一种独特的取胜之道和生存之道。这也是它的学说光辉照人之处。因此，道家抱朴守真、顺应自然、兼收并蓄、物各有宜、祸福相倚等思想对于调节心理障碍亦是十分有益的。

在现代社会中，柔弱谦下，有利于协调错综复杂的人际交往，教人消除逞强自大、自以为是的陋见，远离纷繁事物中无谓的争斗。人际交往能力是最基本最重要的社会功能之一，具有良好的社交能力亦是心理健康的标志之一。

(4) 清静无为，顺其自然：此句是老子哲学的核心思想之一。《道德经》四十八章中写道：“道，无为而无不为”，五十七章中写道：“我无为而民自化，我好静而民自正”。老子崇尚“静”，即所谓“非宁静无以致远”。在老子看来，人的心灵本是虚明宁静、无私无欲的。过多私欲会使人陷入昏昧差错之中，所以必须尽力去掉私欲，使人心恢复到如水渊一样的虚静状态，达到“虚极、静笃”的境界。“虚无”能给“有”以生存空间。古代犹太人的神话中说，在最初，上帝就是一切存在。那么，上帝要有所创造，唯一的方式就是通过自己的退缩、消失，以腾出空间让生命出现。由此可见，老子的“虚无”暗示着，不要局限于任何事物或我们自己的某些方面，而要拥抱一切存在，不排除任何东西，这样才能做到“旷兮其若谷”(《道德经》十五章)，即为人处世胸襟宽广、豁达大度，就好像幽幽山谷，能包容人世间的一切。同理，老子的“无为”，并非意味着什么都不做，这里的“无为”是与“妄为”相对抗，意味着不要干预自然的事物，为自然所为之事，以求吻合于我们恒久变化着的世界的运动，实为“无为而无所不为”。所以，在老子的本意，或许“无为”是一种方式，他不是逃避生活，而是通过积极地、有意义地与事物的本身实质与面貌保持和谐一致，从而达到对生活的实现。

老子认为万物清静无为才可以回归根本、据守根本。做到原本是什么就安然于是什么，是花就开，是鱼就游，自己最适合干什么，要设法让自己知道，“知人者智，自知者明”(《道德经》三十三章)，中国人历来提倡这种“自知之明”，并将其作为前进的动力之一。“自知”是心理健康的基本要求之一。既不能以为自己可有七十二变，好像什么都能做，否则必然会“妄为”，结果可能一事无成；也不可认为自己一无是处，什么都做不了，则是“不为”，结果让瞬息的机会即逝。要让自己能对自己有一个客观的、理性的、准确的了解与估价，并按客观规律办事，不过头，也不要不及，“不失其所者久”(《道德经》三十三章)，永不迷失自己的目标与定位，这样才可能让自己立于不败之地。

“顺其自然”，就是按客观规律办事，按保健原则养生，生老病死是不可抗拒的自然规律。“人法地，地法天，天法道，道法自然”(《道德经》二十五章)，其意是指对人生、对社会都应顺其自然。各种事物都有其发生、发展、演变的过程，均有其特有的运动规律，如人的生老病死、新陈代谢，各种生物的生长发育等，都无不有其存在的规律。在灾难、严重伤病与死亡威胁面前，做好最坏的打算，争取最好的结局。当不可抗拒的灾祸降临自己头上时，做到不惊慌失措、不怨天尤人，对将来不心存侥幸、对过去不悔恨无穷，不做徒劳挣扎、也不做无谓牺牲，做到心平气和，走完人生最后的一段路程。逆境中不勉强去干那些有悖于自然规律的事情，不强迫蛮干、不倒行逆施、不急于求成，而是要了解和掌握事物发展的客观规律，因势利导，循序渐进，才能事半功倍、游刃有余。否则，就是揠苗助长、劳民伤财、费力不讨好。道家思想是一切不妄为，并非一切不作为，故有“无为无不为”与“为所当为”之说。

总之，老庄认为人生的最高境界在于追求“与造化者同其逍遥”(庄子《内篇·逍遥游》)的境界，也就是要像天地万物般自然和谐。由于世间万事万物无一不在随时运动变化，“若弛若骤，无动而不变，无时而不移”(庄子《外篇·秋水》)，所以要以发展辩证的眼光来看待是非、得失、荣辱、贫富、贵贱。万物都有其对立的一面，也有其统一的一面，而且都能向它自身对立的那一面转化。“祸兮福所倚，福兮祸所伏”(《道德经》五十八章)。这样人们在春风得意，如身居要位时不会忘乎所以、居功自傲；在遭遇挫折与失败，比如失业下岗、家庭矛盾、人际关系紧张时也不至于将注意力固着于精神痛苦而灰心丧气或不当发泄，而是去积极努力地寻求解决的办法，促使事物向积极的一方转化与发展，从而才可能尽快摆脱困境。同时，还能化除心理上许多负性的坚持，达到不为外在情境所烦扰的心境，化解自身心理上诸多情感欲望的冲突，树立洒脱宽容的人生态度，也才可能达到心灵上的逍遥自在。这种精神的自由状态也就是人生的真实状态，而在这种状态下的生活，也是一种审美的过程。人说心随境迁，殊不知有时境亦随心移。人的一举一动、一言一行、工作生活、男女饮食，在宽松和谐的心境下则莫不自然而富于美的意境，在美的意境中生活，人与人之间都会充满关爱与欢乐，满怀感激地过每一天，每一天也都过得鲜活生动，这样的人才善于享受生命，才会远离失落、恐惧、焦虑与抑郁，这样的人也必然拥有健康的心理。

同时，老庄的思想教人顺应自然规律和社会规律。天地万物和人类众生生存的规律，就是相互友爱、和谐共处，就是相互理解、支持与帮助，顺应了这个规律，就能够以淡泊宁静的心态去对待世间万事，就能够保持宽容和谐的人生态度，即使物欲横流，也不贪不占、无非分之想；即使身居要职，也不利欲熏心，这样活得无挂碍、无烦恼、无恐惧，也就能够适应现代社会繁忙的工作与快节奏的生活。

在治疗过程中，要让来访者领悟道家思想的真谛。它不是一种纯粹消极的保守思想，不是要人去听天由命。它的最高境界是认识自然规律、顺应自然规律，外柔内刚、后发制人、不言自明、不战自胜。

4. 治疗要点 D步骤是整个治疗的核心，是重点也是难点。治疗师自身应该首先透彻理解32字保健诀的深刻内涵。然后衷于原意逐字逐句与患者讲解导入，包括道家认知疗法的来源以及32字保健诀中每一句的寓意等。可以通过个别交谈的形式，亦可进行集体宣讲。可以采用多种方式，诸如讲故事、问问题或讲道理等方式，其目的是要让患者透彻理解32字保健诀的真正含义。然后治疗师再根据患者的具体情况有的放矢进行重点导入。

这一步骤的内容较多，可分2～3次完成。除真正理解32字保健诀的内涵外，还要求患者列出自己原有的价值系统和应付方式与之对照，找出自己原来价值系统和应付方式中的不当或不适之处。按照32字保健诀，制订矫正计划并布置家庭作业。强调反复练习运用新的价值系统和应付方式解决实际问题，并逐日记录心得体会。

布置家庭作业：首先要求抄写32字，每天背诵；其次，每天要对32字口诀进行理解，并用自己的方式进行解释；最后，将每天的活动和自己的情绪与道家思想进行对照，然后思考两个问题：①我之前为什么会有很多焦虑或者不高兴的情绪，我为什么有那些不如意或痛苦，以前我是如何缓解痛苦的，与道家思想有哪些不同；②现在，试着用道家思想去想去做，会有什么结果，尤其是眼前的生活，如何用道家思想去平衡自己的心理，减轻痛苦。每天写200字以上的日记。

治疗师对每个人的日记均要认真阅读，找出减轻痛苦的方法，尤其是与道家相关的思想，与患者共同分享并加以鼓励。

五、评估与强化疗效(E)

1. 操作时间 45～60分钟。

2. 治疗目标 评估治疗效果、总结实践经验，强化和巩固疗效。

3. 内容和方法 道家认知疗法是一种治疗手段，其近期目标是消除症状、治愈疾病。其远期目标是促进健康、预防疾病。可以通过患者自我感受的陈述、症状量表的评估(附录2)、生化指标的测定与综合评估进行在评估疗效的过程中，对已有的进步给予明确的肯定和鼓励，同时要了解原有的不适观念是否完全改变? 32 字保健诀是否字字落实? 仍然布置家庭作业，日记可改为周记。每次复诊，不仅要评估疗效，更要强化道家认知观点、同时制订进一步的治疗目标。

4. 治疗要点　在反馈中，要询问患者治疗效果怎样? 为什么效果不好? 是因为理解有误，还是未真正理解? 或为什么效果好? 是因为患者的理解甚至比治疗师更为切实?总之，通过精神应激的评估、价值系统的排序、心理冲突的分析、应对方式的介绍以及道家思想的宣教，了解患者哪些症状得到改善，还有哪些躯体症状、心理症状，针对患者存在的问题，加以强化巩固。

第三部分　注 意 事 项

一、治疗时间与疗程

道家认知疗法的 5 个基本步骤，标准的 ABCDE 技术分 5 次完成，每次 60～90 分钟，每周可安排 1～2 次，A、B、C 三步可以在前 2 次治疗中完成；D 是关键步骤(即导入 32 字保健诀)，至少需要安排 2～3 次。最好在一个月之内完成 A、B、C、D 部分。E 部分用于评估疗效和强化疗效，可以隔一个月一次。因为一个新观念的强化，次数密集好些，然后需要一个消化吸收的过程。如因治疗需要，D、E 两步骤可反复多次使用。以上步骤结束后，如果患者愿意，可以建议每个月或三个月来强化一次。

二、适应证与禁忌证

和其他所有心理治疗方法一样，中国道家认知疗法也有一定的适应证。国内心理学者对中国道家认知疗法疗效的实证研究尚不多。目前文献显示，其适应证是焦虑障碍，尤其是广泛性焦虑症；老年抑郁、某些心身疾病；对某些群体的心理健康进行预防性干预。而且年龄偏大、文化程度偏高者总体效果相对较好。

1. 道家认知疗法治疗焦虑障碍　张亚林、杨德森等(2000，2001)以焦虑障碍患者为对象进行全国范围内的多中心实践研究，将焦虑障碍患者随机分为道家认知疗法组、药物治疗组和道家认知疗法合并药物治疗组并进行前瞻性研究。结果发现，疗效较为持久的是道家认知疗法组，其因素是该疗法改变的是患者早已形成多年的思维模式和认知观念，能够对焦虑障碍起到标本兼治的作用。同时发现，道家认知疗法对广泛性焦虑效果较好，而惊恐障碍、强迫症效果较差；年龄大者效果较好、年纪轻的效果较差些。道家认知疗法亦可改善广泛性焦虑患者情绪的稳定性和A型行为中的时间紧迫感。

2. 道家认知疗法治疗抑郁 杨加青、赵兰民等(2005)以药物合并道家认知疗法治疗老年抑郁症，结果显示合并道家认知疗法可以明显提高老年抑郁症的疗效和预后。王俊平、许晶(2005)也以道家认知疗法合并抗抑郁剂治疗脑卒中后抑郁，结果显示，合并道家认知疗法不仅使脑卒中后抑郁患者的治疗更加彻底、疗效持久，神经功能的恢复也明显好于单独应用抗抑郁剂组。

3. 道家认知疗法治疗心身疾病 朱金富、杨德森等(2005)对冠心病患者的道家认知疗法随访研究，结果显示，道家认知疗法可减少冠心病患者的A型行为，增加临床疗效，改善预后。进一步研究发现道家认知疗法使患者血液中纤溶激活系统的活性发生了改变，产生这种变化的机制可能是道家认知疗法通过转变患者的认知，改变了患者既往的生活方式和行为习惯，降低了交感神经的兴奋性，进一步引起血液中儿茶酚胺和血管紧张素(AT)Ⅱ浓度的降低，从而引起纤溶酶原激活物抑制剂1(PAI-1)和组织型纤溶酶原激活物(t -PA)的活性发生改变。

王国强、张亚林等(2007)对早期高血压患者使用道家认知疗法合并药物治疗与单用药物治疗进行前瞻性随机对照研究，结果显示，合并治疗患者的情绪症状和躯体化症状改善，并改变其对事物的认知模式，从而减少应激事件或减轻应激反应达到降低和稳定血压的效果。

4. 道家认知疗法对心理健康的预防性干预 黄薛冰、张亚林等(2001)运用中国道家认知疗法对大学生心理健康进行预防性干预，结果显示，道家认知疗法提高了干预组大学生的心理健康水平，可降低其EPQ-N(神经质)分，改善其情绪的稳定性及其应对方式。从而促进其人格成熟，维护其心理健康。

周敏娟、姚立旗等(2002)以道家认知疗法对老年人进行心理干预，显示道家认知疗法对缓解老人对衰老、疾病、死亡的焦虑以及改善与家人关系具有一定的作用。

道家认知疗法目前暂未发现特别的禁忌证。但由于治疗的关键在于导入道家哲学思想，所以总体说来，年纪越轻、文化程度越低的患者，接受则越困难。

(曹玉萍　张亚林)

参 考 文 献

曹玉萍，张亚林. 2006. 老庄哲学与心理健康维护.临床心身疾病杂志，12(2): 138-140.
葛荣晋. 1991. 道家文化与现代文明. 北京：中国人民大学出版社: 10-30.
黄薛冰，张亚林，杨德森. 2001. 中国道家认知疗法对大学生心理健康的预防干预. 中国心理卫生杂志，15(4): 243-246.
李绍昆. 2007. 中国的心理学界. 北京：商务印书馆.
陆永品. 2004. 庄子通释. 北京：经济管理出版社，3-361.
王国强，张亚林，黄国平，等. 2007. 合并道家认知疗法治疗早期高血压的随机对照研究. 中国临床心理学杂志，15(3): 307, 326-328.
王俊平，许晶. 2005. 道家认知疗法治疗脑卒中后抑郁的临床研究. 中国行为医学科学，14(6): 490-491.
杨德森，张亚林，肖水源，等. 2002. 中国道家认知疗法介绍. 中国神经精神疾病杂志，28(2): 152-154.
杨德森. 1998. 行为医学. 第 2 版，长沙：湖南科技出版社.
杨加青，赵兰民，买孝莲. 2005. 中国道家认知疗法并用盐酸米安色林与单用盐酸米安色林治疗老年抑郁症的对照研究. 中国神经精神疾病杂志，31(5): 333-335.
曾文星. 1996. 华人的心理与治疗. 台湾：桂冠图书公司.
张清华. 2003. 道德精华(第一册)：老子. 鬼谷子. 鬻子. 北京：时代文艺出版社，3-98.
张亚林，郝伟. 1994. 精神疾病的心理治疗基础. //杨德森. 基础精神病学. 长沙：湖南科技出版社.
张亚林，杨德森，曹玉萍，等. 2001. 广泛性焦虑症患者的个性特征、行为模式及其可塑性研究. 中国行为医学科学，10(5): 414-415.
张亚林，杨德森，肖泽萍，等. 2000. 中国道家认知疗法治疗焦虑障碍. 中国心理卫生杂志，14(1): 62.
张亚林，杨德森. 1998. 中国道家认知疗法-ABCDE 技术简介. 中国心理卫生杂志, 12(3): 4.
张亚林，祖永建，曾文琦，等. 1993. 精神挫折后不同人群应付方式的比较研究. 中国临床心理学杂志，1(1): 21, 36-38.
张亚林. 1998. 中国道家认知疗法及其治疗焦虑障碍的效果评价. 湖南医科大学博士学位论文.
张亚林. 1999. 行为疗法. 第 2 版，贵州：贵州教育出版社.
周敏娟，姚立旗，徐继海. 2002. 道家思想对老人心理及主观幸福度影响. 中国心理卫生杂志，16(3): 175.
朱金富，杨德森，肖水源，等. 2006. 道家认知疗法对冠心病患者纤溶激活系统的影响. 中国心理卫生杂志，20(12): 824.
Darasa TB. 1990. Psychoanalysis and Psychoanalytic Psychotherapy. //Kaplan H， Sadock BJ. Comprehensive Textbook of Psychiatry. Ⅱ. Baltimore: Willima & Wilkins.
Feng L, Cao YP, Zhang YL, et al. 2011. Psychological therapy with Chinese patients. Asia-Pacific

Psychiatry, 3: 167-172.
Johanson GJ, Kurtz RS. 2004. 道德经与心理治疗. 张新立译. 北京：中国轻工业出版社.
Rogers CR, Sanford CR. 1985. Client-centered Psychotherapy. //Kaplan H，Sadock BJ. Comprehensive Textbook of Psychiatry. Baltimore: Willima & Wilkins.
Yalin Zhang,YL Young DS, Li LJ, et al. 2002. Chinese taoist cognitive psychotherapy in the treatment of generalized anxiety disorder in contemporary China. Transcultural Psychiatry, 9(1): 115-129.

附录 1

生活事件量表

(杨德森　张亚林)

指导语：下面是每个人都有可能遇到的一些日常生活事件，究竟是好事还是坏事，可根据个人情况自行判断。这些事件可能对个人有精神上的影响(体验为紧张、压力、兴奋或苦恼等)，影响的轻重程度是各不相同的。影响持续的时间也不一样。请你根据自己的情况，实事求是地回答下列问题，请在最适合的答案上打钩。

事件名称	事件发生时间				性质		精神影响程度					影响持续时间				备注
	未发生	一年前	一年内	长期性	好事	坏事	无影响	轻度	中度	重度	极重	三个月内	半年内	一年内	一年以上	
举例：房屋拆迁			√		√								√			
家庭有关问题：																
1. 恋爱或订婚																
2. 恋爱失败、破裂																
3. 结婚																
4. 自己(爱人)怀孕																
5. 自己(爱人)流产																
6. 家庭增添新成员																
7. 与爱人父母不和																
8. 夫妻感情不好																
9. 夫妻分居(因不和)																
10. 性生活不满意或独身																

续表

事件名称	事件发生时间				性质		精神影响程度					影响持续时间				备注
	未发生	一年前	一年内	长期性	好事	坏事	无影响	轻度	中度	重度	极重	三个月内	半年内	一年内	一年以上	
11. 夫妻两地分居(工作需要)																
12. 配偶一方有外遇																
13. 夫妻重归于好																
14. 超指标生育																
15. 本人(爱人)做绝育手术																
16. 配偶死亡																
17. 离婚																
18. 子女升学(就业)失败																
19. 子女管教困难																
20. 子女长期离家																
21. 父母不和																
22. 家庭经济困难																
23. 欠债 500 元以上																
24. 经济情况显著改善																
25. 家庭成员重病或重伤																
26. 家庭成员死亡																
27. 本人重病或重伤																
28. 住房紧张																
工作学习中的问题：																
29. 待业、无业																
30. 开始就业																
31. 高考失败																
32. 扣发奖金或罚款																
33. 突出的个人成就																
34. 晋升、提级																
35. 对现职工作不满意																
36. 工作学习中压力大(如成绩不好)																
37. 与上级关系紧张																
38. 与同事邻居不和																
39. 第一次远走他乡																

续表

事件名称	事件发生时间				性质		精神影响程度					影响持续时间				备注
	未发生	一年前	一年内	长期性	好事	坏事	无影响	轻度	中度	重度	极重	三个月内	半年内	一年内	一年以上	
40. 生活规律重大变动(饮食睡眠规律改变)																
41. 本人退休离休或未安排具体工作																
社交与其他问题：																
42. 好友重病或重伤																
43. 好友死亡																
44. 被人误会、错怪、诬告、议论																
45. 介入民事法律纠纷																
46. 被拘留、受审																
47. 失窃、财产损失																
48. 意外惊吓、发生事故、自然灾害																
如果你还经历过其他的生活事件，请依次填写：																
49.																
50.																

附录 2

症状自评量表(SCL-90)

指导语：以下表格中列出了有些人可能有的症状或问题，请仔细阅读每一条，然后根据该句话与您自己的实际情况相符合的程度(最近一个星期或过去)，选择一个适当的数字填写在后面的答案框中。

	从无 0	轻度 1	中度 2	偏重 3	严重 4
1. 头痛					
2. 神经过敏，心中不踏实					
3. 头脑中有不必要的想法或字句盘旋					
4. 头晕或晕倒					

续表

	从无 0	轻度 1	中度 2	偏重 3	严重 4
5. 对异性的兴趣减退					
6. 对旁人责备求全					
7. 感到别人能控制您的思想					
8. 责怪别人制造麻烦					
9. 忘性大					
10. 担心自己的衣饰整齐及仪态的端正					
11. 容易烦恼和激动					
12. 胸痛					
13. 害怕空旷的场所或街道					
14. 感到自己的精力下降，活动减慢					
15. 想结束自己的生命					
16. 听到旁人听不到的声音					
17. 发抖					
18. 感到大多数人都不可信任					
19. 胃口不好					
20. 容易哭泣					
21. 同异性相处时感到害羞不自在					
22. 感到受骗，中了圈套或有人想抓住您					
23. 无缘无故地突然感到害怕					
24. 自己不能控制地大发脾气					
25. 怕单独出门					
26. 经常责怪自己					
27. 腰痛					
28. 感到难以完成任务					
29. 感到孤独					
30. 感到苦闷					
31. 过分担忧					
32. 对事物不感兴趣					
33. 感到害怕					

续表

	从无 0	轻度 1	中度 2	偏重 3	严重 4
34. 您的感情容易受到伤害					
35. 旁人能知道您的私下想法					
36. 感到别人不理解您、不同情您					
37. 感到人们对您不友好，不喜欢您					
38. 做事必须做得很慢以保证做得正确					
39. 心跳得很厉害					
40. 恶心或胃部不舒服					
41. 感到比不上他人					
42. 肌肉酸痛					
43. 感到有人在监视您、谈论您					
44. 难以入睡					
45. 做事必须反复检查					
46. 难以做出决定					
47. 怕乘电车、公共汽车、地铁或火车					
48. 呼吸有困难					
49. 一阵阵发冷或发热					
50. 因为感到害怕而避开某些东西、场合或活动					
51. 脑子变空了					
52. 身体发麻或刺痛					
53. 喉咙有哽噎感					
54. 感到前途没有希望					
55. 不能集中注意力					
56. 感到身体的某一部分软弱无力					
57. 感到紧张或容易紧张					
58. 感到手或脚发重					
59. 想到死亡的事					
60. 吃得太多					
61. 当别人看着您或谈论您时感到不自在					
62. 有一些不属于您自己的想法					

续表

	从无 0	轻度 1	中度 2	偏重 3	严重 4
63. 有想打人或伤害他人的冲动					
64. 醒得太早					
65. 必须反复洗手、点数					
66. 睡得不稳不深					
67. 有想摔坏或破坏东西的想法					
68. 有一些别人没有的想法					
69. 感到对别人神经过敏					
70. 在商店或电影院等人多的地方感到不自在					
71. 感到任何事情都很困难					
72. 一阵阵恐惧或惊恐					
73. 感到公共场合吃东西很不舒服					
74. 经常与人争论					
75. 单独一人时神经很紧张					
76. 别人对您的成绩没有做出恰当的评价					
77. 即使和别人在一起也感到孤单					
78. 感到坐立不安心神不定					
79. 感到自己没有什么价值					
80. 感到熟悉的东西变成陌生或不像是真的					
81. 大叫或摔东西					
82. 害怕会在公共场合晕倒					
83. 感到别人想占您的便宜					
84. 为一些有关性的想法而很苦恼					
85. 您认为应该因为自己的过错而受到惩罚					
86. 感到要很快把事情做完					
87. 感到自己的身体有严重问题					
88. 从未感到和其他人很亲近					
89. 感到自己有罪					
90. 感到自己的脑子有毛病					

第二章　移空技术(气功疗法)

第一部分　基 本 理 论

气功疗法是传统中医的临床治疗手段之一，有数千年的历史。气功疗法的主要治疗方式是由治疗师教授来访者进行气功修炼，即根据辨证施功的原则，有针对性地教授来访者学练某种气功功法。由于古代气功修炼的门派繁多，历史上流传下来的气功功法也不计其数。

将气功疗法应用于心理治疗的尝试自 20 世纪末开始，方式有多种，其中之一是依据心理问题或心理障碍的诊断标准和气功疗法的适应证选择来访者，经其知情同意，指导其进行一些有针对性的、经过心理学修饰和加工的气功修炼活动，通过身心调理而达到解决问题或去除障碍的目的。本节所介绍的“移空技术”即属此例，该技术中的“移空”二字，有“移动致空”和“移动至空”双重含义。

移空技术是以气功修炼中的存想与入静技术为核心，由治疗师指导来访者充分运用意识的想象功能，先将所需要解决的心理障碍或问题的心身症状象征性物化，并放入想象中为其量身打造的承载物，而后想象在不同的心理距离上反复移动盛放了象征物的承载物，使象征物及承载物在移动的过程中逐渐变化或消失，从而缓解或消除心身症状的心理治疗技术。

气功是调身、调息、调心融为一体的心身锻炼技能。其中调身指身体姿势、动作的调控；调息指呼吸形式与呼吸气息的调控；调心指意识中思维与情绪的调控；融为一体是指这些操作性内容并非各行其是或相互配合，而必须以融会贯通的方式呈现。在气功修炼的术语中，调身、调息、调心通常简称为“三调”，而三调融为一体通常简称为“三调合一”。

气功疗法基本理论中核心的部分，是关于三调与三调合一的操作理论。理解气功修炼过程中三调与三调合一的操作技术及其相应的心身状态，是理解气功修炼的本质特征与疗效机制的关键。本节除简要介绍此核心理论之外，还介绍若干与移空技术的应用与评价相关的气功理论知识。

一、三调与三调合一

任何气功修炼、任何一种气功功法，均由调身、调息、调心的操作性内容构成，且通过三调合一而进入气功境界。所谓气功境界，即三调合一的心身状态。对于初学者来说，学习任何一种气功功法，首先需要学习该功法的三调操作内容，进而再修习三调合一。

三调中的每一调都包含有丰富的操作内容和技术。调身包括站、坐、卧的各种姿势以及数以千计的套路动作，还包括练功过程中种种自发动作的调控。调息包括胸式呼吸、腹式呼吸、胎息等数十种呼吸形式，以及呼吸气息的深浅、粗细、长短、软硬等各方面技术的把握。调心则包括掌控抽象、形象、具象等思维形式，以及安静、镇定、愉悦等情绪状态。所谓气功功法，就是特定内容与形式的三调组成搭配；各种气功功法的差别，就在于其不同的三调构成。

然而，气功修炼过程中三调操作的目的不在其本身，而在于进入三调合一的气功境界。因此，仅仅学会三调操作的内容，还尚未进入气功修炼状态，只相当于一般的体育锻炼状态。只有实现了三调合一，才是本质或真正意义上的练功。需要指出的是，三调合一的气功境界不是三调协同或同时操作，那还是在做三项操作，并没有融为一体。三调合一是指三调完全融会贯通，各自均已丧失其独立性，达到一即三、三即一的练功境界。该境界往往在长期的修炼过程中自然达成，而并非刻意操作可致。气功修炼之所以区别于一般的体育锻炼，之所以难学，关键正在于此。

二、气功疗法的疗效机制

气功疗法的临床疗效来自于两个方面，一是三调操作的疗效；二是三调合一境界的疗效。

调身、调息和调心是对生理、心理功能的自我调控。气功疗法的疗效机制之一，即是以主动、积极的三调，干预业已失调的生理、心理功能。在数千年的发展历史中，气功疗法积累了丰富多彩的三调操作技术。临床上有针对性地选用这些技术，可以治疗多种心身疾患。就心理问题和心理障碍而言，气功修炼中调心的多种技术尤可选用。

然而，气功疗法之更为本质、更有特色的疗效来自于三调合一的气功境界。如前所述，气功疗法是传统中医的临床治疗手段之一。根据中医基本理论的阴阳学说，中医的临床治疗目的是达到阴平阳秘、阴阳平衡。而练功达到三调合一的境界，正是气功修炼中的阴平阳秘、阴阳平衡状态。该境界用现代医学的语言表达，就是实现了生理、心理功能的协调统一，将其调控至当下的最佳状态。在临床实践中，一旦来访者的练功水平达到此状态，并能够在其中停留足够的时间，其疗效不仅显著，而且稳定、持久。

大体上，三调操作的疗效通常针对某一症状、某种情绪，而三调合一的疗效是整体的，是心身合一康复能力的提高所致的自愈。

三、与移空技术相关的气功理论与技术

与移空技术关系密切的气功基础理论知识是具象思维理论，操作技术是气功修炼调心技术中的存想和入静。

1. 具象思维理论　具象思维是一种不同于抽象思维与形象思维，且可与二者并列的独立思维形式。抽象、形象、具象三种思维形式人人具备，且相互作用。由于抽象、形象思维显而易于描述，为主流心理学研究所重视，而具象思维隐而不易表达，以至于长期被忽视。但具象思维是气功修炼过程中主要运用的思维形式，具象思维理论以其能够较为直接和准确地表述、指导气功修炼过程，已作为基础理论的内容之一，写入了新世纪全国高等中医药院校规划教材《中医气功学》。近年来心理学界也开始关注此理论，已有相关论著发表。

在心理学领域，抽象思维是指意识构建、运演词语的思维形式，形象思维是指意识构建、运演表象的思维形式。无论是词语还是表象，都是意识对现实事物或关系进行概括反映的产物，它们都是对现实所产生的映像，而并非现实本身。故这两种思维形式都是对现实事物或关系的间接、概括的反映。具象思维则不同，它是指意识直接构建、运演感觉物象的思维形式。所谓物象，即本体、本身之像。感觉物象也就是感觉

本身、本体。意识构建和运演感觉物象，即意识直接操作感觉。因此，在这一思维形式中，意识不再间接地反映事物，而是直接地操作事物本身。这正是具象思维理论的核心观念，也是气功修炼能够直接作用于心身、改变心身状态的心理、生理学原理。

在气功修炼过程中，人们通常通过抽象或形象思维的引导，而进入具象思维。例如，当练功要求操做出身体某一穴位发热的感觉时，可以先反复默念词语“某穴位发热”，以词语概念诱导发热感觉的产生；或者想象该穴位处有一火球，以火球的表象诱导发热感的产生。显然，前者是以抽象思维引导相应的感觉，而后者是以形象思维引导。当发热的感觉被引导出来之后，放弃用以诱导感觉的词语或表象，让意识直接调控热感的程度、范围，就进入了具象思维。此时意识直接操作热的感觉，并不借助于“发热”的词语或火球的表象。此操作过程说明，抽象、形象、具象三种思维形式相互作用，但各自有独立的操作内容。

2. 存想与入静 存想与入静均为出自于道家的气功修炼术语，是气功调心的两种修炼技术。

气功修炼中的存想，是指想象特定的景物至清晰可见、身临其境状态的意识操作活动。存想通常以形象思维引导，先想象特定景物的表象(包括视觉、听觉、嗅觉等各种表象)，然后通过深化表象达到物象；或者说，通过对感觉表象的增强而超越表象，达到感觉本身。故其操作过程即是从形象思维到具象思维的运演。例如，练功过程中存想“紫气东来”时，首先闭眼想象一团紫色的气从东面飘过来，形成基本的视觉表象，而后不仅要不断加强此视觉表象的清晰度，而且须引入与此视觉表象相关的其他感觉表象，如温度觉、质地觉、气味觉等，直至能够感受到这团飘动的紫气已经成为视之可见、嗅之可辨、触之可及、呼之欲出的物象之时，紫气东来的存想方告成功。通常存想过程中表象与物象的差别，正如回忆与梦境的差别。回忆母亲时脑海中母亲的形象，与梦境中母亲的形象，在清晰性和现实性的程度上，不是有天壤之别吗？

入静是指练功过程中逐渐消除一切思维活动的心理过程，包括抽象思维、形象思维和具象思维。应注意，消除思维活动并不等于消除意识活动，意识中除思维活动外尚有其他活动内容。入静所要达到的恬淡虚无的气功境界，用心理学术语表达，即是没有思维活动的意识空白状态。意识的空白并不是意识的消失，意识仍然存在，只是没有任何词语、表象和物象的意识映象，是有意识之体而无意识之用。由于意识之体尚存，其用可随时应机而生，故空白的意识境界是孕育着活力和生机的境界，而并非沉沉之枯寂。气功古籍中常说入静的境界不是“顽空”，不是“死寂”，而是“如如不动”、“寂而常照”，这里的“如如”和“照”就是对生机与活力随时可被唤起的描述。

在移空技术中，存想技术与入静技术结合运用，贯穿始终，且以达成入静为最终目的。

四、移空技术的学术来源与形成

移空技术是东方古老的气功疗法与西方现代的心理疗法相结合的产物。其核心的治疗思想与技术，以及治疗的方向与目标，均来自于气功疗法，但借鉴和采用了心理治疗的表现形式、语言系统和解释理论。例如，催眠治疗中“保险箱”技术、格式塔“空椅”技术的一些形式与内容，均为移空技术所借鉴；又如具象思维理论的提出参照了思维心理学中抽象、形象思维的理论模式。

移空技术为本土化心理治疗技术，首次发表在2008年第五届世界心理治疗大会上，当时曾名为“移箱技术”。

第二部分　基本操作

如前所述，移空技术运用意识的想象功能，先将拟消除的心理问题或心理障碍的心身症状象征性物化，而后将象征物放入想象中与其相适合的承载物内，再于想象中反复移动盛放了象征物的承载物，致使承载物及象征物变化或消失。此技术先后在三个环节上运用想象：想象心身症状的象征物；想象盛放象征物的承载物；想象盛放了象征物的承载物在不同距离上移动。

移空技术要求想象中的意识映像要达到物象程度，如此方为存想。而物象运演属具象思维操作，故此技术的心理学本质即运用具象思维。移空技术操作的全过程，即是由治疗师引导来访者完成一系列具象思维作业的过程。

移空技术的操作过程分为两个阶段，即准备阶段与治疗阶段。在每个阶段之前，先做简短的气功放松训练，引导来访者进入安静状态，这是入静技术的初始运用。

移空技术操作的全过程始终由治疗师以指令或提问方式引导和把握。在临床应用时，治疗师应注意与来访者建立与此操作过程相适应的治疗关系。此外，在治疗之前，治疗师应根据来访者的文化程度和理解水平，以其能接受的方式和语言，介绍和说明移空技术的大致原理和操作程序。

一、静 态 作 业

这一阶段的内容和目的，是选择要处理的问题、存想问题的象征物及盛放象征物的承载物。

(一) 简易气功放松训练：三调放松

1. 操作内容

(1) 调身：端正坐姿，要求伸腰直背，双手平放于大腿上，双目轻合。

(2) 调息：只注意呼气，不注意吸气；做 5 次缓慢的呼气，不要完全呼尽，要适当留有余地，使能够平缓地过渡到下一次呼吸。

(3) 调心：意念放在呼气上，跟随着呼气；保持安静平和，去除杂念。

2. 操作要点

(1) 向来访者解释放松训练的意义。

(2) 按三调操作的顺序及要求，指导放松训练。

3. 指导语举例

(1) 请坐椅子的前三分之一，身心放松，腰背伸直，不要向后靠。

(2) 请只注意呼气，不注意吸气。不要吸得太满，不要呼得太尽。

(3) 意念伴随呼气，舒缓自然，让杂念随呼气一起消失。

(二) 确定需要处理的问题

1. 操作内容

(1) 选择靶问题：主要的心身症状。

1) 心身症状的种类

心理：抑郁、焦虑、愤怒等消极情绪，应明确情绪的种类。

生理：腰痛、头痛、胸闷等，应明确感觉的部位。

2) 心身症状的起因：相关的生活事件。

生活事件：孩子生病、未能升职、失恋等。

注意对事不对人：例如，要求表述的重点不是生病的孩子，而是孩子生病这件事情；不是失恋的对象，而是失恋这件事情。

如果生活事件属于个人隐私，来访者不愿明确表述，或在集体治疗场合不便表述，可以省略此项。

3) 心身症状的现实性：心身症状是当下或持续到当下的。引起心身症状的生活事件是当下想到的。

4) 分离心身症状与相关的生活事件：生活事件是客观现实，心身症状是来访者自己的主观感受，二者常被混淆。分离：抛开客观现实，关注主观感受。聚焦：如果主观感受复杂，聚焦于主要的心身症状。如果分离、聚焦不够清晰或难于操作，可以先往下继续。

5) 待进行至(三)操作内容(4)、(八)操作内容(2)时，参见来访者对象征物的情绪体验以及移动过程中的最佳距离，以协助判断心身症状的选择、聚焦，以及心身症状与相关生活事件的分离状况；如需再次选择、分离，可在进行至(十)重复操作时实施。

(2) 测量问题的影响度：以来访者对问题的主观感受和认知评价为标准。告知来访者衡量问题严重程度的自我评价标尺为 0～10，0 为无影响，10 为最严重。

测量影响度的目的，除明确当下问题的严重程度之外，还是判断疗效的主要参照依据，故需重视其操作的准确性，并标示在记录纸 A 的标尺图上。

选中的需要解决的问题在影响度分值上应该≥5，若≥7，疗效大多更优。

(3) 选择问题的数量：临床上通常每次选择 1 个影响度分值≥5 的问题进行处理，若达此分值的问题不止一个，宜优先选择分值最高者。

若来访者没有影响度分值≥5 的问题，但又迫切要求治疗，可以一次选择 2～3 个分值＜5 的问题同时处理。

2. 操作要点

(1) 操作内容中各项目的顺序可以随机变化，但不能有缺失；如有需要，各项操作可以反复进行。

(2) 需要处理的问题最终须落实于主要的心身症状，它是移空技术直接处理的对象。

(3) 判断心身症状的性质、心身症状与相关生活事件的分离状况，应与(三)操作内容(4)、(八)操作内容(2)互参。

3. 指导语举例

(1) 移空技术要解决的是你自己觉得不舒服的主观感受，也就是心身症状，而不是引起心身症状的生活事件，所以请告诉我，你说的这件事情给你带来的感受是什么？

(2) 你不舒服的感受是情绪方面的还是感觉方面的？例如，是很不高兴、很愤怒，还是哪儿疼哪儿痒？

(3) 你要解决的问题对你有多大影响？如果完全没有影响是 0 分，最严重的影响是 10 分，请告诉我现在是几分？

(4) 这个问题的影响分数大于 7，我们先来解决这个问题，其他问题下次再解决。

(三) 存想问题的象征物

1. 操作内容

(1) 将问题想象为象征物：引导来访者将需要解决的问题想象为有形质的物品。例如，可以将身体某处的疼痛想象为一块黑色的橡皮膏，将抑郁的情绪想象为一片乌云；可以将失恋的悲伤想象为空心砖，将未升职的郁闷想象为石头，等等。临床上见到的问题象征物还有黑烟、渣土、塑料花、硬质的小球、金属块、沙子、蝎子、老虎等。

动物、植物生命体在象征物中较少见，如果出现，往往说明问题的影响深刻，且仍然活跃。可建议来访者将其变化为标本。

(2) 象征物的替代：如果来访者实在想象不出问题的象征物，可建议其想象以语言或声像记录的方式将问题转化为有形质物品。例如，可以想象将失恋或未升职的事件写在纸上，或口授在录音磁带上，以记录纸、录音带作为象征物的替代品。

(3) 形成象征物的物象：使来访者想象中的象征物形成物象，即促其进入具象思维，方法是针对象征物进行一系列感觉引导性提问。例如，象征物是一块黑色的橡皮膏，治疗师可以发问该橡皮膏的大小、形状、颜色、光泽、气味、黏度、质地，还可以问橡皮膏外面的纹理如何，里面药物的味道是出自中药还是西药等。通过多种感觉通道的反复引导性提问，让相应的各种感觉逐步呈现，最终使这块橡皮膏在来访者的脑海中形成清晰可见、受用如真的物象。

(4) 对象征物的情绪体验：询问来访者对象征物的情绪体验是积极的还是消极的。如果情绪体验是积极的，如喜欢、欣赏，提示正在处理的问题来访者未必想彻底去除。

2. 操作要点

(1) 引导来访者捕捉其脑海中自然闪现的问题象征物形象，避免以冥思苦想的方式构建。

(2) 通常让来访者闭眼想象，但也可以睁眼，可以顺其自然。

(3) 应与(二)操作内容(1)、(八)操作内容(2)互参，判断心身症状的选择、聚焦，以及心身症状与相关生活事件的分离状况。

3. 指导语举例

(1) 能不能形象化地表达你的愤怒？比如说它像什么？

(2) 你身体的哪个地方不舒服？是哪种不舒服？像有个什么东西在那里吗？

(3) 你的悲伤在身体的什么部位有反应？那里有什么东西吗？那个东西像什么？

(4) 它有多大？多重？什么形状？什么颜色？有气味吗？表面有纹理吗？摸上去是光滑还是粗糙？

(5) 能不能把你看到的那只老虎做成标本？

(6) 你是喜欢，还是有点讨厌那只老虎？

(四) 存想置放问题的承载物

1. 操作内容

(1) 承载物的样式与数量：想象的承载物可能是各式各样的箱子、盒子、杯子、笼子等，也可能是信封、麻袋、铁锹、平车。总之，不拘样式，任何适于放置、容纳问题象征物的器具均可。

只用 1 个承载物盛放象征物。少数案例有 1 个以上象征物者，可以想象该承载物里有抽屉或格子，或其他形式的隔断。

(2) 以象征物为引导想象承载物：可以询问象征物放在或应该放在

何处，引导来访者捕捉脑海中自然浮现的承载物形象。

提示来访者应量身打造盛放象征物的承载物，二者要相符合。无需刻意美化或雕琢承载物，不要刻意增减其特征。

(3) 形成承载物的物象：仍采用系列感觉引导性提问的方法，促使承载物物象的形成。

1) 形象认知性提问：询问承载物的形状、大小、厚度、材质、装饰、颜色、款式、重量、气味、质感、有无锁匙等。要引导 2 种以上感官感觉的产生，这是形成物象的重要条件。

2) 细节关注性提问：询问承载物的细节，如有无包角、衬里、镶边，色彩是否均匀，材料的纹理怎样，锁匙的形状、样式如何，等等。

3) 整体操控性提问：要求打开承载物的盖子，再合上；要求转动承载物，察看承载物的不同侧面，等等。

(4) 承载物的更换与修补

1) 治疗师应注意象征物与承载物的符合程度。如果二者明显不匹配，如纸袋装大石块，应提示来访者承载物在移动时可能受损，请其考虑是否需要更换承载物。

2) 如果承载物有破损或不完整，应提示来访者移动承载物时象征物可能脱落，请其考虑是否需要修补承载物。

3) 治疗师提示后，由来访者决定是否更换或修补承载物；如其决定更换或修补，治疗师可重复 2、3 项操作内容予以帮助；如其拒绝更换或修补，除外个别情形(如承载物不完整，难以盛放象征物)，大多可继续往下进行。

2. 操作要点

(1) 承载物的更换、修补、加固对保证后续步骤的顺利进行有积极作用，治疗师应予以重视。

(2) 此阶段不要将象征物放入承载物。

3. 指导语举例

(1) 箱子是新的还是旧的？有多大？什么材料做的？什么颜色？上了油漆吗？有没有气味？

(2) 是铁笼子还是竹笼子？有多重？结实吗？

(3) 你的盒子有盖子吗？打开盖子看看，里面干净吗？有没有内衬？颜色与外面一样吗？

(4) 承载物里有隔断吗？有几个？是如何分隔的？

(五) 画出问题的象征物及承载物

1. 操作内容

(1) 要求来访者将问题的象征物画在记录纸 A 上。

(2) 要求来访者将承载物画在记录纸 A 上，并标示自己认为最重要的三至五个特征(颜色、重量、气味等)。所画的承载物开盖闭盖均可，按当时想象的具体意象。

(3) 承载物和象征物画得越细致越好。

(4) 象征物与承载物分别画出。

2. 操作要点

(1) 提供记录纸、画笔(单色即可，不用铅笔)，时间可控制在 10 分钟左右。

(2) 嘱来访者静心仔细作业，尽可能多画细节。此项作业不仅是笔录病历档案，也是再次强化象征物和承载物物象的手段。

3. 指导语举例

(1) 请按要求分别画出问题象征物和承载物，不要把象征物放进承载物。

(2) 请尽量画得仔细些，多画些细节。

(3) 尽可能多填写象征物和承载物的特征。

二、动 态 作 业

这一阶段的内容和目的，是在存想状态下移动盛放了问题象征物的承载物，以处理、解决问题。

(六) 简易气功放松训练：三调放松

1. 操作内容

调身：端正坐姿，要求伸腰直背，双手平放于大腿上，双目轻合。

调息：只注意呼气，不问吸气；做 5 次缓慢的呼气，不要完全呼尽，要适当留有余地，使能够平缓地过渡到下一次呼吸。

调心：意念放在呼气上，跟随着呼气；保持安静平和，去除杂念。

2. 操作要点

(1) 向来访者解释放松训练的意义。

(2) 按三调操作的顺序及要求，指导放松训练。

3. 指导语举例

(1) 请坐椅子的前三分之一，身心放松，腰背伸直，不要向后靠。

(2) 请只注意呼气，不注意吸气。不要吸得太满，不要呼得太尽。

(3) 意念伴随呼气，舒缓自然，让杂念随呼气一起消失。

(七) 将象征物放入承载物

1. 操作内容

(1) 检查、清洁象征物：嘱来访者闭眼，想象象征物就在眼前，前后左右上下仔细看一下，检查有无污迹、破损；然后擦干净。

(2) 检查、清洁承载物：继续想象承载物就在眼前。先查看承载物的外面，有无污迹、破损；再打开盖子，看里面有无污迹、破损；然后将承载物内外擦干净。

(3) 将象征物放入承载物：接下来想象将象征物放入承载物，开盖、放入、摆好、合盖。询问象征物所占据承载物的位置、空间大小、能否移动等，检查象征物是否摆放妥当。如遇象征物不止 1 件的案例，要依据承载物的设计，将不同的象征物放入其中不同的抽屉、格子或夹层。

(4) 锁定或加固盛放了象征物的承载物：提示来访者为下一步顺利进行移动，可锁定或加固盛放了象征物的承载物；由来访者确定是否实行；具体方法如上锁、封口、绳索捆绑、胶带粘贴等。如来访者不欲实行，即使承载物敞口，亦予认可。

2. 操作要点

(1) 清洁象征物和承载物所用的工具如抹布、掸子、毛巾等大多是临时想到的，如来访者未提及，可以略去不问。

(2) 锁定或加固承载物的绳子、胶带等用品如果是临时增加的，可有针对性地提几个感觉诱导性问题，以强化其物象，但问题不必很多。

3. 指导语举例

(1)仔细看看你的石头，前、后、左、右、上、下，都看一看，要看仔细清楚，看看有没有脏的地方，如果有，请把它擦干净，反复擦一擦。

(2) 看看箱子的前面，看看箱子的后面，看看上面，看看下面，看看左面，看看右面。现在打开盖子，看看里面。现在，请把里里外外都打扫干净。

(3) 好，现在请把你的石头小心放进箱子。放好了吗？石头在里面是不是有点咣当？要不要用些东西塞一下？

(4) 你的箱子足够结实吗？在移动时会不会散开？需不需要用绳子捆一下？

(5) 你捆箱子的绳子是什么颜色？有多粗？是麻绳吗？

(八) 在不同的距离上移动承载物

1. 操作内容

(1) 初始移动

1) 嘱来访者将盛放了象征物的承载物放在眼前，停顿片刻，看清楚。

2) 向正前方移动承载物至 1 米→3 米→1 米，每次移动之间停顿片刻，然后移回到眼前。如此重复 1～2 次。

3) 确认感受

外在：询问来访者是否能够看清楚不同距离的承载物，如果看得不够清楚，可适当延长停顿的时间，使看清楚。

内在：询问来访者在承载物远离或贴近的过程中，有怎样的身心感受。特别要询问从眼前到 1 米的来回移动过程对身心的影响。

(2) 可见移动

1) 依承载物的大小，于可见的范围内，按治疗师的指令向正前方不同距离反复移动承载物 10 余次。移动中询问来访者有无最佳距离(看得清楚，感觉舒服)，如有，询问是多少米，停留该处片刻，询问当时的内、外在感受。例如，眼前→1 米→5 米→10 米→5 米→10 米→20 米→最佳距离→20 米→10 米→5 米→1 米→5 米→1 米→眼前。

2) 再次反复移动承载物 10 余次，移动中询问来访者的最远距离(能看到承载物的最远点)是多少米，停留该处片刻，询问当时的内、外在感受。例如，眼前→1 米→10 米→30 米→20 米→50 米→100 米→最远距离→100 米→50 米→30 米→10 米→20 米→10 米→1 米→眼前。

3) 确认感受

外在：要求来访者尽量看清楚不同距离的承载物，注意把握最佳距离和最远距离；调整停顿的时间，形成适合的移动节奏。

内在：询问来访者当承载物远离或贴近时，有怎样的身心感受，尤其要询问最佳距离和最远点。

(3) 超距移动

1) 超越能够看见承载物的距离，移动承载物至无限远，使之完全看不见。例如，眼前→1 米→10 米→50 米→100 米→50 米→1000 米→无限远。

2) 在无限远处停留(1～3 分钟)，嘱体会安静、休息、放松、无念、空。

3) 从无限远处逐渐移回承载物。例如，无限远→1000 米→100 米→50 米→100 米→20 米→10 米→3 米→10 米→3 米→1 米→眼前。

4) 确认感受

外在：确认看不见承载物。

内在：询问停留在无限远时的身心感受。

2. 操作要点

(1) 给予清晰、果断的移动指令，不拖泥带水。

(2) 移动距离的米数是来访者感觉的心理距离，不要求与物理距离相等。

(3) 承载物必须在前后方向上进退反复移动，避免单向直线前进或后退。

(4) 如有最佳距离，提示正在处理的问题来访者未必想彻底去除；应与(二)操作内容(1)、(三)操作内容(4)合参，判断心身症状的选择、聚焦，以及心身症状与相关生活事件的分离状况。

(5) 如果承载物在移至无限远后找不回来了或不愿找回，不必强求找回，可结束移动，进行疗效评估。

(6) 移动的总次数通常在 30～40 次，宜灵活增减可见、超距移动的距离和次数。此项操作是移空技术的核心环节，需认真、扎实完成。

(7) 每次移动后可询问承载物是否到位、是否能看清楚，待来访者以语言或点头方式认可后再继续移动，以保证操作质量。

(8) 移动过程中注意给来访者的操作以阳性反馈，适时、适当肯定其优点。避免批评。

3. 指导语举例

(1) 现在请将铁盒移动到1米远处，1米，到了吗？到了请点点头。

(2) 铁盒移到1米远时，你的身心感受如何？移回到眼前时，又感受如何？

(3) 现在请移动铁盒到眼前10米远处。……好，到了吗？能看清楚吗？……好，继续移动。

(4) 铁盒最适合放到多远？具体的米数是多少？看得清楚吗？有怎样的身心感受？

(5) 能看到铁盒的最远距离是多少米？现在你的身心感觉如何？

(6) 现在完全看不见铁盒了，请保持现在什么都看不见的状态，停留一两分钟。好，不错，记住现在的心身感受，可以享受一下这个状态。

(九) 打开承载物评估疗效

1. 操作内容

(1) 将装有象征物的承载物移回至眼前。

(2) 嘱来访者仔细察看承载物外观有否变化，如大小、轻重、颜色、形状、材质、新旧等；如有变化，要求给予具体描述。

(3) 让来访者打开承载物，仔细查看其中的象征物有否变化，如大小、轻重、形态、性质等；然后看看承载物内部有否变化；如有变化，要求给予具体描述。

(4) 询问来访者的身心感受有否变化，包括病患部位的感觉、整体情绪、对问题认识和态度等；如有变化，要求给予具体描述。

(5) 再次测量问题的影响度，看看有否改变。

(6) 如承载物、象征物均消失未归，直接询问身心感受，测量问题的影响度。

(7) 要求来访者填写记录纸B。

2. 操作要点

(1) 如象征物有变化，注意询问来访者对变化后的象征物的喜恶，有助于帮助判断疗效。

(2) 注意填写治疗过程中有个性特征的事项，可以在来访者离去后进行。如果是团体治疗，此项可免去。

3. 指导语举例

(1) 请仔细看看承载物的外观有无变化？大小？形状？新旧？

(2) 变旧的含义是什么？颜色浅了？有破损了？有划痕了？落灰尘了？

(3) 承载物里面的象征物小了多少？二分之一？三分之一？

(4) 你对变化了的象征物感觉如何？有点喜欢还是讨厌？

(5) 承载物的里面是否有什么变化吗？比如颜色？质地？

4. 疗效标准

(1) 定性：如果承载物已空，象征物完全消失，表示问题已经解决。如果象征物已经缩小、变形等，表示问题的规模已经削弱。如果象征物完全变为其他种类，表示问题的性质已经改变。如果来访者对象征物的负性情绪体验减弱，或变化为正性，表示问题对来访者的影响已经改变。

如果承载物缩小、变轻，或变得陈旧、破损，表示问题对来访者的影响已经减弱，甚至无足轻重。如果承载物变新、变结实，通常表示来访者的内心力量增强。

(2) 定量：记录纸 B 为判定依据。无论前次测量问题影响度的分值是多少，再次测量为 0，即临床痊愈。前次测量为 7 者，再次测量 3 以下(含 3)为显效，5 以下(含 5)为有效；前次测量为 8 或 9 者，再次测量 4 以下(含 4)为显效，6 以下(含 6)为有效；前次测量为 10 者，再次测量 5 以下(含 5)为显效，7 以下(含 7)为有效。

也可采用减分率算法，减分率=(治疗前总分−治疗后总分)/治疗前总分。减分率=100%为痊愈，减分率≥50%为显效，减分率≥25%为有效。此种算法的分值可能不是整数，但有利于科研统计。

(十) 重复操作

1. 操作内容

(1) 如果承载物和(或)其中的象征物已经发生了变化，重复(五)至(九)。

(2) 如果确定需要重新选择问题，或问题象征物与相关的生活事件分离未清，重复(一)至(九)。

(3) 如果象征物完全消失，或象征物及承载物均完全消失，或再次测量问题影响度达到显效，无需重复操作。

2. 操作要点

(1) 操作时可根据实际需要适当减少操作的项目、次数，不必完全重复。

(2) 使用新的记录纸，并注明是重复操作。

3. 指导语举例

(1) 第一次做可能比较生疏，疗效不容易彻底发挥，我们现在再做一次。

(2) 从象征物被处理的效果看，问题在于生活事件与身心症状的分离不够清楚，我们再重新做一遍。

(3) 你选择的问题不是你确实需要消除的，可再选择一次。

(4) 选准问题有时需要好几次，人们认识事物需要有一个过程，一次选不大准很正常。

三、家 庭 作 业

安排家庭作业的目的，一方面是巩固、提高疗效；另一方面是引导来访者自主掌握移空技术，特别是在空的意识状态中停留，以提高其身心健康水平。

移空技术的门诊疗程为 2～4 次，家庭作业可安排在门诊治疗结束之后。

1. 操作内容

(1) 告知来访者移空技术的门诊疗程已经结束，原有的心理问题已经得到处理；日后如有反复，或遇到其他适用移空技术处理的心身问题，可以自己试用移空技术；处理过程如需治疗师协助，应前来就诊。

(2) 告知来访者经常练习停留于无限远处的安静与空无状态，有益于心身健康。如来访者感兴趣，可指导其进行日常练习，重点放在引导和停留于无限远处，停留的时间可从数分钟延长至数十分钟，其他操作步骤可以酌情省略。长期做此练习者应每日至少练习 20 分钟，2～4 周就诊 1 次，以接受治疗师的指导。

(3) 要求长期练习的来访者做笔记，记录练习的时间、相关的身心变化，以及练习中的疑问，就诊时带此笔记。

2. 操作要点

(1) 家庭作业以自愿为基础，不做硬性规定。

(2) 对自愿参加的来访者给予鼓励，告知做好长期练习的准备，增强其信心。

(3) 提示来访者在无限远处停留时，注意姿势、呼吸、意识的三调合一，姿势要松，意识要静，呼吸要自然。

(4) 如果来访者可以在无限远处停留 5 分钟以上，大都已不再需要其他操作步骤的引导，可以直接进入此状态。能够在无限远处停留数十分钟者，可酌情介绍其转入传统气功修炼。

(5) 家庭作业虽然放在门诊治疗之后，且由来访者自主完成，但其重要程度并不亚于门诊治疗。临床上，能够长期自觉完成家庭作业的来访者，不仅疗效巩固，而且心身健康的水平会不断提高。这是移空技术的根本目的。

3. 指导语举例

(1) 家庭作业能够巩固疗效，长期练习，可以有效提高心身健康水平，建议你试一试。

(2) 移空技术有点像做游戏，可以自己练习，熟练后可以用于处理日常生活中的消极情绪和身体症状，掌握这样一种操作技术有益于增进身心健康。

(3) 在家练习时，可以把重点放在在无限远处停留的意识空白状态，停留的时间可以延长，但中间不能有杂念，要保持空白。

(4) 复诊时请带来你的练习笔记，要记录你的练习时间、身心感受，还有你需要问的问题。

第三部分　注 意 事 项

以下介绍移空技术应用中需要注意的若干事项，囿于篇幅，介绍较为简略，如需详细了解，请参阅《移空技术的操作要点与解析》(北京中医药大学博士论文)等相关论著。

(1) 移空技术中问题的象征物是心身症状的物象化表达；盛放问题的承载物是对问题承受方式与能力的物象化表达；移动盛放着象征物的

承载物表示对问题的操控和处理，移动至无限远表示问题被处理和解决。

(2) 移空技术的准备阶段与治疗阶段是治疗师主导的过程，主要以指导语、解释、提问等方式把握进程，重点在实现移空技术的“移”。家庭作业则由来访者自主完成，治疗师起答疑解惑的作用，重点在体验移空技术的“空”。因此，移空技术是东西方心理学思想和治疗方法的融合，但根本的落点还在于东方的自我修炼。

(3) 进行临床治疗和指导家庭作业对治疗师的角色与任务有不同要求。对于大多数心理治疗师而言，完成临床治疗可谓轻车熟路，但指导家庭作业则需要学习相关理论知识，并应有相应的自身体验。

(4) 移空技术不注重诊断，重在解决来访者当下负性的主观感受，即心身症状，可用于处理由心理疾病或心理障碍引起的身体症状和消极情绪问题，也可作为辅助治疗手段，处理因各种精神、心身疾病乃至生理疾患所引起的身体症状和消极情绪问题。

(5) 移空技术可与其他心理治疗技术配合使用。根据来访者不同的心理问题，治疗过程中移空技术可以为主，也可以为辅。例如，在一个疗程中，可以自始至终使用移空技术，也可以只用移空技术作为其中的一个单元。

(6) 移空技术解决问题重在当下，即解决来访者当下的心身症状问题，并于当下取得疗效。有些心身症状当下的解决可以一劳永逸，另外一些可能会重复发作。对于后一类问题，可以重复使用移空技术再解决，通过多次重复以形成和巩固远期疗效。

(7) 移空技术既可用于心理治疗，又可用于心理咨询；既可用于个人治疗，又可用于团体治疗。特别适用于不愿意或不方便暴露隐私的来访者或群体，可以有效地降低治疗过程中的阻抗，且并不影响疗效。移空技术也适用于儿童和青少年，对这部分来访者，建议只做治疗阶段，且在指导语及提问中降低学术性，可以做游戏的方式完成治疗。

(8) 移空技术的门诊治疗时间，包括准备阶段和治疗阶段，可以把握在 40～50 分钟，2～4 次作为一个疗程。家庭作业可以 1 个月为起点，3 个月为一个疗程，要求来访者每天练习 20～30 分钟。

(9) 依据临床出现过的实际案例，如果来访者想象不出能够放进问题象征物的承载物，移空技术便无法进行。这种情况说明来访者当时还没有足够的力量去承受该问题。如果经治疗师启发和引导，仍无法想象出承载物，建议换用其他治疗技术，这是移空技术在方法意义上的禁忌证。移空技术应用于临床数年来，尚未发现不良反应。

(10) 问题象征物的消失程度与问题的影响度未必成正比。有时问题象征物消失了大半，但问题的影响度降低并不过半；反之，也有问题象征物消失不明显，但问题的影响度却大大降低的案例。这说明问题的存在与否与来访者对问题的体验或态度并非必然一致。在疗效评价中，应更重视问题影响度的变化，疗效的根本依据也在于此。

(刘天君)

参考文献

陈丽云，等. 2002. 华人文化与心理辅导模式探索. 北京：民族出版社.

李心天. 1998. 医学心理学. 北京：中国协和医科大学出版社.

刘天君. 1994. 禅定中的思维操作. 北京：人民体育出版社.

刘天君. 2001. 中医气功学. 第 2 版. 北京：中国中医药出版社.

Corey G. 2000. 心理咨询与心理治疗. 北京：中国轻工业出版社.

Renvenstorf D，等. 2007. 自我催眠. 北京：中国轻工业出版社.

附录

移空技术记录纸

首 页 记 录

一般情况

姓名______________ 性别_____ 年龄_____ 民族________

婚姻(□未婚 □已婚 □离异 □分居 □丧偶)；宗教信仰(□无，有________)

教育(□小学 □初中 □高中 □中专 □大专 □本科 □硕士 □博士

其他_________________)

职业(□农民 □工人 □干部 □技术人员 □学生 □个体 □离退 □家属

其他_________________)

通讯地址____ 邮编______________

联系电话______________________电子邮箱________________________________

心理问题或障碍诊疗现状

就诊机构________________________________首次就诊时间______________

诊断____________________________________家族史(□无，有__________)

服用药物______________________________

其他现病

目前患有何种疾病 ________________________ 程度(□轻　□中　□重)

治疗情况(□治疗中　□未治)　影响(□大　□小　□无)

既往史

以往患过何种疾病 ___________________________ 患病时间 ____________

结果(□痊愈　□未愈，或_____________________________)

经济状况

家庭经济水平(□高　□一般　□低)

医疗费用(□公费　□医保　□自费)

医疗费用对您及您的家庭的影响(□很大　□较大　□一般　□较小　□无)

移空技术记录纸(A)

姓名 ______________　性别 _____　日期 _______年____月____日

一、问题影响度

无影响　最严重

0　1　2　3　4　5　6　7　8　9　10

二、问题象征物图

名称(　　)数量(　)颜色(　　)大小(　　)其他(　　)

三、装载象征物的承载物图

外观特征(填写项目越多越好，至少 3 项)

尺寸(长：　宽：　高：　厘米)　重量(　　千克)

形状(　　)　材质(　　)　硬度(　　)　质感(　　)

颜色(　　)　光泽(　　)　气味(　　)　款式(　　)

装饰(　　)　锁匙(　　)　其他(　　)

移空技术记录纸(B)

一、问题影响度

无影响 最严重

0 1 2 3 4 5 6 7 8 9 10

二、问题象征物的变化图

名称( )数量( )颜色( )大小( )其他( )

三、装载象征物的承载物变化图

外观特征(填写项目越多越好，至少 3 项)

尺寸(长: 宽: 高: 厘米) 重量(千克)

形状( ) 材质( ) 硬度( ) 质感( )

颜色( ) 光泽( ) 气味( ) 款式( )

装饰( ) 锁匙( ) 陈旧( ) 破损( )

其他( )

四、治疗过程中的个性化事件(治疗师填写)

____

____

____

第三章　心理动力学治疗

第一部分　基 本 理 论

1896 年弗洛伊德建立了精神分析的概念并将之发展为探索精神世界中潜意识的科学。心理动力学治疗是精神分析的一种变体，其延续了精神分析对潜意识的处理以及对治疗中出现的移情与反移情的保留，与精神分析不同的是，动力学心理治疗更适应患者的需要，治疗的频率更加灵活，治疗的长度更加开放，治疗方式与治疗师的态度也有所变化。

本操作规范是在弗洛伊德经典精神分析理论的基础上，主要根据现代客体关系理论及实践，以及奥托·克恩伯格(Otto Kernberg)对人格组织的理论与实践研究编制而成。

一、经典精神分析理论

(一) 第一定位理论

即弗洛伊德提出的地形模型理论，人的精神活动分成为三个层次：意识—前意识—潜意识。

(1) 意识是个体心理活动的有限外显部分，是与直接感知有关的心理活动部分。

(2) 前意识是介于意识和潜意识之间的部分，它是可以回忆起来的经验，是可以招回到意识中的那部分经验和记忆。

(3) 潜意识是被压抑到意识下面的、无法从记忆中招回的部分，它们通常是被社会的风俗习惯、道德、法律所禁止的内容，包括个人原始的冲动和与本能有关的欲望等。弗洛伊德认为，潜意识心理历程在正常及变态心理功能中均占有最重要的位置和意义，它决定了个体行为的真正原因和动机，也决定了神经症或其他精神障碍患者的症状。

(二) 第二定位理论

即弗洛伊德提出的人格结构理论，人格由本我、自我、超我三部分组成。

1. 本我 即原我，是指原始的自己，包含生存所需的基本欲望、冲动和生命力。本我是一切心理能量之源，本我按“快乐原则”行事，它不理会社会道德、外在的行为规范，它唯一的要求是获得快乐，避免痛苦，本我的目标乃是求得个体的舒适，生存及繁殖，它是无意识的，不被个体所觉察。

2. 自我 其德文原意即是指“自己”，是自己可意识到的执行思考、感觉、判断或记忆的部分，自我的功能是寻求“本我”冲动得以满足，而同时保护整个机体不受伤害，它遵循的是“现实原则”，为本我服务。自我一部分有意识，一部分无意识，主要是有意识的。

3. 超我 是人格结构中代表理想的部分，它是个体在成长过程中通过内化道德规范、内化社会及文化环境的价值观念而形成，其功能主要在监督、批判及管束自己的行为。超我的特点是追求完美，所以它与本我一样是非现实的，超我大部分也是无意识的，要求自我按社会可接受的方式去满足本我，它所遵循的是“道德原则”。

(三) 生物心理发展

即弗洛伊德提出的性本能理论。弗洛伊德认为人的精神活动的能量来源于本能，本能是推动个体行为的内在动力。人类最基本的本能有两类：一类是生的本能，另一类是死亡本能或攻击本能。在弗洛伊德看来，性欲有着广义的含意，是指人们一切追求快乐的欲望，性本能冲动是人一切心理活动的内在动力，当这种能量(弗洛伊德称之为力比多)积聚到一定程度就会造成机体的紧张，机体就要寻求途径释放能量。弗洛伊德将人的性心理发展划分为5个阶段。

1. 口欲期 出生到1.5岁左右，刚生下来的婴儿就懂得吸乳，乳头摩擦口唇黏膜引起快感，叫做口欲期性欲。

2. 肛欲期 1.5～3岁时期，1岁半以后学会自己大小便，粪块摩擦直肠肛门黏膜产生快感，叫做肛门期性欲。

3. 性蕾期 3～6岁，儿童开始注意两性之间存在性器官的差异，把性欲转向外界，儿童在性蕾期懂得了两性的区别，开始对异性父母眷恋，对同性父母嫉恨，其间充满复杂的矛盾和冲突，儿童会体验到俄狄浦斯(恋母)情结和厄勒克特拉(恋父)情结，这种感情更具性的意义，不过还只是心理上的性爱而非生理上的性爱。

4. 潜伏期　6～12岁，儿童的快乐大部分来自学习、游戏、交友等活动，两性界限明显，集体活动以同性为伴，性器官发育相对滞后，为相对平静的时期，儿童只有经过潜伏期到达青春期，性腺成熟，才有成年的性欲。

5. 生殖期　12岁后儿童进入青春发育期，性的内驱力增强，兴趣转向异性。

弗洛伊德认为成人人格的基本组成部分在前三个发展阶段已基本形成，所以儿童的早年环境、早期经历对其成年后的人格形成起着重要的作用，许多成人的变态心理、心理冲突都可追溯到早年创伤性经历和压抑的情结。

二、客体关系及自体心理学理论

客体关系(object relationship)理论是“从精神分析的角度来研究人际关系以及内在精神结构是如何从过去的人际关系中成长起来的”的一种理论。客体关系起源于英国，梅兰妮·克莱茵(Melanie Klein)是其中的开创者，其他重要客体关系理论家有：玛格丽特·马勒(Margaret Mahler，其对儿童早期发展进行了深入的研究)；奥托·克恩伯格(Otto Kernberg，其最重要的贡献在于对边缘性人格的治疗和研究)；唐纳德·温尼科特(Donald Winnicott，其主攻儿童心理发展过程，提出的“足够好的母亲”、“支撑性环境”是客体关系理论的经典概念)；伊迪丝·雅各布森(Edith Jacobson，其将自我、本我、超我、本能及客体关系等概念进行了综合，形成所谓的“整合模式”)；费尔贝恩(W.R.D. Fairbairn，其忽视生理方面，建立一个纯粹心理方面的客体关系模型)。客体关系理论的治疗重点在于分析俄狄浦斯期之前的婴儿与母亲的“二元关系”，使患者在退行中重建早年的客体关系，使内化的坏客体得以外化、修正。

（一）基本概念

1. 客体关系 跨越了内心和人际两个维度，指人格中内在的各个部分所组成的系统，它们在自体内互相联系。内在客体和自体中的其他部分同外在客体是相互作用的，在任何关系中，双方的人格都在相互地彼此影响。

2. 客体 即外在客体，多指关系中重要的他人，可以是指早期的重要他人或现在的重要他人，与内在客体有关联，满足了个体的愿望和要求。

3. 幻想 婴儿的内部生活包含幻想的世界，心理活动的形式从出生的时候就表现出来了，在心理世界里，想象能服务于身体本能和冲动的幻想的意象，以及婴儿对强烈内驱力和情感的积极反应。这样，饥饿的婴儿能通过对乳房和品尝的幻觉性幻想来暂时控制饥饿。

4. 内在客体 是心理结构的一个部分，它形成于个人在早年生活中对重要照顾者的体验，在人格中就记录为那段早期关系的踪迹，其不是记忆，也不是表征，而是自体存在的一部分。

5. 自体 指个人在生活中所形成的总体人格，起初一个原始的、未形成的自体，通过对客体的体验逐渐充实起来。其包括古老的自我概念、内在客体以及客体与自体的情感(感受)联系部分三个方面。

6. 部分客体 涉及主体在主观上是否将客体体验为好的或坏的、愉快的或不愉快的，从客体能否满足或者伤害的一个方面来体验客体，只能体验到部分的客体。

7. 完整客体 指从满足和伤害两个方面来看待一个客体，那么就是把该客体视为一个完整客体。

8. 自体表象 除了客体的幻象和表象之外，婴儿内部世界的另一个方面是包括一个他自己发展的自体表象，其是自体心理的表达，是在孩子的环境中与客体或重要人物的关系的体验，是对他人体验自我的一种知觉内化。

9. 内在客体关系 指自我的部分与某客体通过自我对与该客体之间关系的体验联系在一起。通过特殊的防御机制和适应性过程而形成，包括认同和内射，从而形成一种模板，以一种相对稳定的方式来放置自我和他人的关系。其由意识和潜意识部分构成。

(二) 位态理论(position)

克莱茵通过对母婴关系的研究提出了偏执-分裂样位态与抑郁位态，后来奥格登整合了他人与自己的工作，提出了自闭-紧邻位态。

1. 偏执-分裂样位态　存在于生命最初的几个月里，这时婴儿面对着几乎最严重的焦虑，而他的认知加工器官却最不成熟。婴儿的关系被分裂和对攻击性投射的压抑所占据，产生的客体关系是片面的，特征是全或无的属性。婴儿把母亲看成好的和坏的，更精确地说，是好的乳房和坏的乳房，与这一时期婴儿内心中处于优势的部分客体相一致。婴儿对母亲爱恨交加，但爱恋和憎恨不能同时发生，因为婴儿还不能将母亲看成一个整体的人。在这一位态中，分裂和病理程度的投射性认同占主导地位，并作为防御焦虑和建立关系模式的方式。

2. 抑郁位态　从3～4个月大时开始发展的状态，婴儿从偏执-分裂位态进入到对客体的关注状态中，逐渐获得认知上的能力，将母亲视为完整的人而对她的映像更加完整。能包容在场的好母亲和不在场的坏母亲，可以通过依赖内化的好的客体来忍受痛苦，也将有能力容忍矛盾情绪。抑郁位态并不意味着抑郁心境，它是指人有能力容忍内疚和失去所带来的抑郁，而且能够体验到对客体的关注。

3. 自闭-紧邻位态　为更早的位态，来自于婴儿紧邻一个客体的需要，其边缘为婴儿自体的边界提供了定义，婴儿利用与身体上定义清楚的照顾者边缘的客体邻近，定义躯体的自体和内在的心理轮廓。

儿童和成年人都在这三种位态之间变换，是从自体首位到关注客体的连续统一体。在最焦虑的时候，我们只关注自体的发育和亲和(自闭-紧邻位态)；在更成熟的时候，我们关注完整的、情绪矛盾的爱着的客体(抑郁位态)；另一些时候，我们与来自分离的、被压抑的客体中坏的部分的报复做抗争(偏执-分裂样位态)。

(三) 马勒的心理发展理论

马勒通过对母婴相互作用的重复、明显的行为的观察，对婴儿出生后的前三年心理发展过程做了描述。她认为，人的性格是在与别人的心理融合中开始的，并且通过逐渐分离的心理过程而完成。其提出了三个发展阶段：

1. 自闭状态　从初生到出生后一个月，婴儿处于一种原始的自恋状态，基本上没有客体指向，这一阶段的任务是，新生儿在子宫外完成生物的内环境平衡。如果个体在下一个阶段发展受阻，将导致病理性的自闭，即自闭症。

2. 共生状态　大约从出生后两个月开始，婴儿逐渐形成一个积极的与母亲的共生圈，婴儿以为其与母亲是一个完整的整体，在精神上、情感上对母亲的照顾高度依赖，母亲也以照顾婴儿为其首要任务，甚至将婴儿视为自己的一部分。

3. 个体化与分离　出生四、五个月以后，儿童开始爬行并慢慢直立行走，这使他有了关于自身存在的最早感受，这种对自我存在的觉醒称之为个体化，这是一种内在精神自主化的过程，同时，儿童还必须经历与母亲在精神上的分化、脱离并保持适度距离的心理发展过程，这便是分离。这一阶段包括四个发展亚阶段。

(1) 分化与躯体意象：在出生后 4～5 个月开始，婴儿开始把身体与母亲拉开一点，并且掌握运动技能；从 7～8 个月开始，婴儿展示出一种对于母亲的可见的“返回核对”模式，这是婴儿在身体与心理上与母亲分化的重要的开始符，可以看到，婴儿似乎在扫视他人，并把母亲与其他人进行比较，把熟悉的人与不熟悉的人进行比较。

(2) 实践：开始的标志是婴儿通过爬行和扶着站立能够与母亲在身体上分开。真正意义上的实践期是从自由直立行走开始的。

(3) 和解：大约发生在 18～24 个月，标志是幼儿对于陌生人的焦虑反应、由于冲突性愿望而犹豫不决、伴随着双亲的离开而增加的问题，以及对母亲的黏着。一方面是放弃自己伟大的妄想，另一方面是继续个体化及分离。

(4) 情感客体恒定与个体化：主要在第三年，无明确的终止期，两个重要目标是：达到一定程度的客体恒定以及巩固个体化。

(四) 婴儿的防御理论

客体关系理论家通过研究发现，婴儿运用一系列心理机制去控制强烈的需求、恐怖和幼年的情感，包括投射、内射、分裂与投射认同。

1. 投射　是心理或想象的过程，婴儿把自己的某种感受“强加”或“转嫁”给客体。

2. 内射　是一个心理的想象，婴儿将客体及其情感内化进自我，是后来形成原始超我的基石，在日后通过认同和其他自我过程的修正下，成熟结构化的超我得以形成。

3. 分裂　婴儿通过分裂机制来保护自己，即将客体分裂为好的和坏的两方面，并使好的和坏的分离开，使自己感到是安全的。

4. 投射认同　指为了缓解内在的焦虑与危险，婴儿将他的感受外化并经外部世界修正后，再重新内化。克莱茵认为投射性认同的重要特点是婴儿通过投射出去的自体部分来控制客体，后来的客体关系理论家认为投射认同过程包括了投射与认同的相互作用，可分为三步：①将自体中的一部分投射出去或除掉；②在客体中找到这一部分，即将其他人体验为是自体当中这一部分的具体化，不论这个人是否是这样的；③吸收，并且变得像被投射的客体。

(五) 克恩伯格的病理人格组织分类

根据身份认同、现实检验能力以及原始防御机制。克恩伯格认为，正常的人格结构特点为身份认同稳定、现实检验能力完好、防御机制以成熟的防御为主，同时可以把心理病理学人格组织分为三种类型：

1. 神经症性人格组织(neurotic personality organization)　身份认同稳定，现实检验能力好，原始防御机制不占主要地位，主要是防御机制以压抑为核心。多见于癔症型人格障碍，强迫性人格障碍和抑郁(受虐)型人格障碍。

2. 边缘性人格组织(borderline personality organization, BPO)　身份认同弥散，能够保持一定现实检验能力，但是在应激条件下可出现现实检验能力丧失，原始防御机制为主。包括了边缘人格障碍，自恋人格障碍，分裂样和分裂型人格障碍，偏执人格障碍，表演型人格障碍，反社会人格障碍和依赖型人格障碍。

3. 精神病性人格组织(psychotic personality organization)　除现实检验能力丧失外，其他特点和 BPO 相同，包括精神分裂症等重型精神病患者。

(六) 自体心理学

自体心理学是由海因兹·科胡特(Heinz Kohut)发展而来的，其观点大部分来自于对自恋型人格障碍的精神分析，他把基于内省和投情性地沉浸在患者的精神生活的观察作为一种科学方法。他认为自恋与自体障碍意味着人格的真正中心结构是有缺陷的。其主要理论观点有：

1. 自体 在狭义范围内，科胡特坚持自体的传统用法，即它是人格或心理的特殊结构、自我内的自体表象。科胡特的广义自体，则是指一个人精神世界的核心，只能通过内省和投情观察才能发现，是一个单位，在空间上是紧密结合在一起(内聚性的)的，在时间上是持久的，是创始的中心和印象的容器。

2. 自恋 科胡特认为自恋是一种人格的正常发展，自恋有其发展的轴线，最终没有一个个体能够成为不依赖自体客体的人，自恋的性质取决于自恋在心理健康中怎样发挥作用。他主张人终其一生皆有自恋的需求。

3. 自体客体 被体验为自体的一部分、或为自体提供一种功能而被用于为自体服务的人或客体。自体客体仅仅意味着体验性的人，它不是一个客观的人或真实客体，或一个完整客体。

4. 自恋的发展线 科胡特认为，自恋可以被区分为两种形式，一种是夸大性自体——与反映性自体客体相对应的健康的自我肯定；另一种是理想化的双亲意象——对于被理想化的自体客体的健康的羡慕。科胡特的独立发展线是从自淫开始，经过自恋，发展为较高形式的自恋并产生转变。正常的成人会有自恋需要，并且，终生需要由自体客体提供的对自体的反映。持续终生的自恋，会转换成各种形式。在成年期，健康的自恋表现为创造性、幽默和投情能力，正是自恋型自体(夸大、炫耀性自体)、自我和超我(被内化的完美典范)的相互作用，决定了一个人人格的特征性风格。

5. 自恋与自体障碍 自恋障碍的患者一开始所呈现的是难以界定的症状，只有出现了自恋型移情才能确认一个自恋或自体障碍的诊断。自恋移情可以是反应性移情或理想化移情，这些移情是儿童关键发展阶段的治疗性复活。反映性移情所动员的是夸大性自体，即儿童试图通过把完美无缺集中到夸大性自体和把不完美安置给外界，来保持一部分原发自恋。自恋与自体障碍其基本特征是自体结构上的缺陷，是没有完成整合夸大自体及理想化客体的过程以进入现实取向自我结构的结果。

6. 自体心理学的治疗观点 科胡特强调对患者主观体验，尤其患者对于治疗师的体验的投情性敏感。自体心理学关注的焦点，是那些自体组织的早期缺陷，并对于这样的患者怎样体验治疗师应给予特别的关注。治疗师建立一种情景，能够鼓励自恋型人格障碍患者未完成的发展目标被表现在自恋性移情中，治疗的目标就是去面对理想化和反映性移情。在治疗师的帮助下，患者的观察性自我，必须面对和理解他的夸大自体的需要和对于治疗师的理性后需要，逐渐地，随着患者将治疗师的品质内化、并建立新的内部结构，患者获得了控制力，最终，患者可以转变和放弃最初的需要。成功的治疗结果是：患者建立一个牢固、功能完整的、恢复原状的自体。

三、防御机制

防御是性格结构中的本能部分，用来阻止潜意识中冲突性力量，也更多用来将深层次的需要、情感和冲突的表达结构化，同时又能保护个人的弱点。范伦特(G. E. Vaillant)将熟知的不同的防御机制分为四大类：自恋性、不成熟性、神经症性及成熟性防御机制。

(一) 自恋性防御机制

常见于5岁以前的幼儿，在成人的梦境及幻想中也很常见。运用它们可以改变现实，但这将使运用者看上去与“疯子”无异。一般而言，它们难因心理治疗性的解释而发生改变，但可因现实的改变(如药物氯丙嗪或应激环境的解除)而改变。妄想性投射、精神病性否认、歪曲和分裂，以及极端投射或精神病性投射均属于自恋性防御机制。

(1) 妄想性投射指对外界现实直接的妄想，常伴随被害的成分。有的人将自己的感觉指向他人并以此指导行为(如“别人要害我，我必须保护自己”)；而有的人将其他人的感觉或情感作为自己的一部分(如“敌人摧毁了我的灵魂”)。妄想性投射与歪曲的区分在于是否存在对愿望满足的缺如。

(2) 歪曲包括非现实性无限夸大的信念、幻觉以及欲望需得以满足的妄想、妄想性自大及自以为是的感觉。它可导致个人对其自身行为的持续性否认，对所有外部现实的接受程度只取决于内在的需要。

(3) 精神病性否认指对外界所有事实的否认(如“我从来就没有过父

母”)。这包括了运用幻想替代重要(特别是当其不在时)的角色(如“我将在我的内心里创造父母”)。

(4) 分裂的防御机制帮助我们避免内心相互对抗的两种或多中成分具有一致性，一般说来，它们是在意识层面上的成分，但随着时间的流逝，其中的一部分逐渐被否认掉(如某人说“你是我最好的朋友”，数分钟后，该人生气了，说：“我恨你！”)。

(二) 不成熟性防御机制

通常见于 3～16 岁的儿童及青少年，也常见于严重抑郁或人格障碍的患者中。一般通过交谈可以达到改变的目的，但这种改变需要反复强化的长程心理治疗性解释以及人际关系的改善(即需要治疗师以更成熟的直觉的方式去发展关系)。不成熟的防御机制包括非精神病性投射、作为防御的认同、分裂样幻想、疑病症、被动攻击行为、躯体化、理想化及见诸行动。

1. 非精神病性投射　指将个人不确认的感觉指向他人，这包括严重的偏见、由于不恰当的怀疑而导致的对亲密关系的拒绝及对外界危险过度的警觉(如 “不是我或我们不好，而是别人不好”)。

2. 认同　在此是指与攻击者认同(如“我必须想象作为一名攻击者，这样才能保护我免受焦虑的煎熬”)，认同也可以癔症性症状表现出来：一些患者的症状(如咳嗽或瘫痪)与其最近生病的父母亲类似。通过认同机制，他们就能够抵御分离和精神上的痛苦。

3. 分裂性幻想　指运用幻想的倾向，以内向化的方式来解决冲突并获得自我满足，这常导致全面的人际间亲密关系的终止，通过内向性的奇特思维将所有其他人逐出内心。与精神病性否认相反，分裂性幻想并不坚持其信念，也不将其幻想见诸行动；另外，分裂性幻想也不同于纯粹的欲望， 它避免了指向他人的攻击性和性冲动的公开性表达。

4. 疑病　为基于被他人不接纳、独处或因对不能接受的攻击性冲动的批评性转换类型。它表现为：对自我的指责；以躯体疾病或神经衰弱的形式表现。与认同不同在于，疑病症导致烦躁与苦恼，与癔症样转换症状不同，它常混以多种内容截然相反的成分。

5. 被动攻击行为　指攻击指向他人，但以间接无效的被动形式出现，自虐或转向自身的冲动，包括失败、拖延、生病对别人的影响胜于对自己。愚蠢或带有挑衅性行为是为了引起别人的注意。

6. 躯体化　指通过躯体症状表达心理痛苦的病理心理过程。躯体化作用的发生通常不为患者意识到，但诉述的躯体症状不是阻抑在无意识领域的内心冲突的象征化表达，而是与不愉快的情感体验，特别是焦虑和抑郁密切相关，故有别于“转换”。躯体化作用并不仅限于癔症。

7. 理想化　即个体对性驱力的特定对象做出过高的估价以保护该对象、清除心理紧张的机制。例如，一个人对性驱力的对象可能怀有矛盾的情感，又爱又恨。在这种情况下，承认该对象的缺陷将会导致自我的紧张。于是个体便潜意识地忽略该对象的缺陷和自己的消极体验，转而对该对象做出理想化的评价。理想化机制虽然可以暂时缓解紧张，但它对现实的歪曲作用和自欺倾向并不能改变现实。

8. 见诸行动　最后一种不成熟的防御机制，指将潜意识的欲望做直接的表达，包括采用动作性行动、渎职或冲动性行为以避免自身内在的感觉被察觉。

(三) 神经症性防御机制

这一类防御机制通常见于神经症患者中，但也可在应对急性的成人性应急状态下出现。使用该机制的目的在于能改变自身的感觉或本能的表达，故常以个性怪异的方式显现出来。心理治疗性解释常能促使这类防御发生戏剧性的改变。神经症性的防御机制包括潜抑、置换、反向形成及各种理智化的防御机制，如隔离、合理化(文饰)、抵消及奇特思维。

1. 潜抑　指潜意识有目的的遗忘或不愿承认了解内在的冲突、对选择性感觉器官的感受或对外部事件的知情，承认这些一般就意味着屈从于因本能需要而带来的诱惑或惩罚。尽管潜抑不为意识所察觉，但在潜意识情感仍被保留下来。潜抑为癔症的主要防御机制。潜抑的例子如容易忘记名字或有健忘的倾向。通过分析发现，在遗忘名字或健忘倾向的背后，往往存在着被压抑的与之相对抗的动机，通常与一些客观的本能需求相关。

2. 置换　指对由个人或情景所导致的情感取向所做的改变，使其转向相对不被关注的物体上的过程。情感上重要的人或情景被偶然的情景或陌生的人物所取代。如隐藏着敌意的玩笑或讽刺为置换的一种形式。典型的临床表现为，神经症性焦虑的恐怖为不重要的外界因素所置换，小的动物或紧闭的房间或电梯均成为焦虑的来源。

3. 反向形成　许多狭隘和僵化的神经症性定势直接反对不能被接受的本能性冲动，阻止对立的冲动表达，然而，在某个时候这些冲动常会以不同的方式爆发。这样，我们就能够证实在潜意识中原始的相对的定势仍然存在，这种继发性的相反表现为反向形成。反向形成的防御机制包括过分地关心某人以掩饰自己想得到关心的愿望，“恨”某人或某事实则代表喜欢的事实，“爱”的背后也可以隐藏着仇恨的对象或不喜欢的工作。临床的例子为强迫性神经症患者的洁癖或有条不紊，这种性格特征的含义为与本能需求中肮脏的、不合常规的东西做出抗争。洁癖与有条不紊的僵化性以及在肮脏及无序环境下(症状)偶然的发作暴露了性格特质中相反的一面。

4. 理智化　指对本能的欲望以公开的、情感平淡的方式表达出来，而非见诸行动。如将注意力不恰当地放在非生物特征上以避免内在情感的表达以及将注意力放在无关部分以避免感受整体。

5. 隔离　指将实际上共属一体的事物分开看待。这一防御机制最重要而特别的情况为将原本与感情相关的想法隔离出去。在涉及应该是令人兴奋的事情的时候，人们可以很平静，而在其他本应安静的场合却表现出令人不解的情感，他/她并没有意识到其情感发生了置换。

6. 抵消及怪异思维的防御机制　指无论是在实际上还是在想象中完成某项事情或想法时，似乎这些事情或想法的对立面曾经实际上或在想象中已经完成。这种防御机制可以导致固定的强迫症状的产生，它们有如下的两个过程：第二个行为为第一个行为直接的反转(如将石头放置于马路当中的动作是为着以攻击的方式来对付他人，然后返回来将石头搬开)。

7. 分离　暂时而剧烈地改变自己的性格或某种感觉，以期避免情绪苦恼。与神经症性否认同义。它可能包括神游、癔症性转换反映、一种突然的毫无根据的优越感或漫不经心的态度，以及短期地否认自己的行为或感情。它也包括为了消除焦虑或苦恼而显得忙忙碌碌的行为、通过在舞台上表演来“安全”地表达本能欲望，以及为了麻木自己的不愉快感情而短暂地滥用某种药物或利用宗教的“欢乐”。分离比歪曲较易为别人理解，也比较体谅别人，较发泄来得短暂。

（四）成熟的防御机制

见于10岁以后的正常个体，通常在青春期作为认同的副产品产生，为原始良知在发展自我理想化形象的取代产物。如升华、压制、参与、利他及幽默均为整合了的良知、现实、人际关系及个人情感，出现于恰当的场合，在一定情况下，它们有着不同社会群体、社会阶层的差别，在应激性增加的情况下，这些机制可变为成熟程度较低的防御。

1. 升华　通常，所有成功的防御机制均归于升华的麾下，严格地讲，升华为本能的间接或减弱后的表达，它既不导致严重的后果，也未将快感明显地剔除。其表达方式包括带有攻击色彩的带有快感的游戏、运动或嗜好和和缓地降低性的欲望。与神经症性防御机制不同，在升华的作用下，本能有释放的渠道，而非被压制或埋葬。情感可以被认识、修正并直接指向相对典型的曾提供给本能以满足结果的人或目的物。

2. 压制　指在意识或下意识中延迟对意识上的冲动或冲突的注意，在压制的作用下，人们会说："明天再说吧！"，等到明天，他真的会去想它，故它是有意的延迟，而非拒绝或试图减弱不适。

3. 幽默　指对他人表达直接的情感而不引起个人的不快或触动、不会产生负性情绪的可能方式。一些游戏及带游戏性质的退行也可归于幽默一类。而玩笑则与使情感转移或置换有关。幽默能够公开地表达情感，与分裂样幻想相比较，幽默从不排斥他人。

四、移情、反移情及阻抗

（一）移情

移情现象被心理动力学治疗师视为其治疗的核心，是在进行分析的过程中产生的冲动与幻想新的样式或翻版；不过它们有这样的倾向，即将早期的某些对象以治疗师其人进行替换为特点，移情包括正性移情和负性移情。

1. 正性移情　患者把治疗师当做以往生活中某个重要人物，他们逐渐对治疗师发生了浓厚的兴趣和强烈的感情，表现得十分友好、敬仰、爱慕甚至对异性治疗师表现出性爱的成分，对治疗十分依恋、顺从。

2. 负性移情　患者把治疗师视为过去经历中某个给他带来挫折、不快、痛苦或压抑的对象，在治疗情境中，原有的情绪转移到了治疗师身上，从而在行动上表现出不满、拒绝、敌对、被动、抵抗、不配合。

有些移情有与它们的模式不同的内容，不管如何排除替代，这种情况——保持相同的隐喻，只是新的印象或翻版。其他则多以精巧的形式进行了组合；这些内容从属于适当的影响，即巧妙地在医师的角色那儿充分利用了一些真实的特点或在类似的环境中达到上述利用。这样，就不再是新的印象了，而是经修正后的样式。

(二) 反移情

反移情是治疗师对患者的情感反应，是治疗师对患者的移情，是治疗师对患者移情的反应。治疗师的反移情也是潜意识冲突的结果。治疗师成长阶段中的诸如亲密关系、成就、年龄等情况也可能影响到治疗师对待患者的态度，使得治疗师对患者的某些事情更为敏感；而患者的一切种类的强烈移情，如色情、攻击、贬低、理想化等，都可能激活治疗师既往生活中的事件。反移情反应有“一致的”和“互补的”两种形式。

1. 一致的反移情　指治疗师与患者的感情认同。治疗师被患者所激怒而产生伤害对方、贬低对方的态度，成为一致的反移情，也就是说，此时治疗师与患者通常具有的情感态度产生共情。

2. 互补的反移情　是指治疗师与患者过去生活中的某一个重要人物(通常是父母之一方)认同。如果治疗师抵制住对患者一致的认同，而是以自我防御的批评和敌意进行反击，就是互补的反移情，也就是说，采取了患者过去生活中某一个重要人物的态度。

反移情中蕴藏着巨大的情感力量，互补的反移情能够破坏治疗师善良中立的态度，延缓治疗的进展，而不是帮助患者解决婴儿时期的冲突。如果治疗师善于处理自己的反移情，则可以作为治疗的有力手段，对患者的症状进行解释。

(三) 阻抗

是指患者内部对治疗的抗拒力，即患者抵制痛苦的治疗过程的各种力量，其中包括：安于现状，惧怕任何的改变，害怕引起良心上过分的谴责，不肯放弃那些形成情感疾病的幼稚的冲动。阻抗应被认为对潜意识冲动和记忆的扭曲负责，扭曲的目的在于使它们在患者的自由联想中，以伪装的形式显现出来。阻抗主要包括以下五种：

1. 潜抑阻抗 它可以被视为个体防御冲动、记忆、情感需要的临床表现，一旦它们从深处进入意识，就可能会产生痛苦的情形或者有导致这一情形的危险。潜抑阻抗也可被视为所谓神经症疾病中“原发性获益”的反映。在这里，“原发性获益”是指通过神经症症状的形成来解决痛苦的内在精神冲突所得到的结果。潜抑的材料越接近意识，阻抗就越强烈，治疗师的任务就是通过他的解释，促使这些内容以患者更容易忍受的形式出现。

2. 移情阻抗 它反映了在同治疗师的关系中以直接的或经过修饰的形式出现的对婴儿期冲动的对抗。分析情景以现实的当前扭曲形式，使那些被潜抑的或以其他方式处理(如引起神经症症状本身)的材料复活。这种在精神分析关系中的过去的重现，会导致移情阻抗。在此治疗师的任务同样是通过干预手段帮助移情内容以一种可以忍受的方式进入意识。移情阻抗包括患者对分析师看法的有意识的抑制，也包括对被防御的潜意识的移情思维的反映。

3. 阻抗可以来自疾病的获益(继发获益) 大量从疾病获益的例子是“补偿神经症”患者，或那些由于来自社会的继发获益而继续患病的人，如“福利”津贴超过他所能挣得的工资。患者潜意识地不愿放弃从疾病中获得的这些继发好处，在治疗过程中，上述情形构成了阻抗的特殊形式。前三种阻抗属于自我阻抗。

4. 本我阻抗 来自对本能冲动表现类型和形式的任何变化的阻抗。正如弗洛伊德所说：“你可以想象，一个本能过程在几十年里总是沿着特定的道路行进，突然被要求走一条刚刚给他打开的新的道路，面对这一情况该可能有多么困难。”这种阻抗形式就必须通过弗洛伊德所说的“修通”来消除。

5. 超我阻抗 来自患者的内疚感或者他对惩罚的需要。弗洛伊德把超我阻抗看做是治疗师最难以辨认和最难处置的一种阻抗。它反映了一种内疚的下意识感觉的运作，而且说明了患者对任何一步分析工作做出的明显矛盾的反应，这些反应都代表了由于自己的良知的促进而防御的这种或那种冲动的满足。

五、梦及梦的运用

(一) 梦的概念

弗洛伊德在其著作《梦的解析》中认为，“梦乃是做梦者潜意识冲突欲望的象征，做梦人为了避免被人察觉，所以用象征性的方式以避免焦虑的产生”， 他认为，梦为通向潜意识的捷径，梦能够让人到达比意识层面的理解深得多的水平。

(二) 梦在治疗中的运用

在分析过程中，治疗师可以通过梦帮助患者了解内心的活动，了解患者是如何进行思考、感受、防御和阻抗的。心理治疗中运用梦的目的：澄清防御机制和阻抗；帮助认识和解释移情；将患者潜意识的动力学、冲突、记忆提到意识水平；帮助自我探索的学习。梦在不同的治疗阶段有不同的运用。

1. 治疗早期梦的运用　在治疗初期所报告的梦往往能揭示患者核心的冲突，通过这些梦可以让患者知道潜意识的过程。随着治疗的进展，在防御机制的作用下，梦会变得艰涩难懂。而且由于梦充满了象征，在治疗的初期不可能深入地被理解。治疗师只是向患者解释，梦是睡眠中的一种思想方式，可能代表一个人现在和过去所关心的事情，治疗师并不急于引导患者探索梦的本意，而是让患者对自己的潜意识过程发生兴趣。

2. 治疗中期梦的运用　治疗师认同和说明梦的防御机制和阻抗，解译梦的移情表现。

3. 治疗后期梦的运用　梦的分析比较接近经典分析模式(完整释梦而不是早期那种部分的解释)。在理解移情和防御机制后，随着治疗的深入，利用梦可以最后探索、揭示潜意识的愿望、恐惧和冲突。精神分析治疗快结束的时候，有时可以看到另外一种梦的现象，即结束阶段的梦。在梦中，患者体验到自己的问题减轻了、被控制了，甚至消失了，体验到自己的移情被解决了，并与治疗师建立了成熟的关系。这种梦往往提醒治疗师和患者差不多可以结束治疗了。

第二部分　基本操作

动力学心理治疗通常有三个过程：治疗情境的创建与巩固；移情的出现与分析；修通与结束治疗。其基本操作分为四个阶段：评估阶段，开始阶段，中期阶段，结束阶段。尽管这四个阶段并没有清晰地划分，也不是一定严格地从一个阶段逐渐到下一个阶段，但是每一个阶段都有各自典型的特点。动力学心理治疗中建立治疗关系的基本原则为：①透明性，解释你要做的事情和为什么要做；②参与感，让患者参与讨论；③中立，不要卷入患者的内在冲突和人际冲突；④容忍，接受患者的个人价值；⑤约定，约定治疗是为了患者的个人成长。

一、评估阶段——评估患者

评估患者即动力学心理治疗的初始访谈。访谈过程通常可以在一次为时 1 个半小时的会谈中完成。然而，临床治疗师更愿意患者来第二次，用两次 45 分钟的时间完成治疗计划的讨论。

访谈中与患者的第二次会面，能允许患者与治疗师有时间去反思初次会面，然后去弄清楚患者内在与外在的各方面情况，这些情况可能在初次会面中被忽略了或者探索的不充分。此外，第二次会面也为探索患者对初次会面的反应提供了一个机会。对于有些患者，尤其是那些问题更严重的或者是诊断不确定的，治疗师可能在初次访谈后再需要两次治疗的时间去完成访谈并决定治疗计划。按照访谈的目的，初始访谈也可以分为两个阶段。

(一) 评估的前半部分——诊断性访谈

这一过程需要找出：①患者呈现的症状和病理人格特点；②整体人格功能；③人格组织水平。确定 DSM-Ⅳ轴Ⅰ、轴Ⅱ的诊断以及结构性诊断，为制订治疗计划提供方向。在诊断性访谈中，症状与病理人格特点特征得到描述，从而有一个描述性的诊断，随着人格组织得到更深地探索，从而有一个结构性的诊断。访谈是直接的——问患者一些具体的问题，在很大程度上依赖于对患者表达的澄清与一定程度的面质——聚焦于此时此地，面谈不但关注患者当前的生活状况，而且关注患者与访谈者的互动。

在治疗师和患者相互简短介绍后，治疗师会告诉患者将要问他一些问题。这个阶段治疗师需要澄清患者就诊的背景(探索治疗动机)和可能卷入的第三方(主要是家庭)，主要通过克恩伯格所发展的结构性访谈来完成。

结构性访谈的结构相对松散，访谈聚焦于患者的症状和病理性人格特点、与其相关的问题、患者反映其问题的能力、在与治疗师互动中患者的问题所显现的特殊方式。在访谈中，治疗师将会定期地偏离对患者的问题以及其与重要客体的关系的性质的探索，这是为了运用澄清与面质，去呈现与探索在患者——治疗师互动中所激活的防御机制与冲突性问题。这个过程会为访谈者提供额外的信息，能补充患者所提供的资料。结构性访谈可以获得症状与人格特点的描述性信息，这个访谈一方面可区分边缘性人格组织与神经症人格组织，另一方面，也可区分轻微形式的精神病。其有三个步骤：

步骤 1 结构性访谈从询问患者问题开始。这一部分类似于一个全面的精神科访谈。治疗师从询问信息开始，可以这样说："请告诉我是什么原因致使你参与访谈。你问题的性质如何？你对治疗的期望是什么？治疗怎样才会对你有帮助？"这些开放性的问题提供给患者一个机会，他可以谈论他的症状、参加治疗的主要原因以及他当前生活中所遇到的任何问题。在倾听患者的过程中，治疗师能够评估患者是否意识到他的病理性人格，患者对治疗需要的评价，以及患者对期待治疗的现实或不现实程度。

不存在现实检验能力与有思维障碍的患者回答问题很迅速，但是回答复杂的、抽象的及非结构化问题会很吃力(或者回答不了)。治疗师对身份认同弥散的患者就存在的问题、生活状况及对治疗的期待进行初步探询时，患者通常考虑不周及陈述混乱。如果患者对这些早期探询的反应和(或)患者在访谈中的行为是缺乏组织性、奇怪的或混乱的，那么治疗师将相应地集中关注这个领域。

这一步骤的目标是将精神疾病的患者与存在身份认同障碍的患者区分开。治疗师应指出模糊或矛盾的领域，寻求澄清，并探询患者是否能明白治疗师存在的困惑。对于治疗师这种形式的干预，身份认同弥散的患者通常将变得更加焦虑，但是能够对访谈者的问题做出反应，能体会到访谈者的困惑，常常在这个过程中患者的组织性会变得更好。相反，有精神疾病的患者将难以跟随访谈者的一系列提问，也难以理解访谈者的困惑，同时也变得更缺乏组织性。

步骤 2　包括探询患者的人格。治疗师可以以这样的描述开始：“我对你之所以参加治疗的症状与问题有了清晰的认识。你能否告诉我，你日常生活中表现怎样？你的问题是以怎样的方式妨碍或未妨碍你的生活？”

当患者呈现出关于其自身的更多的材料时，如果患者表达的信息不能让治疗师在脑中联系到一起——比如治疗师归纳的矛盾性材料，与患者的内在意象以及生活不相称——那么，诊断为身份认同弥散的可能性会提高。这是访谈中另一个重要的时刻，应巧妙地探索隐藏的或明显的矛盾，并应评估患者所呈现的矛盾性自我意象的程度，或者是评估患者所呈现的稳固的、整合良好的自我概念。

步骤 3　是为了获得其他额外的信息，这些信息可被用于澄清患者身份整合的性质。通常探索患者困境与人格功能性质的过程将能提供这些信息，确定患者的人格组织水平也需要这些信息。例如，要患者描述其与雇主当前存在的问题时，患者会向治疗师提供更多关于冲突领域客体表象的信息。相类似的，倾听患者描述其漫长的婚姻及性方面的问题，治疗师可以获得关于患者客体关系的质量的信息。

在探索了患者自体感觉的整合程度后，治疗师可以最后重温患者对他内心重要他人的感受。在访谈的这个阶段，聚焦于患者最重要的亲密关系，因为严重人格障碍患者对其生活的他人缺乏一个稳固的整合的意象，缺乏对他人的感觉，而这些他人中的绝大多数是对患者重要的人。此外，整合性更好的自恋型患者有一个相对稳固的自体感觉，缺少对他人的细微与深度的描述。

治疗师可以通过像如下这样说来开放探询这一阶段，“现在我想请你告诉我有关于当前生活中对你最重要的那个人的一些东西。你能否按照这样的要求来告诉我？即在我们限定的时间内我可能对他们形成一个真实的生动的印象。”如果患者这样做存在困难，访谈者要通过如下的方式来敦促患者。即要求患者先确定谁对他是最亲近的，然后请患者描述一下这个人，就好像患者正在一个故事中写有关于那个人的一个段落一样。

病理性自恋：通过探索患者对他人的感觉的整合程度以及其客体关系的病理程度，病理性自恋才能更容易诊断。这是因为自恋型人格障碍的患者有一个相对稳固的自体感觉，在访谈的最后阶段，通过患者被邀请来描述与其亲近的人，病理性自恋的患者对他人的描述将显得缺少细节与深度，这在一定程度上与其高水平的功能以及稳固的自体感觉不相一致。这个发现将在访谈早期探索患者的客体关系时有预兆，从自恋型人格要求需要被满足的这个角度可以明确地看出患者的客体关系。

治疗师收集信息的具体方面如下，这信息可以分散在访谈中有侧重点地收集。但是基本上很少有能够在初始访谈内把所有信息都收集全的。

1. 一般信息 姓名、地址、住所、电话、紧急情况下可联系的另一个人的名字、年龄、性别、文化、民族、婚姻、职业。

2. 外观 身高、体重、衣着、修饰、举止。

3. 主诉及现病史 症状初次发生的时间，同时伴随的事件、发生的频率、发生症状时的想法、感受、行为、何种情况下最容易发生(缓解)，有什么事件促进问题发生、对工作和生活有什么影响、以前如何解决、结果如何、本次如何来就诊。

4. 既往史 既往精神病史和心理治疗史，治疗类型、治疗疗程、治疗者、治疗场所、当时结果、为何结束治疗。住院经历、时间、地点、药物(剂型、剂量)、药物服用情况。既往医疗史包括出生情况——顺产、难产？是否有宫内窘迫、窒息？童年发育情况、哺乳期状况、分床时间，重大疾病史、手术史、过敏史。

5. 躯体健康状态 目前与健康有关的疾病、所接受的治疗，上一次体检结果，家族中重大健康问题，目前睡眠、饮食状况，典型日常饮食，锻炼情况。

6. 个人史和成长史 最早记忆，0～6 岁，6～13 岁，13～21 岁，21～30 岁，30 岁以后的记忆、梦、幻想、学习、职业变迁、家庭变故等。现在生活状况、居住条件、职业和经济状况，与他人关系，爱好，信仰。

7. 家族、婚姻史 家庭人口、年龄、职业。与父母及兄弟姐妹的关系。家庭中人口、住址的变迁。两系三代内精神病史。恋爱次数及过程，婚姻状况(何时结婚、夫妻关系等)，孩子的年龄、与孩子关系，以及经常交往者的情况。

8. 性史 第一次性经历，现在性生活，手淫，性交情况，对性的态度，月经史(女性)，与家庭成员性接触、性虐待。

收集的重点信息包括：症状及疾病史、既往史、成长史、重要客体关系、此时此地的言语与非言语交流及与治疗师的互动。结构性访谈可以获得下列资料：

1. 识别自体与客体 治疗师特别要评估患者对自体以及对重要客体的感觉，相比于肤浅或极端化、不现实与不稳定，治疗师要评估这些感觉的复杂性、现实性与稳定性程度。对于较轻病理人格，评估身份认同的信息能从患者的能力中得到反映，这些能力是指能投入到长久的工作、有个人的目标和价值观、有亲密的爱与性的关系的能力。身份认同稳固的患者能够从深浅两方面提供关于自己的信息，这使得访谈者能快速地获得对患者生活各方面的认识。身份认同弥散的患者可能让访谈者对患者日常生活各方面的功能留下一个模糊的或混乱的感觉。

2. 内在与外在客体关系的质量 患者能否认识到其亲密关系的基本性质以及患者能否欣赏和关心他人的需要与感受，这两个方面是治疗师应关注的。质量较好的客体关系的特点是：能关心他人的需要，能独立满足自己的需要；能相互给予；能依靠他人以及被他人依靠。相反，身份认同弥散的患者通常以满足需要的观点来看待人际关系，他根据他得到了多少以及他付出了多少来概括人际关系，关心他人需要的能力有限。有严重病理人格的患者，其亲密的人际关系通常是不稳固的、混乱的、带有不信任与敌意的色彩以及缺乏亲密感。

3. 防御与人格僵化 在严重的人格障碍中，意象扭曲或基础分裂与防御影响了患者的行为，也导致了人际体验的扭曲与不稳固。基本分裂压抑了严重病理人格患者的病理特点，这种严重病理性人格在诊断性访谈的过程中能相对容易被识别。自体与客体感觉的极端化与不稳固以及相互矛盾的人格特点(例如，一位端庄的小学教师通过跳脱衣舞来获得额外收入)通常是严重人格障碍的核心特征。在评估严重病理人格的患者时，投身性认同，无所不能的控制，理想化/贬低能在反移情中被识别出来。此外，在访谈过程中，身份认同弥散的患者的典型特点是使用防御机制，包括以某种方式来控制治疗师。人格病理程度较轻的患者的防御在一次诊断性访谈中很难被识别，因为其很少能影响患者的行为或者访谈者的体验。对于神经症水平的人格僵化，治疗师倾向于去推断而不是观察这种神经症水平的防御。人格僵化将会通过过去重复性的适应不良的行为模式来反映，这种行为模式患者既意识不到，又改变不了。在访谈中，适应不良的人格特点，如寻求更多的快乐或控制感，将会在患者与治疗师的互动中呈现。

对患者人格僵化的评估，包括三个方面：

(1) 患者适应不良的人格特点僵化程度怎样？

(相对灵活——高度不灵活)

(2) 患者人格特点中适应不良的程度怎样？

(轻度或者中度适应不良——严重适应不良)

(3) 患者适应不良的人格特点影响范围怎样？

(相对聚焦的，影响一个主要的功能领域——影响到所有的功能领域)

4. 道德功能　对于人格病理程度较轻的患者，通常这个评估的重要性更小，因为他们通常有相对整合较好的稳固的内在价值体系与道德功能，其病理性的道德功能的特点通常是：呆板，过多的自我批评及过高的内在标准。相反，对于身份认同弥散的患者，道德功能更加多变——价值体系没有完全内化，其道德功能的特点通常是过于严苛或者僵化，或在其他领域缺乏道德功能的整合(例如，一位神职人员将自己投身于服务上帝与社会，但是对于为个人获利而剥削他人却感到心安理得)。在实际中，反社会行为模式的出现及其相对的严重性反映了患者内在道德与价值体系的病理性程度。在评估有严重病理人格的患者时，道德功能的评估是考虑治疗计划与预后的一个重要因素。

根据概述以上访谈所提供的资料，治疗师可以做出临床诊断及人格的结构性诊断(表 3-1)。

表 3-1　人格结构性诊断表

项目	人格的结构性评估		
	无病理人格	低病理水平人格	严重的人格障碍
人格组织的水平	正常的人格组织	神经症水平人格组织或者是介于神经症与边缘性人格组织之间	边缘性人格组织
对自我及他人的感觉	整合、稳固及现实性	相对整合、稳固及现实性	未整合、肤浅的、不稳固、无现实性

续表

项目	人格的结构性评估		
	无病理人格	低病理水平人格	严重的人格障碍
客体关系的质量	认识到他人的需要独立于自我的需要	认识到他人的需要独立于自我的需要	满足自我需要的关系模式占主导
时间的分配	工作与业余爱好	工作和(或)业余爱好	用于工作与业余爱好的时间很少或几乎没有
防御	成熟的防御占主导，也有不同的神经症性防御	神经症性防御占主导，也有不同程度的分裂性防	分裂性防御占主导御
人格僵化性	无	僵化	严重僵化
现实检验	完好、稳定	完好、稳定	基本完好，但情感表现强烈时会恶化
内在价值体系	发展良好、有灵活性的标准	发展良好、但标准过于僵化	矛盾、不完整

(二) 评估的后半部分——确定治疗计划

这一次访谈包括：①与患者分享诊断性印象；②确定治疗目标；③描述治疗取向以及它们相对的风险与益处；④确定治疗框架。

1. 分享诊断性印象　访谈中回顾轴1症状与障碍以及病理人格很重要。治疗师对患者问题的描述以及对诊断要点的讨论应尽可能清晰与具体，治疗师应避免使用技术术语或者行话。当讨论诊断性问题时，访谈者应先对患者症状及适应不良人格特点进行总结，并询问患者总结是否准确以及是否有需要补充与修正的地方。

2. 确定治疗目标　在评估过程中，患者会描述到许多具体的和相对有限的治疗目标，治疗师应拒绝患者不现实的治疗目标，如患者想变得像他父亲一样。在选择治疗目标时，治疗师应帮助患者确定其人格目标是什么——当前哪些状况阻碍他的治疗，这尤其重要。在确定目标之前，治疗师应花时间去阐述人格僵化对患者日常影响的细节。治疗师应针对实际情况，考虑患者的内部目标(患者自己的目标)与外部目标(他人对患者治疗提出的目标），中期目标与终极目标。在制定目标时要注意，治疗目标应是具体的、可行的、积极的、双方都接受的、属于心理学范畴的以及可评估的。

心理动力学心理治疗的一些目标：

(1) 冲突的解决：动力学心理治疗的目标是探索潜意识的冲突的性质并解决由此产生的症状。因此，一位年轻男士因为害怕他的成功会带来与父亲的危险的竞争，而出现写作障碍。当这一冲突被探索并理解之后，这位年轻男士由于理解了焦虑的来源而降低了焦虑，就能重新书写。它并不意味着通过这种方式，冲突完全被消除，而是建立了更有效和适应性的妥协形式。

(2) 寻求真相：一些动力学心理治疗师把治疗过程的目标定为自我认识。受古老戒训“认识你自己”的指引，持此信念的治疗师引导他们的患者坚定不移地审视自己，去认识他们是谁，而不是他们想成为谁。治疗的结果应该带来“表里如一”和真实的感受。

(3) 寻找合适的自体客体的能力增强：从自体心理学的角度来看，科胡特认为我们永远不会因为成熟而不再需要他人为我们行使某些功能，如镜映、肯定、认可和理想化。他认为自体客体如同空气中的氧气，是人们生存所必需的。动力学取向的治疗目标是，帮助患者从不成熟或不恰当地运用自体客体的方式转为更成熟和正确的方式。

(4) 更好地理解自身内在的客体关系以改善人际关系：客体关系或关系取向的治疗师认为，治疗的主要目标是理解个人内在自体和他人的表征如何影响他与外在世界的人的互动。这一目标的一部分是帮助患者重新整合他们自己的、不断投射到别人的那部分。例如，一位女患者觉得她的女性治疗师会嫉妒她获得的任何成功，这一想象来自于她个人内在的母亲表征，她母亲对她取得任何的学术成绩都缺乏热情。逐渐地，患者意识到她认为治疗师嫉妒她的看法是她内在母亲表征的投射。重新整合或“重新拥有”发生后，患者能意识到什么属于自己，什么来自于别人。结果是人际关系的改善。观察这种转变的方法之一是患者能更好地生活在现实中，而不是幻想中。

(5) 在治疗对话中产生意义：新的意义会在治疗探索中产生。如今的动力学心理治疗师不太可能去寻找某个特定的意义，也就是说，一个对事件或经验的正确解释。取而代之的是，心理治疗的两个参与者在过程中一起建构意义。在发现早已存在的潜意识的意义与通过治疗师和患者一起努力的治疗性对话而创造的意义之间，存在着一种辩证的张力。如果说治疗的结果是一个人对过去难以理解的以及没有意识到的意义有了更深刻的理解，那么在这个意义上，这个目标是对使潜意识意识化的一种变化。

(6) 反省功能增强：对于遭遇早期创伤或受忽略而心理化功能受损的患者，提高其反省功能可能是一个主要目标。在治疗结束时，我们希望患者有能力区分某个人的内在表征与这个人在外在现实中的样子。更进一步的是，患者应该有能力去感觉另一个人的内心世界，并意识到它与自己的不同。对两个独立的彼此互动的心灵的意识，也被称为获得主体间性。通过心理化能力的提高，患者能认识到自己的行为不是随机产生的，而是由内在的感觉、信念、冲突和动机共同产生的。

3. 治疗师与患者讨论治疗取向及其相对的风险与益处　治疗师把动力学治疗的目的和过程教给患者，是成功地开始心理治疗的关键。教授患者：过去作为现在的模板，治疗关系的基本原则，理解移情、防御和阻抗。在教患者时可以采取直接讲解的方式，也可以采取举例说明的方式。讲解时要观察患者在理解这些话时可能出现的感情上的障碍。

动力学治疗中理想情况是心理治疗师不同时担任药物治疗师，担任双重任务时要注意在会面时设定出专门讨论药物治疗和不良反应的时段。在协调药物治疗和心理治疗的关系时要遵循四条原则：①如果两种治疗是分开的，药物治疗的医师必须对心理动力学治疗的模型比较熟悉；②两种治疗是否分开取决于药物使用所需要投入和监控身体反应的程度，心理治疗师不应该涉入到需要对患者体检的药物治疗程序中；③如果治疗师不是医师，需要具备在治疗中药物有一定比重的理念；④治疗师对药物治疗要有足够知识，避免对药物有不切实际的幻想。

4. 确定治疗框架　治疗框架规定了治疗的具体安排以及患者与治疗师在治疗关系中各自的角色。在开始治疗前需要一起讨论治疗的具体安排，包括治疗的频率与持续时间、日程安排及付费、在正常会面之外对联系的期望(是电话联系还是见面)。动力学治疗一般一周二次，每次通常 45～50 分钟，准时开始，准时结束。患者与治疗师面对面坐着舒适的椅子。会面通常安排在每周的同一天同一时间，但如果为了符合患者与治疗师的日程安排，这一时间可以更改。

再者，要介绍在治疗中患者与治疗师各自的角色。患者的角色要求：①准时参加准时结束治疗；②付费；③可以用一种尽可能自由的全面的无结构性的方式谈论在治疗中他的想法和感受，说出大脑中出现的任何想法，而不加审查与整理；④努力反思自己正在报告的东西，反思治疗师的评论，反思自己和治疗师的互动。治疗师的角色要求：①安排日程；②用自己的专业知识去拓宽和深化患者的自我意识，同时保持一种尊重患者的自主性以及关心患者的健康的态度；③澄清自己投入的有限性。

临床评估可以归纳为一棵树状的模型(图 3-1)，每个水平上探索所获得信息用于形成假设，将能指导访谈者在下一个水平上的探索。

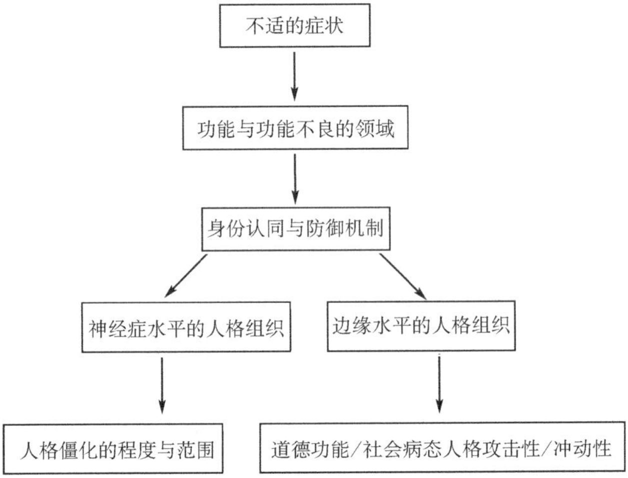

图 3-1　评估患者的决定树

二、治疗开始阶段

治疗开始阶段时间的长短取决于患者对探索性治疗的喜好以及治疗师的技能。开始阶段早期的任务是探索自由与开放交流的阻抗，固化治疗联盟，探索早期的性格阻抗及确定优势的防御性客体关系。经过开始阶段的治疗，患者应对无意识与动力学心理过程获得逐渐深入的理解，同时对冲突领域获得了逐渐增强的自我观察能力。

(一) 探索早期自由与开放交流的阻抗

阻抗的分析是动力学治疗的重要部分。阻抗是由患者在治疗中的防御机制所激活的，特别是在移情中。造成治疗中阻抗的防御是由两方面的因素引起的：其一是避免心理上的痛苦其二是人格结构的强度。

患者对治疗过程有一个大概的了解之后，治疗师就应少讲话，更多倾听患者关于内心世界的描述，这种技术成为“节制”。如果患者问起此时为什么治疗师变得沉默少语，应当向患者讲明道理，可以告诉患者：“我正在注意听你说呢。我想更好地了解你如何看待这个世界，而不想过多地打扰你。”治疗师还应鼓励患者尽量自由地、无拘无束地讲，不要理会所说的是否正确或是否合乎逻辑。可以这样对患者说：“你想说什么就说什么。事实上，想到什么就说出来才最有帮助。我知道，做到这一点很难。”治疗师坚持让患者说出心中所想的事情，不要琢磨，甚至说出那些他们认为是不真实的，可能伤害治疗师的或者他们所爱的人的内容，这种交谈方式被称为自由联想。

在要求与治疗师进行自由与开放的交流时，每一位患者的反应将会不同，各有特点。有些患者发现如果没有准备好议题就进入治疗会觉得特别困难；有些患者发现针对这些非结构化要求如“说说你脑中的想法”将不知道说些什么；有些患者发现其特别不能忍受沉默。治疗师将会细心关注患者对私密的、相对非结构化的治疗设置性质的反应。早期的干预集中于澄清和探索治疗开始阶段所带来的焦虑，通过对阻抗分析的特别关注，不但包括自由和开放交流所激活的阻抗，而且包括性格阻抗。探索患者对开放性交流的意识和无意识阻抗将有利于治疗师确定和描述在治疗中显现的客体关系。

解释阻抗的原则：

(1) 承认现实对阻抗所起的作用；

(2) 将阻抗和防御视为患者性格强度的指征；

(3) 牢记患者必须认识和体验阻抗，然后才有可能解释阻抗；

(4) 先认识阻抗，后解释内容(什么是患者的阻抗，或为什么出现阻抗)。

处理阻抗的第一步，是向患者指出他们在阻抗，在还没有解释什么被阻抗之前，就必须向患者指明这一点。在处理阻抗之时，要尊重防御，要避免与患者争执，要在认识阻抗的真实成分之后才去解释它们的潜意识动机。例如，治疗师遇到患者提出没有钱或者没有时间做治疗这一类困难时，首先应当承认这个现实，然后再去询问详情，了解事情的真相。总之，老练、尊重、充分地利用患者的理智，是处理阻抗的关键。

(二) 巩固治疗联盟

治疗中，患者所谈出的一切内容都是供治疗师分析之用的，不要去评判谈话内容的对与错，更不要对患者提出批评指责。治疗师应提供安全的气氛和医师似的关心。患者人格组织结构越好，越容易固化治疗联盟。治疗联盟在患者与治疗师的早期接触中能够比较容易和自然地建立。而且，由于患者与治疗师一起探索了患者对治疗设置的早期反应，对自由和开放性交流阻抗的分析也将促进治疗联盟的发展。

严重病理水平人格的患者对稳固治疗联盟存在一定程度的困难。对于这些患者，在治疗的开始阶段，治疗设置会迅速地相对强烈地激活其高度适应不良的防御性客体关系，并使患者对治疗关系有强烈的体验。最后，这种扭曲的治疗关系成为了移情分析的基础。早期的相对强烈的负性移情将会更快更强烈地扭曲其与治疗师的关系。这些早期的移情反应能阻碍治疗联盟的正常发展。治疗师应通过积极确定与探索这些移情来处理这种情况。从影响治疗关系的负性移情的角度，促进患者观察自己而后远离自己的能力，这个过程将有助于促进治疗联盟。在本质上，早期负性移情的分析有助于患者更加清晰地区分专业上有帮助的治疗师角色与负性移情客体。

对于对稳固治疗联盟有困难的患者，治疗的开始阶段通常会长一些。针对这些患者，治疗开始阶段的时间必须用在确定并一定程度上修通这些影响在患者的观察性自我与治疗师角色之间建立治疗联盟的早期阻抗。相反，对于那些形成治疗联盟比较轻松的患者，开始阶段会更快更顺利完成，因为患者能够更快地与治疗师合作去确定和探索他的焦虑与促使他进入治疗的阻抗以及治疗关系。

同时，在治疗师变得比较“节制”时，患者的第一个反应就是失望。一部分原因是患者感到失去了治疗师在评估阶段那样的感情支持，另一部分原因使患者开始治疗时抱有的不切实际的希望破灭了，使患者陷入失望困惑的情绪状态。他们可能怀疑“这种治疗会有效果吗？”治疗师要利用这些变故，让患者明白心理治疗是如何把过去的感情带到现今意识中来的。对患者来说，这往往是第一次通过自己的参与来了解和学习心理治疗的机会。有时候患者在治疗早期便不来做治疗，此时治疗师应该主动联系患者，并且重申治疗协议。治疗师在早期要注意有效处理患者的消极情绪，并且有效控制患者的冲动和自毁行为。处理好治疗开始阶段患者的失望也有利于巩固治疗联盟。

(三) 正性移情的处理

治疗开始阶段早期负性移情能影响治疗联盟的稳固。相反，早期正性移情能够促进和支持治疗联盟的发展。在治疗中，通常不去探索和分析那些所谓的“善意的正性移情”——对治疗师来说是相对无冲突的移情。不但不分析这些移情，在治疗中我们将其作为一种工具以促进治疗联盟，并有利于对患者冲突性客体关系的探索。

善意的正性移情要区分于用于防御的表面上的正性移情。防御所调动的正性移情是防止依赖性、侵犯性及色情性冲突客体关系的激活，与中立性质的善意的正性移情相比，其更多地倾向于情感的释放，并缺少整合，其更具理想化，治疗师可以据此区分。

(四) 探索早期性格阻抗

阻抗是由患者在治疗中的防御机制所激活的，在治疗的开始阶段，通常能在患者与治疗师的人际互动中看到患者的性格防御。例如，热心的患者经常来治疗之前就准备好了治疗中要谈论的内容，好争论的患者经常会表现轻视与批评，两者都阐释了患者怎样快速激活并在与治疗师的关系中表现他们的性格防御。这两种患者都在治疗中呈现了他们在治疗之外的表现，在治疗开始阶段患者性格防御的再现，能使治疗师描述和探索镶嵌在患者适应不良的性格特点中的客体关系，也最终能够确定患者主诉所暗示的冲突。处理性格阻抗的过程见“探索早期自由与开放交流的阻抗”的处理部分。

总之，在治疗开始阶段治疗师应确定患者面对世界及与他人互动时反复发生的、不良的适应方式，就像他们在治疗中及治疗之外所呈现的。这使得描述这些行为中的客体关系以及探索患者怎样无意识及习惯性地压制潜在的核心冲突变得容易。优势防御性客体关系的分析为确定患者的核心冲突铺平了道路。

在开始阶段，患者开始熟悉“无意识动机”的含义。这是在于治疗师有技巧地、系统地探索患者的防御机制和潜在的焦虑。患者开始想到将他们带入治疗的许多不良行为与重复想法、感受和情感体验都是有动机和有意义的。他们也开始对所熟悉的针对人格特点与适应不良的行为进行合理化表示怀疑，这也将变得更加自我矛盾。

患者经历了开始阶段，他们就开始发展了这种能力，能够忍受他们意识到的内心中分离与压抑的方面，能够反思自我与他人中的冲突性的体验。治疗师的干预——尤其是从技术中立的角度来澄清、面质与分析阻抗，促进了患者压抑与分离的心理表征进入到意识。治疗师的容忍与接纳的态度，增强了患者对意识到的冲突性客体关系的容忍能力。对意识到的冲突性客体关系的容忍能力的出现是弱化人格僵化的早期信号，也是可以过渡到治疗中间阶段的标志。这种能力也将伴随着处理移情能力的增强。

三、治疗中期阶段

治疗中期阶段是动力学治疗的核心阶段，其核心任务是探索和修通隐藏在患者主诉中的冲突性客体关系与相关的焦虑，这样它们就可以更加灵活地整合到患者的主观体验中。主要任务包括探索和修通防御性核心冲突的客体关系；增强容忍更多的“原始”心理内容与影响的能力；移情的强化与加强聚焦于移情的处理；进一步评价核心冲突中客体关系的修通。治疗中期包括四个过程。

（一）确定主要的客体关系

识别在治疗中活跃的占主导的自体与客体表象。但是要记住心理表象并不是具体的存在，心理表象与内在客体关系只是一个人组织其自我体验与外在体验的习惯性方式。内在客体关系不能被直接观察到，只能依据其塑造患者想法、感受、行为、与他人互动的方式来推导。通过确定核心冲突及其相关的客体关系，治疗师把行为和情绪转换为客体关系，这一过程包括3个步骤：

1. 识别主要的客体关系 随着治疗师倾听患者并与患者进行互动

性交流，他将能对当前呈现的内在客体关系构建假设。这一步骤有助于治疗师去想象在互动中各自所扮演的特定角色。治疗师应识别在移情模式中被激活的自体-客体关系角色配对(表 3-2)，治疗师要根据具体的患者发展出准确形容角色配对的语言。而要了解究竟是什么样角色配对被激活，需要治疗师认真体会患者当下的情绪和对治疗师的期望，鼓励患者准确描述当下和治疗师互动过程中的体验。此过程中主要是使用澄清和验证等技术。

表 3-2　自体-客体关系角色配对

治疗师和患者的角色配对
破坏性的坏小孩——惩罚性的，施虐父母
被控制，被激怒的小孩——控制性的父母
没人要的小孩——不关心的、自我为中心的父母
有缺陷的、没价值的小孩——看不起人的父母
受虐待者——施虐的攻击者
被性侵害者——攻击者，强奸者
被剥夺的小孩——自私的父母
失控的、愤怒的小孩子——无能的父母
攻击性的小孩——害怕的、顺从的父母
性兴奋的小孩——阉割性的父母
性兴奋的小孩——诱惑性的父母
依赖的、满足的小孩——完美的养育者
渴望爱的小孩——扣押爱的父母
控制性的全能的自我——虚弱的、奴隶样的他人
友好的、顺从的小孩——溺爱的、赞赏的父母
攻击性的、竞争性的小孩——惩罚性的、有报复性的他人

2. 命名　治疗师经常使用比喻来命名这些角色。如治疗师说：“我看到你对我的反应就好像我是一个具有完全压倒你的力量的敌人一样——好像我是监狱长，你是畏畏缩缩的犯人一样。所以，我是一个小气的、剥夺你的敌人，而你可以采取的唯一反应就是变成一个惜话如金的吝啬鬼？”

3. 参与到患者的反应中　在对客体关系各种角色的命名过程中，治疗师应仔细关注患者的反应，治疗师不应过多关注患者明显的同意或不同意，而应更多注意其随后的言行。治疗师要注意角色描述是假设，而不是患者必须接受的真理，需要和患者协商，并且达成一致。不准确的角色描述会带来以下几种反应：患者明显不同意或否认；承认自己同意治疗师，而取悦治疗师；感到放松，因为把治疗师的解释看作是礼物，或者看到了治疗师努力解释并理解自己的可能性；感到沮丧。准确地对角色的描述会带来如下几种反应：所命名的客体-自体角色配对更加明显；突然地角色转换，自体表象投射到治疗师，而认同客体表象；出现领悟；突然激活其他的自体-客体配对；遭到完全的否认。

(二) 观察并解释主要客体关系中的冲突

观察和解释那些相互对立的客体关系配对之间的联系，说明它们是如何造成了内心冲突和碎片化体验。这一过程包括两个步骤：

1. 识别和探索防御性的内在客体关系　探索冲突的第一步就是识别、描述以及探索主要的客体关系，如前所述，从命名开始。例如，治疗师要帮助患者意识到他在治疗中重复呈现一个与拒绝性客体相关的状态，即患者像一个渴望依赖他人、渴望需要被满足及渴望爱的孩子。而这样导致患者长期的挫败感。随着在患者的人际关系及与治疗师的关系中，这种防御性的呈现被识别与探索，它能够被确定承担着防御功能。

识别和探索呈现在患者的人际生活中与移情中的防御性客体关系中，将会慢慢导致患者对这些防御性客体关系的呈现的态度产生改变。首先，患者将变得意识到其以前没有注意到的行为方面，然后，她将意识到她是一个积极的参与者去创建这些人际状况，她也反复“发现”自己置身其中。对于患者，她将会认识到依赖与沮丧并不是全都发生在她身上，只是她积极地反复参与创建的一种人际体验。

一旦患者认识到她是积极地、不知情地与无意识地将自己置于那些特定的状态中，通常就会导致患者出现好奇心——是什么激发了她的行为。随着患者认识到她重复性做这些的方式，治疗师将应提出为什么患者选择这样做这一问题。回到临床案例，治疗师应帮助患者考虑为什么她会选择这样做(在她的意识与控制之外，将自身置身于如此漫长的沮丧状态)这个问题。

识别和探索一种特定的防御性客体关系的结果是，患者将会好奇为什么她的行为会是那样的，她将认识到她的行为是由她意识之外的动机所驱动。同时，所呈现的防御性客体关系不但会被患者更容易地观察到(例如，它会变得“自我矛盾”)，而且也更少地阻碍患者去认识所防御的焦虑与动机。

2. 识别和探索冲突性的客体关系 随着防御性客体关系的呈现，它们也更加不能有效地防止潜在的冲突进入到患者的意识中，被压抑的焦虑与冲突的衍生人际模式会在患者的言语与非言语表达中出现，这就为识别和探索压抑或分离的客体关系打开了一扇门，随着与这些客体关系相关的患者的需要、恐惧或幻想被识别与描述，治疗师可以开始针对患者的核心冲突形成假设，并在初步解释中与患者分享这一假设。

通常，随着患者修通冲突中更易接近的方面，冲突中被更深压抑的其他方面将会被激活并将能在治疗材料中察觉。例如，首先，患者开始修通那些针对挫败性客体的冲突性动机，患者认为那些客体还不如自己强大。随着他更能容忍这些动机，她开始意识到焦虑与内疚，这些焦虑与内疚是与让患者感觉更加性感撩人的感受有关的。最后，他的内疚与焦虑连接着不能被接受的愿望，即利用她的性吸引力使自身感觉强大。

在这种情况下，治疗师通过体验她自己是挫败的还是令人挫败的，去指出患者避免了她可能感受到的焦虑，如果她将感觉自己对于一个理想的男人是有性吸引力的。探索这种焦虑就为揭露没被接受的无意识的愿望与幻想打开了门户。这些愿望与幻想是指，当患者抛弃与战胜一个更少理想化的男人时，从一个更强大的男人那获得性的关注与羡慕。在这里，这种冲动性内在客体关系包括了一个有性意味的强大自体的三角状态，当抛弃与羞辱一个更少理想化的男人时，他很高兴获得一个更强大的男人的关注。当患者在治疗中时，通过感觉像一个渴望被爱的挫败的孩子，他防御这种强烈的客体关系的显现，这种客体关系与有性意味的、竞争性的、虐待性俄狄浦斯冲动紧密联系。

与无意识愿望、需要与恐惧相关的内在客体关系倾向于带有强烈的情感释放，其所包含的表象也能严重威胁患者。这些内在客体关系及相关幻想大体上(如果并非全部的话)在患者的意识之外，直到它们在治疗中被揭露与探索。当认识到与威胁性的客体关系表达相关的焦虑、恐惧、内疚、丧失或羞愧时，从一个技术中立的立场去描述和探索这些威胁性的客体关系，是治疗师的工作。治疗师的这种立场将会帮助患者容忍和容纳对她内心威胁性方面的痛苦意识，其以前是被排除在自体体验的意识之外。

(三) 针对治疗目标限定治疗焦点

每一个患者都有一个在治疗中出现的核心的或者主要的冲突。这些冲突影响了患者多方面的功能——在某些领域影响力很大，在某些领域影响力很小。这时治疗师应强调核心冲突与治疗目标之间的关系，随着特殊的冲突进入焦点状态，治疗师自己会想到："患者所提出的问题与治疗目标的关系模式是怎么样的？"当与患者探索一种冲突时，治疗师将要在治疗目标限定的领域内强调冲突与患者人格僵化之间的关系。

对于在挫败性关系中的患者，为了聚焦于治疗目标，治疗师应强调已激活的客体关系和患者与合适伴侣建立亲密关系存在问题之间的关系。这些相同的客体关系能容易地准确地联系到患者在工作中针对成功的竞争性冲突，也可联系到患者对自己要求过高的倾向。然而，在探索主要客体关系和冲突时，治疗师需不断强调患者的包括亲密问题的冲突，暂不注重包括职业成就及自我批评的相关冲突。

(四) 修通已认同的冲突——将冲突性客体关系整合到患者意识到的自体体验中

中期阶段的最后一个过程是促进冲突性客体关系进入患者的主观体验以及他的优势自体感觉，并加以吸收。修通和整合是通过不断重复治疗性干预达到的，治疗师要对治疗中的重复性特点做好足够的心理准备。整合是在与冲突性客体关系的表现有关的防御和焦虑中，以一种带情感的富含意义的方式，重复地出现、容纳、探讨以及解释的结果。这就是修通的过程。从不同的视角和背景呈现与探索表达焦虑和防御的客体关系是很有必要的，而这些焦虑和防御与一种特殊的冲突性动机的表达相关。在治疗中，治疗师期望这种特殊的冲突能在治疗师重复激活与呈现，冲突经过长久的分析之后，能在单独一次治疗中被探讨和解释。在修通的过程中，治疗师应强调核心冲突与治疗目标之间的关系，较少强调核心冲突影响其他功能方面的方式。在修通过程的某一点，核心冲突的各方面将能在移情中被修通。在这一过程中应注意的几个问题有：

1. 移情的强化　有些低病理人格水平的患者很容易在移情中展开

治疗，但是其他患者并不容易发展与利用移情感受。尽管时间可能不同，但是绝大多数患者治疗的中间阶段取得了进步，利用移情的能力逐渐得到发展。

这些反映了患者对意识到的冲突性动机与表象的容忍能力得到提高，患者能更有效更顺利地在治疗中利用移情材料，他们也更少担心体验冲突性攻击依赖、色情幻想、需要与恐惧。随着患者经历了治疗中期阶段与治疗的深入，先前压抑的冲突性客体关系开始能够进入意识层面，它们也经常显现在移情中。与治疗早期中激活的移情相比，在中期阶段呈现在移情中的客体关系更加倾向于强烈情感的释放。

2. 先处理偏执型焦虑再处理抑郁性焦虑 对于不同的患者，冲突的展开顺序有很大的变化，而且还要看哪种冲突对于患者是最具威胁性的。当要决定何时干预时，治疗师的干预应由浅入深。

在中间阶段，当患者的核心冲突已被识别和探索，也结合患者的主诉得到修通，治疗师将经常发现自己在给定的治疗中面临两种焦虑，不但出现在治疗中，而且出现在意识中。一种焦虑的显现压制着另一种焦虑的激活。通常选择先去修通偏执型焦虑，然后再修通抑郁性焦虑。偏执倾向暗示着患者内在世界的威胁性方面从自我体验中分裂，并投射到客体上。结果，患者感到自己将处在危险中，与一个被视为有威胁的客体有关系。外部存在责任与内疚，主要的影响是恐惧。相反，抑郁位态暗示着容纳冲突性动机与情感状态而非投射它们的能力。此时患者不是担心自身，而是担心他的客体，由于患者自己的攻击性及利己动机使客体处在危险中。与抑郁性焦虑有关的主要影响是内疚与丧失，并经常伴随着补偿的愿望。

偏执型焦虑与相对极端或单维化的自我，与他人的全好或全坏的意象有关。这就是说，如果我有偏执倾向，我所害怕和厌恶的人完全区分于我所爱和信任的人；如果我感受到恐惧或者竞争性，那是因为我敌对的客体完全应该被憎恨或打败。抑郁性焦虑与相对较好整合的或者矛盾的自我与他人体验有关，我想毁灭的人同时也是我所爱与信任的人，我是一个既想毁灭自己又爱自己的人，我的客体也是一样。修通偏执型焦虑并向抑郁位态转变，能强化患者获得逐渐深入的、稳定的、复杂的对自己及他人意象的能力。与所有的矛盾性客体相关，绝大多数都要全部经历过内疚与哀悼，治疗中在处理抑郁性焦虑之前处理偏执型焦虑有助于抑郁性焦虑的修通。

3. 道德防御　抑郁性客体关系与焦虑在治疗中呈现，一方面是为了抵御偏执性客体关系的激活；另一方面是为了抵御理想化照顾关系的丧失。罗纳德·费尔贝恩把这种现象称作“道德防御”或“超我防御”。费尔贝恩观察到，有时候，关于内疚、丧失、自卑、自我批评与“邪恶”的意识感受，并没有反映与俄狄浦斯或抑郁性冲突有关的抑郁性焦虑，反而是对防御性客体关系最好的理解，这种防御性客体关系支持了与依赖性客体关系相关的偏执型焦虑的退行。

费尔贝恩通过观察那些被照顾者虐待的儿童指出，这些儿童往往不是指责虐待他们的照顾者，而是倾向于理想化照顾者，而把自己看成“坏的”。一方面，这种心理状态使之所以被虐待是因为“我的错误”并因此在一定程度上“处于我的控制下”，进入到儿童的意识体验。另一方面，这种意识层面的对自己和他人的抑郁性体验能支持与依赖于无情的、难以接近的、混乱的、残酷的或者剥夺性的照顾者相关的偏执型焦虑的退行。本质上，儿童的体验就是“在一定程度上我是不好的或者是不足够好的，这就解释了为什么一个不坏的照顾者没有给我好的照顾。”这种心理状态给了儿童一个幻想的控制。儿童宁愿选择感受到“我是一个坏小孩，应当被照顾不当，但是有一天我变好了，我将会被人爱”，而不愿选择感受到“他人应该爱我、照顾好我，但实际上没有，我是他人的无助的牺牲品。”

道德防御能在一系列患者中发现，他们用以保护自己免于意识到冷漠或者有敌意的父母。在低病理人格水平的患者中，道德防御经常以抑郁感受和与自尊相关的问题形式呈现，反映了围绕不被人爱或者没有被正确爱的自我观点上所组织的防御性客体关系与意识。通常，这些自体表象与他人是怎样感受患者的，以及在反移情中治疗师是怎样体会患者的很不一致。依赖道德防御的患者不能忍受在意识层面体验这种强烈兴奋的与渴望依赖的客体关系。就这点而论，一个患者开始体验到他自己是值得被爱的，偏执型焦虑就会激活(“我的照顾者讨厌我并虐待我”)，丧失的痛苦感受就会接踵而来(“我的照顾者将不会像我所希望的那样爱我”)，这些感受要不然就是无意识的。

4. 丧失与哀悼　当抑郁性焦虑支持偏执依赖型客体关系的退行时，动力学治疗所采用的技术方法与我们所采用的更加直接地分析抑郁性与偏执性冲突的方法没有不同。然而，前者是一种临床状况，治疗师并不跟着理论走而是要对患者正在交流的内容保持一种开放的心态，这显得尤为重要。当这种患者接受治疗时，修通过程的许多时间是用来忍受与哀悼理想化依赖关系意象的丧失。这个过程是以患者能力的提高来终止的，部分在于患者能现实体验和忍受攻击性与怨恨，不管这些攻击性与怨恨是直接针对患者所爱所依赖的人还是源于他们。最后，患者将会带着他们是值得被爱与被关注的新感觉离开。

在临床上所见的是，随着患者的防御体验受到挑战——要么在生活中有时一定意识到他真的是被人爱的，要么在治疗中面对了自己防御性的自虐。他的反应是，变得更加自我批评以努力支持偏执型焦虑的退行，因为只要他开始对自己是“坏的”或者是无价值的产生怀疑，偏执型焦虑就会威胁着进入到意识中。当防御性努力最终失败了，患者可能更易出现潜在的偏执性想法和感受，偏执-依赖型客体关系就会进入到意识层面并呈现在患者当前的人际关系中。修通道德防御后使患者能够容忍这些意识到的偏执型客体关系，最后，结合哀悼有高度价值的、理想化的照顾者关系表象的丧失，这种客体关系两面性认同的修通。

5. 负性治疗反应　指患者通过治疗获益，但症状变得更严重，也出现焦虑或者抑郁，或者治疗获益被抵消。尽管负性治疗反应可以出现在治疗的任一个阶段，但是在治疗较轻病理人格患者时通常出现在治疗的中期，这是由于患者开始发展了对于治疗师与治疗所提供的帮助的现实感。

对于较轻病理人格患者，负性治疗反应之所以出现，在于不得不处理患者在接受治疗师帮助或者取得进步时有意识或者无意识的内疚。患者通常会出现感觉自己是不值得接受治疗师帮助的，或者担心在某种程度上是以牺牲他人才取得进步的，或者担心取得进步后将会“抛弃”那些患者所在乎的人。这种负性治疗反应，反映了患者的抑郁性焦虑，需要在治疗中间阶段被认真地修通，对一些患者需要多次修通，并且在治疗结束需要再重新修通。

负性治疗反应并不总是抑郁性冲突所导致的，有时候负性治疗反应反映了对偏执型焦虑的对抗，记住这点很重要。在这种情景中，患者认识到治疗师是有帮助的或者治疗师能给出有意义的东西，这种认识会让治疗师在患者的眼中看起来“太过强大”。结果，治疗师的帮助会刺激患者出现自卑、嫉妒，或者是对被剥夺或被控制的敌意与恐惧的感受，同时也伴随着去消除已取得的进步的冲动。与嫉妒相关的偏执型焦虑导致的负性治疗反应，通常在严重的人格障碍患者与特殊的自恋患者中出现。尽管很少见，但是这种形式的负性治疗反应也能在低水平病理人格的患者中出现。存在优势自恋冲突的低水平病理人格患者负性治疗反应尤其倾向于是嫉妒的结果。

在中期阶段的早期应花几次治疗时间去确定和全面探索冲突与相关的客体关系，在中期阶段的后期治疗师经常在一次治疗中，对一个完整的冲突、防御、焦虑、冲突性动机甚至几个核心冲突进行呈现与分析。这种变化不但反映了患者人格僵化的弱化以至于不同的冲突成分能进入到意识中，而且也反映了患者与治疗师对与患者核心冲突相关的防御性与冲动型客体关系的熟悉，以至于这些客体关系能够相对较快较容易地被认同。此外，通常能看到患者独立观察、反思能力的提高，而且在修通所出现的冲突时经常只需要治疗师很少的干预，这样患者就完成了中期阶段而进入到治疗后期。

在治疗中期，患者主诉中所暗含的与冲突相关的客体关系经常反复被呈现与修通。通过这个过程冲突性客体关系逐渐更好地整合、威胁性更小，它们也承担了一个更具矛盾性的整体积极角色。因此，在治疗中期阶段的中间，更缺乏整合的客体关系的出现是治疗取得进展的一个迹象，在中期阶段的后期，与冲突性客体关系相关的表象与影响的逐渐整合是治疗进步的一个标志。患者能在意识层面容忍这些更好整合的客体关系，也认识到它们是患者自我体验的冲突性方面。这个过程预示着从中期阶段到治疗后期的过渡。

四、治疗结束阶段

治疗结束阶段，其目标是巩固在治疗中取得的进步，并修通治疗结束所激活的焦虑。在这个治疗过程中，朝着治疗目标，通过帮助患者维持对治疗总要结束而且治疗目标是有限的认识，注意到获益与取得的进步能帮助患者为结束治疗做准备。在这个阶段处理分离、丧失、失望与成功的方式，以及所收集的关于患者在这些领域中冲突的性质的信息，也将对患者的准备程度产生影响，而这些准备是患者用以面对治疗结束阶段所带来的挑战。

(一) 何时结束治疗

治疗的结束并不意味着患者已经认识到自己所有的企求和愿望，实际上患者经过成功的治疗而进入结束阶段时，将体验到的是心理障碍大大地解除。这种解除，在患者和治疗师看来都应该是明显的，另外，患者内心的冲突以及所表现出来的症状应该得到解决，从而在行为上应该是持久性的变化。

1. 治疗进入后期会出现的五个临床征象

(1) 精神病性移情的解决：患者的移情模式会逐渐从精神病性移情过渡到偏执性移情到抑郁性移情。

(2) 偏执性移情的暂时性：可以观察到，治疗师和患者的观察自我的同盟可以对抗偏执性移情的退行。

(3) 会面外的付诸行动得到控制：这时候治疗师要注意观察患者治疗外生活中的改变。因为治疗室中移情的混乱性，可能会让治疗师注意不到患者的进步。

(4) 躯体化：随着投射成分回收、付诸行动控制后患者有可能会出现和移情相关的躯体化症状。

(5) 患者和治疗师关系的加深，逐渐能够和治疗师建立现实的关系。

2. 结束的指标 患者感到症状消除：感到症状被排斥了；患者理解自己的防御；患者认识和理解自己的移情反应；患者能从事自我探索，作为解决内心冲突的方法。同时，在治疗后期治疗师要注意患者是否出现了人格结构的改变，一般来说有五条指征提示人格结构的改变：

(1) 患者开始探索治疗师的评论。

(2) 患者包容和忍耐恨，负性治疗反应减少。但是有些患者会出现严厉的禁欲，这时候往往是压抑代替了分裂，此时需要合并性治疗。

(3) 患者能够接受幻想，开放过渡空间。

(4) 能够利用解释。

(5) 主要移情模式出现转移。

3. 治疗后期的技术取向有六个要点

(1) 坚持系统分析主要移情模式。

(2) 仍然注意治疗同盟和治疗框架。

(3) 注意保持对治疗内和治疗外材料的平衡。

(4) 俄狄浦斯情结和神经症性移情部分内容会出现，但是主要目的是防止退行。

(5) 起源学解释比重加大。

(6) 梦的分析比较接近经典分析模式。

4. 治疗师需要区分正常的分离和异常的分离

(1) 正常：悲伤、丧失感、哀悼过程，同时感到自由，准备开始自己的生活。

(2) 神经症性人格结构者：更加深刻的哀悼感，悲哀感和对治疗师的理想化，感觉到自己配不上接受到的所有一切，倾向于抓住关系。

(3) 边缘人格结构者：强烈的焦虑和被抛弃的恐惧。无悲伤感。治疗师的离开被体验为对来访者的愤怒，同时对治疗师有相应的愤怒。

(4) 带有自恋性的边缘人格结构者：用夸大自体来对抗依赖性，贬低治疗师。

较为理想的是，患者自己提出终结治疗。当患者提出可以结束治疗时，治疗师必须判断，这是一种阻抗，还是真的到了该结束的时候。至于具体什么时间结束治疗，则应由患者和治疗师双方协商。

(二) 如何结束治疗

1. 回顾治疗经过　患者回顾治疗的经过，再度考虑自己的生活史和冲突，将所学习到的东西巡视一遍。应自觉地意识到为什么来做治疗，通过治疗对自己的人格和心理发展有什么了解。这样做，能使患者体会到治疗的收获。对于患者和治疗师共同合作了一段时间的工作来说，这种回顾的过程通常充满着感情。患者感到骄傲、坚强，并感激治疗师的帮助。回顾的过程也帮助患者今后进行自我探索，使患者对自己更加了解。

2. 体验失落心理(患者和治疗师的感受)　患者在结束阶段会体验到强烈的分离之情，感到失去了与善解人意、热心助人的治疗师之间的联系。这种失落的体验会引起患者对另外一些人的移情认同，从而帮助了患者的成长。治疗师此时往往也会感到失落——失去了一个成功的合作伙伴。因而，治疗师要注意自己在这时候的反移情。

3. 再度体验和掌握移情　在结束阶段，患者的病状常常复发，以前与治疗师之间的那些移情形式也往往会返回。治疗师不必惊讶，也不要为此而沮丧。因为，这种情况能够为患者提供一个练习新技巧和知识的机会。另外，分离的体验会产生新的移情，而这种移情有时会帮助回忆起儿童时期的移情对象。

4. 提高自我探索的技巧，作为解决问题的一种方法 自我探索是患者用自我深省的办法去发现冲突，解决已被理解的冲突，是患者行使治疗师功能的开始，并将持续一生。这个过程需要治疗师细心地指导和帮助，鼓励患者克服独立自主时的移情阻抗。无论患者多么有能力、多么聪明，移情总会干扰患者的治疗，尤其是患者往往会把治疗师当做父母一样的权威，认为治疗师充满智慧，能指引自己的将来，对治疗师产生依赖的感情。因此，治疗师必须向患者指出这种移情的残余，指出它们将阻碍患者的独立思考能力。

5. 处理结束阶段的失望 生活中不可避免地会有失望，心理治疗也不例外，而且是结束阶段一种非常重要的体验。应该让患者(治疗师)认识到生活中有些事情是永远做不到的。治疗师必须认识到自己治疗的局限性，而这种认识对于解决患者的失望至关重要。治疗师要了解自己在结束阶段时的内心活动，以便更好地掌握治疗的进展，更好地帮助患者。治疗师必须以适当的方式向患者讲明治疗的局限性，以帮助患者现实地面对未来。对于今后的计划，则应包括如果生活环境改变或出现新的问题时下一步所应该进行的治疗。

(三) 不成熟的结束治疗的处理

有些患者想在达到治疗目标前结束治疗，在这种状况下，治疗师应当探索患者离开治疗的动机，应特别注意移情，并将这些动机与当前治疗所激活的焦虑相链接。如果患者坚持离开治疗，治疗师应当向患者分享一个现实性评估，治疗已完成了什么，什么未完成，在接下来的治疗中能完成什么。

如果患者坚持结束治疗，治疗师应避免强烈反对。治疗师应与患者坦率地分享关于在此时结束治疗自己的保留性意见，然后确定一个双方同意的结束日期，理想上应该至少提前一个月确定这个日期，这样的处理是恰当的。治疗师可以向患者解释，确定好的这个时间段有助于患者打包治疗材料及巩固获益。治疗师也应当解释“治疗之门是打开的”，这会让患者感受到在将来他还可以寻求治疗。

（四）治疗僵局

有些治疗并不会顺利进行，在治疗中间就可能会停滞不前。有时候治疗师与患者会感觉到，他们僵持在没有那些得到成功分析与修通的根本分歧或误解上。另一些时候，那些最初看起来正被修通的部分又像是在兜圈，相同的材料重复出现并可能需要探索，但是这些过程不会导致新的问题，治疗也没有进展。这些状况出现在治疗过程中并持续几次治疗或甚至持续几周也并非不常见。然而，如果这些状况持续时间超过几个月，治疗师就应开始想到“治疗僵局”这个术语了。

导致治疗僵局的常见原因：在决定下一步治疗前，治疗师很有必要去找出导致治疗僵局的根本原因。有时候，一个治疗僵局反映了一种还未被治疗师确认或只有在表面上得到修通的慢性移情——反移情的出现。其是避免激活潜在冲突相同的客体关系重复出现，而这种潜在冲突是不利于治疗进步的。导致治疗僵局的其他常见原因有未确诊、诊断错误、或者没有处理好轴Ⅰ病以及错误诊断了患者的人格组织水平。未识别的二级获益也可以导致治疗停滞，相比于更严重病理人格的患者，在治疗低水平病理人格患者时更少碰到这种情况。

当治疗“卡住了”，这经常暗示着慢性的反移情干扰了治疗师去确定治疗中到底正在发生什么的能力。或者是，治疗可能准确理解了治疗中正在发生的，但是他在反移情中感受到被限制，这样治疗师也不能更好地利用他所理解的去推进治疗。结果，如果治疗卡住了几个月，治疗师也不能澄清问题的原因或者不能帮助患者去修通，这就需要与另一位同事讨论，并且通常这也会很有帮助。

结束阶段治疗师的反应：治疗的结束阶段，包括了对患者和治疗师来说都要动感情的告别。治疗师在与患者深厚的关系中，在帮助患者心理成熟的过程中，不可避免地会对自己有新理解，心理上会发生变化，因而在治疗结束患者将要告别之时，治疗师会产生一连串复杂而相互矛盾的情感反应。治疗师可以运用自省的方法来了解结束治疗时的感情；理解了自己与患者的关系，认识到了治疗的局限性，就会有助于治疗师做出适当地反应；另外，老师督导及同事探讨既有助于治疗师的领悟，又可消除孤独感；同时，个别精神分析或深层精神分析治疗在帮助治疗师了解自己的情感反应上的作用也是无法估计的。

第三部分　注 意 事 项

一、适应证、禁忌证

本书编制的心理动力学治疗方法对较轻病理人格的患者疗效较佳。包括：神经症水平的心理障碍，其起源于患者内心的恋母冲突，经常表现出原始神经症冲突的障碍有强迫障碍、焦虑障碍、转换障碍、心理生理障碍、心境不良(抑郁性神经症)，轻至中度心境障碍、适应障碍等；某些进食障碍的患者，如神经性厌食，也许也需要动力学心理治疗；同时也包括轻度及中度的边缘型、自恋型及表演性人格障碍等。在患者选择上，那些有心理学头脑、能够体察自己的感情、能够通过领悟使症状得到缓解的患者较适合于做精神分析治疗。而有着环境支持(家庭、朋友、工作)的患者则疗效更佳，因为他们有较强的治疗意识。这些患者可以不需要治疗者作为主要支持者，以应付现实生活中的应激。

严重的抑郁症、精神分裂症、边缘型人格障碍的患者也可以做动力学治疗。但是，有着严重前恋母(preoedipal)病态的患者不太适合于动力学治疗。这种病态表现无法与治疗者分开，完全依赖于治疗者，生活方式混乱、为所欲为或危险行为。这种患者很难完成动力学治疗的基本要求——患者要有较强的自我体察能力，以及形成支持性治疗关系的能力。

二、治 疗 设 置

治疗室的选择和布置的两个基本原则是：①舒适和实用；②不会因治疗室的设置不良而使患者产生额外的对治疗的阻抗。

(一) 如何选择治疗室的位置

1. 诊所的位置　诊所的位置原则上应坐落在相对安静、幽雅的地段，并和周围的环境氛围相适应。诊所不宜设置在人流较多的地方，如繁华的商业地段。这不仅是考虑到患者的隐私问题，同时也考虑到在繁华地段治疗成本太高。诊所周边环境也不宜过于偏僻，更不宜过于杂乱或复杂，因为这些因素容易导致患者在治疗尚未开始之前就对治疗师有了不恰当的猜测和幻想。

2. 治疗室的选址 治疗室要求在外观上与周围的其他诊室相比无特别突出的地方。如治疗室应位于科室内相对安静、庄重的地方，而不是利用某个拐角，更不是在走廊上人为地硬性分隔出来的地方。治疗室的装潢也不应有刻意张扬的痕迹。较佳的选择是周围都是心理治疗室。敏感的患者会受其潜意识某种冲突的影响，从治疗室所在的位置和外观上，甚至是根据治疗室是在走廊的南边还是北边来探测治疗师在所在单位的地位，并由此产生一系列不利于治疗的非理性猜测和幻想。治疗室的附近应有候诊室和专门的预约登记处。如果条件不足，治疗室则需一个套间，其中内间用于封闭式治疗，外间用于候诊和预约登记。

3. 治疗室的条件 治疗室应是独立封闭式的，并要求隔音，以保证治疗时不受任何人和外界环境噪声的打扰，并确保患者的有关情况只有患者自己和治疗师知道。目前流行的带有单向玻璃的教学观摩间不适合作为精神分析治疗室。治疗室的大小应适宜，既不宜过于宽大给人以空旷感，也不宜过于狭小使人有压抑和窘迫感。室内光线应适中，光线昏暗会让患者产生被诱惑的感觉，而过于明亮则会使患者感到令人不快的单调和乏味。室内应通风，保持室温，最好配置冷暖两用空调。

4. 治疗室内部的布置 室内的布置应当简洁、舒适和实用，既不过于单调和缺乏人情味，也不宜过分张扬治疗师的个性和反映治疗师的个人生活。应避免在治疗室里张贴和摆放治疗师自己的以及家庭成员的照片，因为患者的移情常常包括对治疗师的父母、配偶、子女等家庭成员的看法。办公家具的数量和摆放的位置应恰当，应以满足基本功能和实用为度，而不宜摆放过多的杂物。治疗室内最忌讳花里胡哨和杂乱无章。如果房间偏大，可用适宜的盆景和花草点缀。治疗室内不宜放置电话，也不宜在醒目位置悬挂治疗师和患者都能看见的时钟。

5. 治疗师和患者的位置 如果沿用经典的治疗方法，则室内应有舒适的躺椅，治疗师坐于患者头顶部前方患者看不见的地方。改良的治疗方法多已摒弃躺椅而采用治疗师与患者都坐着的方法。治疗师不宜坐在办公桌后面和患者隔着桌子谈话，因为这种安排会使患者有接受审判的感觉，尤其是当治疗师边问边记录时这种反应会更加明显，同时这种安排也不利于治疗师观察患者的全身细微变化。治疗师与患者都坐在舒适且相同的沙发上，中间隔以较矮的不影响视线的茶几，沙发之间的夹角应为 45°～60°，距离适中，可以治疗师和患者都自然舒展地坐下时脚尖不会相互碰触为度。

(二) 治疗时间

1. 总的时间安排　动力学心理治疗可以是短程的，也可以是长程的。时间从几个月到几年不等。一般而言，短程治疗多在 25 ± 5 小时，而长程治疗则在 30 小时以上，一般为 200 小时。究竟是采取短程治疗还是长程治疗，则取决于多种因素。就患者而言，包括患者病程的长短，内心冲突的多少和强度，阻抗的强弱，患者求治的动机，经济条件以及患者实际有多少时间用于治疗等；就治疗师而言，包括治疗者本人的学术流派的取向、治疗的技术、治疗的风格、治疗者同时接诊患者的多少、治疗者实际有多少时间用于治疗等。最终决定疗程长短的，主要是视患者的病情而定。

患者常在介绍了自己的病情后询问治疗师，需要多少时间才能治好自己的病？在没有全面了解病情之前回答患者诸如此类的问题确实是一件困难的事。如果患者已经问到了这样的问题，可以尝试回答："目前还很难回答您的问题，不过，至少要做 20～30 次治疗的准备"，然后观察患者的反应。如果患者对 20～30 次的治疗也感到太长，常提示患者并无真正治疗动机或不适合做精神分析治疗。

2. 每周的时间安排　动力学治疗每周的时间安排有很大差异，每周 1～5 次，一般而言，长程治疗每周需安排 2～5 次的治疗，而短程治疗每周只安排 1 次治疗；治疗的初期，每周治疗的频度要高一些，而接近结束时，治疗的频度则逐渐减少，如每 2 周 1 次，甚至是每个月 1 次。

3. 每次的时间安排　动力学治疗每次的时间一般为 1 个小时，其中约 50 分钟的时间用于和患者会谈，约 10 分钟的时间为治疗者回顾、记录、整理以及总结本次治疗的时间，也包括治疗师利用此简短期间稍事休息，处理个人事物，以便能以饱满的精神状态接诊下一位患者。但也并非是一成不变的金科玉律，治疗者可以根据自己及患者的具体情况，设定适合自己情况的每次治疗的具体时间，如 45 分钟或 90 分钟。但不论一次具体治疗的时间有多长，都应做到一经设定，就必须遵守。同时也应注意在两次治疗之间留有一定的缓冲时间，因为在实际治疗过程中总会因某种原因导致对某一患者的治疗时间适当延长，有了10分钟的缓冲余地，就不至于影响到下一位患者治疗的准时开始。

(三) 收费

一般根据地域的标准收费，治疗费用的规定应实事求是，一经确定下来，就不要随便改动。钱财往往与依赖、情感满足、罪恶感、贪婪、剥夺、权利等联系在一起，大部分患者都有这方面的冲突，并表现在心理治疗的内容中，因而心理治疗者应该对收费问题有清楚的认识。不同的治疗者对收费持不同的态度。长程心理治疗的治疗时间表是预先安排好的，也就是说，患者预先“租”下了治疗者的时间，患者如果不能按时来做治疗，依然要支付预定时间内的治疗费用。治疗者这样做完全是公平合理的。当然，如果治疗者认为患者的缺席情有可原，则可另行安排治疗或在经济上做出牺牲。如果患者为支付缺席时间的费用而气恼，治疗者可以通过这件事而了解患者气恼的原由，以及患者认为治疗者应该承担患者苛求的理由。不是说治疗者不应该降低收费，为了治疗的顺利进行，对某些患者的收费可以降低。每一个治疗者在规定收费标准时，既应当考虑到自己的经济状况，也应当考虑到患者的承受能力。

一般来说，治疗师与患者一起根据生活费用增长的情况每年规定一次治疗费用。对于那些交费低的患者，治疗者可在患者经济条件允许的情况下进行调整，应该注意到，交费低的患者往往感到自己被婴儿化了，感到自己被治疗者特殊关照了，因而认为自己有责任用别的方法去关照治疗者，比如尽量忍让而不要生治疗者的气等。因此，治疗者必须把这些问题向患者解释清楚，打消患者的自卑感和顾虑。通常在评估阶段结束，还没有开始心理治疗之前，治疗者应该明确地与患者一起讨论收费问题，应向患者讲清楚为什么更换预约的时间后来诊所仍要收费。以“租”出治疗者的时间作比喻向患者进行解释，将有助于把问题讲清楚。较好的办法是让患者按月、按年去考虑费用，而不要让患者按小时去考虑费用。

三、治疗牵涉的伦理问题

知情同意、保密、转介等原则是心理治疗中最起码的伦理规范，它们为心理咨询师们提供了在特定的情境中应该遵循的准则，这些规范不但保护来访者的利益，而且在一定程度上也简化了心理咨询师的工作。伦理问题正广泛受到国内外心理学，特别是咨询、临床心理学者们的日益关注和思考，它贯穿于心理咨询与治疗过程中，心理治疗中可能遇到的伦理问题以及处理有如下几个方面。

(一) 知情同意过程

心理治疗的第一步就是征得患者对治疗的知情同意，这不是静止的规则，而是一个有益的动态过程，治疗前没有征得来访者的同意会阻碍治疗的进程。知情同意过程包括：

1. 交流和澄清问题的过程　能确保患者和治疗师都充分理解将共同参与的治疗。

2. 做决定　患者必须决定是否接受治疗，是立即开始还是延迟一段时间，是否想改变治疗方法或更换治疗师。治疗师则必须判定患者是否有能力做决定，在没有充分的知情同意的情况下根据病情判断是否可以实施干预，思考和判断患者是否有能力提供自己的病情资料、充分理解心理治疗，以及患者是否自愿接受治疗。

3. 知情同意是一个动态变化的循环过程　患者可以同意初期的心理学、神经心理学和医学评估、初期心理治疗以外及临时的治疗计划。但是，几个月后患者的状况明显变化，治疗的需要不断变化，治疗计划相应改变，此时，患者必须充分理解这些变化并自愿决定是否继续治疗。

(二) 治疗师应遵守时间限制并告知紧急情况的处理策略

相关处理请见注意事项四。

(三) 建立良好的治疗关系，避免性与非性的双重关系

在大多数情况下，治疗师竭力与患者或来访者建立积极的治疗性医患关系，不应该建立专业服务之外的其他任何关系，不得接受以前存在非专业关系的人的心理治疗请求。由于无法预见的因素，一个有潜在伤害性的多重关系已经产生，治疗师要以服务对象的最大利益并最大限度的遵从伦理学规范为原则，设法解除多重关系。

(四) 注意保密

治疗师遵守保密原则，理解和尊重来访者的情感，不得把在治疗过程中获取的保密资料泄露给第三者。

1. 管理机构的问题 包括机构人员传阅保密性资料；管理机构复制治疗计划与治疗记录；让不适合的人参与案例讨论与个案分析；管理机构遗漏保密性资料及相关不到位的安全措施。

2. 可能会泄露保密资料的情况 保险付费；小组及家庭治疗；治疗师遭受意外不能再工作。

3. 心理治疗记录的保持和处理 患者的资料应存于安全的地方；病历若无人看管应上锁保存。

4. 其他保密问题

(1) 介绍病情：同事、朋友或他人委托介绍患者时，除非患者书面同意，否则他们没有权利获知来访者的治疗情况。

(2) 工作室的隔音问题：如果办公室不隔音，治疗性评估或会谈的保密就不可能。

(3) “公共”场所的咨询：同事间的咨询和讨论同样需要保密，应避免在公共场所，如在一起走路时，等待即将开始的会议，共进午餐或在其他公共场所，这样虽可兼顾其他事情，但问题是旁人可能听到保密资料。

(4) 闲聊：心理治疗不是一份轻松的工作，具有相当大的压力，治疗师也需要释放和调节。在聚会、漫步和游玩时，他们偶尔会对他人谈论自己的工作，这样很容易泄露患者的保密资料。

(五) 转介应注意的问题

(1) 治疗师如发现自己与患者不匹配时，应以高度的责任感和良好的职业道德，明智的转介。

(2) 转介时首先征求患者的意见，向其说明转介的原因和理由。

(3) 向患者介绍新治疗师的有关情况。

(4) 向新治疗师介绍患者的有关情况。

(5) 一般不干预新治疗师的治疗。

(6) 不能对患者及新治疗师进行评论，更不能指责。

四、具体问题的处理

治疗过程中实际问题的处理原则：在治疗过程中针对可能发生的实际问题的一般处理原则：首先，不论患者有医疗急症还是家庭成员有医疗急症(如为患者所伤)，都必须立即采取必要的措施。同样，患者患有躯体疾病时，先要将患者转去医院进行治疗，然后再去了解患者愿不愿意治疗，以及对待转诊的态度等动力学情况，一般来说，在一个实际问题被处理之后，它就必须被治疗者记住，并在随后的治疗中观察和了解对它的反应，不论事情活动抑或不活动，都需要了解它对患者意味着什么。通常，应当像医师那样关心患者，培养患者独立自主的能力，不要使患者处于过分的危险之中。只有这样，才能维持住治疗联盟，以利于今后进一步地了解患者的情况。治疗师应当记住，心理治疗总的目标是让患者深挖自己的感情、幻想和行为的意义，遵循这个目标就能处理好所出现的各种实际问题，精神分析治疗者应当引导患者在安全的情况下谈出自己的感情、思想和行为。

(一) 来电话

在治疗期间，当患者来电话给治疗者，原则上是接电话或很快地打回去。这时要仔细地倾听，以发现有什么问题，而不要在电话里做什么解释。然后，在下一次治疗时再了解患者来电话的原因，并进行解释。治疗者应当清楚，与患者的交往和了解患者的情况都应按治疗的计划进行。然而，如果发生紧急情况，治疗者必须立即采取必要的措施。发生紧急情况的有：①精神病或自杀患者；②有意的或无意的犯罪；③对自己或对别人危险的患者；④医学急症，应立即转诊。在紧急情况时，应迅速妥当地处理。当情况稳定下来之后，再对患者的电话进行解释。

(二) 休假安排

应当尽早提前告诉患者治疗者的休假日程。在休假期间，应安排好值班治疗人员，以帮助那些急性的和病情较重的患者。在某种特殊的情况下，患者可以去找正在休假的治疗者，但一般情况下不要这样做，也不鼓励这样做。通过患者对治疗者休假的反应，可以了解到患者对待分离及对待独立的态度，治疗者的离开，能引发患者早年分离时的记忆，也给患者提供了巩固以前效果以及体验独立自主的机会。

(三) 自杀患者的处理

无论是初学者，还是从业者，都应将评估患者自杀的可能性和防范患者的自杀企图放在重要地位。仔细地了解病史，是判断自杀危险性最好的途径。既往有过自杀企图的患者，无疑依然存在这种危险，特别是在强化心理治疗的过程中。这可能是在治疗中那些关键性的冲突被揭露出来的缘故。另外，有过自伤行为的患者，哪怕是在很久以前有过这种行为，也比只有自杀观念而无行动的患者要危险得多。总之，对于病史上有过自杀观念的患者都要慎重对待，绝不可以掉以轻心，误认为患者只是说说而已。

治疗期间，一旦怀疑患者有自杀念头时，就要直截了当、开门见山地询问，不要因害怕这种直率的问话方式会刺激患者而在询问时闪烁其词。这样一来，有自杀想法的患者明确地知道治疗者对他的情况一直关注，并已经掌握了他的想法，就会产生一种安全感。下面这些措施也有助于预防自杀：①与患者订下协议，在危险举动之前要立即告诉治疗者，以得到帮助；②夜间、周末、休假期间安排值班人员；③知道在紧急情况时可以往哪个医院送。让患者知道治疗者对患者住院已经有了准备，有些患者反而不需要住院了。对那些高度怀疑会采取自杀行动的患者，或者已经认真地谈出自杀行动计划的患者，治疗者应将此情况通知患者家属，将患者强制送进医院。

(四) 危险患者的处理

有过伤人企图和举动的患者，或者对治疗者有攻击倾向的患者，对任何一个心理治疗者都是一种挑战。对付这种患者的原则是：不要逞能。治疗者此时的职责一方面是通知可能受害的人，一方面通知有关部门，以防止危险的发生。同时，治疗者也要采取防御措施，以保障自己的安全，在治疗室内，当患者有威胁举动时，应把门打开，让患者出去得容易些。对这种患者，治疗最好在医院、诊所等人多一些的地方进行，以便出现问题时能及时得到帮助。同时，在这种环境里，患者也会有安全感。

(五) 礼物

最理想的办法是不要接受礼物，而去探索在患者送礼物背后的愿望和幻想。然而，有的患者很脆弱，拒绝礼物会伤害患者的自尊心，给治疗带来不利的影响。这时，就需要进行明智地权衡利弊。在这种情况下，不妨把礼物接受下来，同时，把理解和解释礼物的意义作为治疗的一部分。显然如果患者的礼物过于昂贵，从道理上来说就不应该接受。总而言之，在这个问题上要让患者充分地表达自己的感情，不要阻抑患者出于对治疗者的特殊感情而产生的联想。

五、自我分析及治疗师的失误

治疗师反过来也会受制于其本身的潜意识和意识里的愿望、恐惧和冲突。治疗师对自己没有深入地了解，就不可能进行此项工作。从事动力学治疗的人在经过训练之后还要定期继续接受动力学分析。因为在治疗过程中，处理患者的潜意识过程必然会影响自己的潜意识。如果不认识、不了解这一点，治疗师就不能有效地进行工作。而今，这个原则往往被忽视，也就影响到治疗的进行。对自我的理解是进行动力学心理治疗不可缺少的先决条件。若要找替代办法的话，只有找一个这方面的专家定期进行督导。在这种情况下，精神科医师才有可能学会处理反移情，才有可能理解这种心理治疗。

治疗师发生疏忽时，如忘记了预约好的治疗，同一时间安排了两个患者，开错了收费账单等，应当承认自己的失误，向患者道歉，然后看看患者的反应。这种情况下，患者一般不愿意表示这是治疗者的疏忽，也不愿意承认自己受到了轻视而愤怒。与此同时，治疗者还必须进行自省，弄清自己这种疏忽意味着什么。了解到自己的这种反移情态度，能帮助治疗者看到患者被忽略了的潜意识内容，因为治疗者自己过去也会有相似的情况。治疗师定期接受动力学分析及督导能有助于处理上述问题。

六、督　导

动力学心理治疗是通过患者-治疗师-督导师三人一组来有效完成

的。患者向治疗师卸下痛苦的情感和羞耻的记忆，期望治疗师能容纳它们，反过来，受训的治疗师向督导师卸下同样的内容，同样期望督导师能处理治疗师难以处理的问题。督导师是刚受训治疗师认同的角色榜样，事实上，治疗师最终会把督导师作为指导自己处理治疗中困难时刻的内部表征。

(一) 督导的设置

个别督导常为一周一次，被督导者向督导师解释治疗中所发生的事情。好的督导师避免以独裁者的姿态告诉被督导者该做什么(除非有异乎寻常的错误发生)。他们更愿意对预期的无论哪种干预的可能的结果提出问题。他们教给被督导者一种对取得最大化疗效的心理治疗过程的思考方式。

(二) 督导的材料准备

各种培训中心对督导材料有不同的要求，各种材料有不同的优缺点。

1. 治疗录像　可以捕捉到治疗中双方实际所说的内容和非语言交流，提示那些没有说出来的内容，督导师能够很好地理解被督导者和患者在一起是怎么做的以及他们的灵活反应如何。但是，摄像机的存在改变了心理治疗的基本框架，即治疗会对一个看不见的观察者开放，患者可能会有意识或无意识把自己的问题过滤后再呈现给治疗师，初学的治疗师同样也会受到抑制，即感到他们必须自发性以做出“正确的”干预——意图赢得督导师的认可，录像的存在可能会令治疗双方都有表演的感觉。录像也可能占据督导很多的时间，以至于督导师把治疗中互动的细节当做重点，而不是关注治疗中的全面的主题。在录像时，治疗师应与患者进行全面探讨，并清楚地向患者表明录像是非强制的。

2. 治疗录音　录音也存在与录像一样的伦理问题，对患者与治疗师的抑制可能是相同的，同时也会失去视觉和非言语信息的这一优点。

3. 治疗笔记　大多数治疗师偏好提供治疗笔记以接受督导。治疗笔记被认为涉及治疗师在各种表现中的主观性和反移情，即治疗师是如何感受患者的，如何思考各种干预，如何体验患者对干预的反应：治疗师推迟开始治疗的时间了吗？治疗中治疗师感到厌烦和不厌烦了吗？治疗师难以按时结束治疗吗？如果是这样的，为什么？上报治疗笔记的主要问题是被督导者要坚持记录下治疗中所说的每句话。对记录患者每一句话的过度考虑可能干扰治疗师对共情的体验以及对治疗中细微移情和反移情的观察，因此不主张在治疗中记笔记。被督导者治疗后记笔记将会呈现给督导师更有用的信息，笔记应该能提供治疗时间内讨论的主要的主题，以及治疗师所做的干预的一些例子。例如，被督导者可能会以如下的报告开始督导：

> 我发现我不知道对这个患者该做些什么。他用所有的时间报告外部的事情，而不是去描述他内心世界或什么令他烦恼。通常他不给我任何空间对任何事情做出评论，而且，当我作回应的时候，他就不屑一顾。我发现自己每周都对做治疗很恐惧，当时我会推迟开始治疗，因为我真的不想和他度过那乏味的一个小时。当我坐在这里，我经常走神，我真的需要你帮助我去弄明白如何打破这种让我感到如此拙劣的循环。

在做了设定治疗中问题的基调的介绍后，被督导者可以叙述某一次治疗的细节以阐明其主题。通过这种方式来呈现材料，被督导者也能认识到一个学习问题，因此督导师就能够聚焦于就那个特别的问题来帮助受训者。

(三) 督导联盟

督导联盟与治疗联盟有许多共同之处，督导师的任务是创造安全的环境，使被督导者能完全开放地报告治疗，创造这种安全感要求督导者能够敏锐地感受到受训者的脆弱性，因为初学的治疗师会感到一种强烈的自恋型的脆弱感。对于初学的治疗师，应记住：①如果在治疗中，你与患者间有任何不能够与督导师或咨询师分享的内容，那么你可能正在沿着违反界限的斜坡开始危险的下滑；②督导中你最想要回避与督导师分享的，可能正是你需要督导师讨论的最重要的内容。

(四) 督导中的界限问题

对被督导者在督导中透露的内容的讨论，触及了督导师—被督导者关系中固有的广泛的界限问题。特定的督导服务不应被双方的个人事务所玷污，同时，督导师必须警惕不要越过界限，即从一个老师或督导师变成了一个治疗师。督导的过程本身为隐藏着的反移情的显现提供了沃土，这种情况下督导师的自我暴露可能同治疗师对患者的自我暴露一样有价值，当然，在督导过程的讨论中，督导师和被督导者都必须勇敢地去检查，以发现它对治疗中的困难能揭示些什么。

(五) 督导中常见问题及其处理

1. 聊天的督导师　有些督导师每天有大量的时间在倾听患者的问题，在督导中他们更易抓住机会与被督导者闲聊，而不是帮助被督导者解决来自患者的问题。许多被督导者因为督导师的权威性而害怕坚持自己得到督导的权利，这时，针对督导师进行温和的面质是有意义的，如“X 医师，我不想不礼貌，但是今天对于这个患者我真的需要帮助，因此如果你不介意，我想回到我们讨论的内容上。”

2. 昏昏欲睡的督导师　督导师可能因为工作时间过长，而在督导中走神甚至昏昏欲睡。这样会让被督导者很不安，他们害怕自己会令督导师感到厌烦，事实上，被督导者没有义务去娱乐督导师。这时，被督导者可以说：“我注意到你的眼皮变得沉重了，我想知道是否我报告的东西令你想要睡觉。有更好的使我们在督导时更生动的模式吗？”在有些情况下双方一起喝点茶或咖啡可能会有帮助。

3. 没有界限的督导师　有些督导师可能提出一些与督导无关的要求或询问一些与督导无关的事情，被督导者需要对督导师造成的任何没有界限的情景能自在地、开放地表达自己的不舒服。通常简单地说出“这令我不舒服”就会使那些行为停下来。如果无效，被督导者可能需要向培训主管投诉。

4. 专制的督导师　督导师对督导情景正确及确定的干预可能会令被督导者感到气馁，专制的督导师可能有某个特定的理论模式是“真理”的化身，这样传递的信息是，被督导者所有需要做的是掌握首选的理论模式，从中找到治疗困境中的所有的答案。受训者不应感到有义务迫使他们的患者去符合督导师喜欢的理论，如果他们发现其他更适合的观点，应向督导师说明，并鼓励对这个话题进行开放的对话。患者很少能从督导师的专制中获益，在治疗情境中治疗师应感到灵活、自然。

七、动力学心理治疗对治疗师的评估

与其他形式的心理治疗一样，动力学取向的心理治疗理论和技术需要系统的学习和训练。通常需要至少几年时间才能具备基本的职业资格，学习和训练包括三个方面：理论性学习、案例实践和自我被分析的体验。对治疗师心理治疗能力评估包括三个领域：

（一）知识

(1) 基本的心理动力学心理治疗的发展理论及其在临床实践中的应用；
(2) 与现代神经科学和心理治疗实践有关的潜意识的精神功能；
(3) 防御、阻抗、移情和反移情；
(4) 动力学心理治疗的适应证及禁忌证；
(5) 人格的基本成分；
(6) 神经症性和边缘性的自我结构水平之间的差异；
(7) 心理化/反省功能；
(8) 构成治疗框架的职业界限的因素；
(9) 动力学心理治疗的目标及模式；
(10) 干预技术和支持技术；
(11) 梦的基本伪装机制和处理梦的治疗技术原则；
(12) 幻想的心理学功能；
(13) 动力学心理治疗的修通过程；
(14) 僵局现象和负性治疗反应；
(15) 结束的多样性及其处理；
(16) 关于何时转诊及如何转诊的知识。

（二）技术

(1) 有能力共情地倾听患者的叙述；
(2) 有能力建立治疗联盟，在对症状和问题的理解上获得患者的合作；
(3) 有能力把对患者的非语言交流的观察整合到评估和治疗中；

(4) 识别防御机制；
(5) 有能力评估患者进行动力学心理治疗的适宜性；
(6) 在生物-心理-社会模式的背景下，书写心理动力学案例假设的合理的技能；
(7) 有能力建立并维持职业的界限，必要的时候有适当的灵活性；
(8) 当治疗中出现移情和反移情时有能力识别；
(9) 有能力形成并提供可以提高患者领悟力的解释；
(10) 有能力与患者设定适当的治疗目标；
(11) 有能力识别、解释和面质阻抗；
(12) 有能力与患者一起合作去理解梦；
(13) 有能力识别幻想和对幻想进行工作；
(14) 在共情地体会患者的观点及持有外在观察者的观点之间转换的治疗技能；
(15) 有能力运用反移情促进对患者的理解和治疗进展；
(16) 有能力处理结束过程。

(三) 态度

(1) 共情和同情；
(2) 坚定地设定界限并坚持治疗框架；
(3) 对患者的内在世界和幻想生活有好奇心；
(4) 克制住不去评判患者的想法、情感和行为；
(5) 督导中的诚实和接受能力；
(6) 对性别问题敏感；
(7) 开放地面对患者的性取向和性行为；
(8) 对跨文化问题敏感；
(9) 即使遇到大量的阻抗仍坚持追求对患者的理解；
(10) 将人的需要置于个人需要之上的伦理学承诺；
(11) 接受由患者激发的反移情感受。

(四) 评估的方法

1. 病历书写 详细的病例报告能揭示大量的受训者所掌握的知识，某些技能比较容易根据病例书写进行评估，能力要求中所必需的态度也可以从书面材料中得到体现，如治疗师是否对文化和性别差异敏感，是否对患者有基本的好奇心。

2. 病例讨论会上的口头陈述　从中可获得大量有关治疗师知识、技能和态度的信息，同时也可以通过提问的方式获得相关额外的信息，治疗师谈论其回应患者的感受时，更容易评估治疗师对患者激发的反移情感受的承受能力。

3. 书面考试　能对基本知识及部分技能进行考察，但是态度很难通过书面考试来评估，其他许多技能也无法通过书面考试给予充分的评估。

4. 口试　评估受训者的知识基础和某些技能仍有价值，口试也能提供一个机会来探究那些在基础知识或技能上存在问题，缺点是许多受训者存在操作焦虑，使他们看上去不如实际上那样有知识和具体相关技能。

5. 录像记录和直接观察　对真实地评估治疗师与患者互动很有价值，能直接观察到双方的非言语交流，治疗师能力的三个领域——知识、技能、态度——都能同时得到评估。缺点是对治疗性的两人关系的隐私的侵入，以及患者可能感到保密性被违反，治疗师本身也会呈现出和他们通常治疗非常不一样的版本。

6. 录音　与录像有着相同的优缺点，但是相比较，缺乏非言语信息。

7. 督导　到目前为止，最广泛使用的评估治疗师能力的方法是督导，也最能反映出治疗师的能力。督导师能深入地了解被督导者的长处和短处，可以使评估成为正在进行的、发展的、合作的工作，督导师和被督导者不断地评估需要改进的地方。

(施琪嘉)

参考文献

查尔斯·布伦纳. 2000. 精神分析入门. 杨华渝译. 北京：北京出版社.

弗洛伊德. 1986. 精神分析引论. 高觉敷译. 北京：商务印书馆.

吉尔·萨夫，大卫·萨夫著，施琪嘉审. 2009. 客体关系入门——当代精神分析理论. 邬晓艳，余萍译. 北京：世界图书出版公司出版.

简·米尔顿. 2005. 精神分析导论. 施琪嘉，曾奇峰译. 北京：中国轻工业出版社.

克莱尔. 2002. 现代精神分析圣经:客体关系与自体心理学. 贾晓明，苏晓波译. 北京：中国轻工业出版社.

罗伯特·厄萨诺. 2000. 精神分析治疗指南. 杨华渝译. 北京：北京出版社.

斯蒂芬·A. 米切尔，玛格丽特·J. 布莱特. 2007. 弗洛伊德及其后继者——现代精神分析思想史. 陈祉妍，黄峥，沈东郁译. 北京：商务印书馆.
童俊. 2008. 人格障碍的诊断与治疗.北京：北京大学医学出版社.
肖泽萍，蒋文辉. 2009. 操作化心理动力学诊断和治疗手册. 第 2 版. 仇剑崟译. 北京：人民卫生出版社.
约瑟夫·桑德勒，克里斯朵夫·戴尔，阿莱克斯·霍尔德. 2004. 患者与精神分析师. 施琪嘉，曾奇峰，肖泽萍译. 上海：上海科学技术出版社.
Caligor E, Kernberg OF, Clarkin JF. 2007. Handbook of Dynamic Psychotherapy for Higher Lever Personality Pathology. American Psychiatric Publishing.
Laplanche J, Pontalis JB. 2006. 精神分析词典. 李晓驷，施琪嘉，曾奇峰译. 上海：上海科技出版社.

附录 1

动力学心理治疗记录

初始访谈阶段

患者姓名________________　　检索号________________

时期_____年 _____月 ____日　　治疗师________________

(在最初的一到四次会谈完成，需要明确以下几方面的问题)

1. 患者的精神及情感状态。
2. 来诊的原因(潜在的原因或症状)。
3. 重要的生活史(个人成长、家庭背景或家族史；实际的心理社会性环境)。
4. 患者对自己及他人的认知和评价。
5. 医患关系如何建立？ 患者如何应对医生，医生如何处理患者的(移情、反移情的最初印象)？
6. 初始会谈的关键时刻。
7. 精神状态的评价结果(疾患如何影响患者的生活，对患者而言重要性如何？ 从动力学角度考虑核心冲突或焦点问题形成过程)。
8. 初步诊断和鉴别诊断(心理动力学意义上的)。
9. 治疗的适应证(患者的动机，建立工作联盟的可能性)。
10. 对预后的估计。
11. 治疗的约定。

治疗阶段（第____次治疗）

患者姓名______________　　　　检索号________________

时期_____年 _____月 ____日　　　治疗师________________

1. 主要问题、本次治疗的主题。
2. 患者重要的生活史及症状归纳。
3. 患者的主要冲突。
4. 可能的诊断(人格结构，主要的防御机制，动力学模式)。
5. 医患关系的发展(工作联盟，治疗连续性，移情，反移情，阻抗)。
6. 本次治疗的重要时刻或事件。
7. 有何收获或进步。
8. 治疗难点。
9. 本次治疗结束前的提问。

附录 2

重要精神分析网站及杂志(或电子杂志)地址

1. 精神分析电子出版网站 Psychoanalytic Electronic Publishing
   http://www.p-e-p.org/
2. 国际精神分析杂志 The International Journal of Psychoanalysis
   http://www.ijpa.org/
3. 精神分析心理学 Psychoanalytic Psychology
   http://www.apa.org/journals/pap/
4. 美国精神分析学会杂志 Journal of the American Psychoanalytic Association
   http://www.apsa.org/japa/index.htm
5. 国际精神分析 International Psychoanalysis
   http://www.ipa.org.uk/news_con.htm
6. 精神分析文化与社会学会期刊 Journal for the Association for the Psychoanalysis of Culture & Society (APCS)
   http://www.psyctc.org/jrnls/jpcs.htm
7. 国际精神分析学习联盟期刊 Journal for the International Psychoanalytical Studies Organization (IPSO)
   http://www.ipso-candidates.org/journal.html

第四章　行为改变与行为促进技术

第一部分　基 本 理 论

行为疗法出现于20世纪50年代。其先驱南非的沃尔普、美国的斯金纳和英国的艾森克都有其独特的方式看待行为问题。沃尔普强调经典条件反射作用。艾森克强调行为问题是个性特征、环境和行为之间的相互作用。斯金纳团队更多注意到操作性条件反射，聚焦于操作过程，促进了权变管理、行为活化等。最近的行为治疗理论又增加了史蒂文·海斯的关系框架理论，促进了行为的语言与认知解读与操作。

各种人、事、物在特定背景下时刻地影响着我们，引起我们的思想和情感以某种方式响应，并以相应方式行动。人们对特定背景下刺激的感知不同会产生不同的响应和互动。在与刺激的互动的过程中，某些人对特定刺激会表出现异常的行为响应、临床问题或疾病。因此，行为治疗需要明确：①刺激通过什么样的程序使我们以这种或那种方式行动。②我们如何能够借助这些程序，来帮助人们以非问题的方式行动。这符合行为科学的要求：①心理问题分析必须立足于可直接观察的行为及行为模式。②发展刺激-行为(关系响应)程序，用于预测和干预问题行为的发生与存在。行为主义追求心理的可观察与测量的科学属性，强调最简单的理解和解决问题的途径，因此，行为疗法从一开始就强调简单性和实用性。

一、行为、行为功能与行为背景

行为的分析是行为治疗的核心，它需要解决的问题是：刺激通过什么样的程序使我们以这种或那种方式行动。行为通常被界定为“一个生物体所做的”，而“一个生物体做的”包括了思想和情感，以及身体的反应或行动。刺激是指我们所遇到并为之响应的任何人、事、物的外部特征(外部刺激)，或者能进行响应的某种内部知觉(内部刺激)，如一种思想、一种感受、一种声音、一种记忆、所说的或所做的等。由于行为主义是一种实践性的尝试，个体面对并为之做出反应的那种存在就被明确为刺激，而我们无时无刻不接受着大量的潜在刺激的影响，这些潜在刺激不被直接考虑为刺激，除非它们以某种方式明确影响我们的行为，否则就被考虑为环境条件或背景特征。

行为功能分析又是行为分析的核心。我们为之响应的每个刺激都具有一种功能，而且那种功能主要是指我们如何对刺激做出响应，即"刺激功能"，它总是意味着刺激的存在，以及这种刺激影响人们以某种方式行动，也就是刺激存在一个行为功能。在形式上，刺激与面对这一刺激做出的反应可以说是具有相同的功能。

刺激功能通常分为五类：

1. 回避/逃避功能　属于行为外部功能，通过行为呈现出远离厌恶刺激或终止与厌恶刺激的联系，如不出门、不与人交流、绕道走、眼神不敢正视、不看病、否认有病等。

2. 接近/获取功能　属于行为外部功能，接近或获取某些人、事、物特征的重要行为功能，如美食、喜欢的运动、健康保健、娱乐活动、会关心人的朋友、负责任的医师等。

3. 关注功能　有助于让人参与人际和社会互动的功能，如肯定性目光的注视、言语肯定和激励性关注、系统而长期的行为与成长关注等，有外部关注和内部关注。

4. 自我促进功能　属于行为内部功能，涉及自我生成的兴奋刺激或自我安抚，如独自唱歌，主动寻找快乐源、主动表达快乐。

5. 体验回避功能　属于行为内部功能，是减轻或压抑内心痛苦体验的行为，回避去体验、观察内心的情感、思想冲突，并不愿意表达。如果行为发生，它就具有这五项功能中的一项或多项功能。刺激可能对某人意味着一种功能，也可能对另一个人存在另一种功能。如放烟花，可能给一个小孩带来喜悦(接近/获取功能)，但对作战老兵却带来恐惧(回避/逃避功能)。行为主义强调学习经历能够对如何获取刺激的功能产生深远的影响。既包括从经典与操作性条件反射中获得，也包括认知上借助关系框架进行衍生。

行为分析越来越强调行为背景分析，任何行为的发生都是在特定背景下发生，背景改变，行为响应或行为模式必然改变或消失。缺乏充分的行为背景发掘和理解，问题行为将会持续或难以改变。行为的背景存在于当时的场景，包括当时的地域时空与人际，还包括个人既往经历的沉淀，以及家庭系统与历史文化的持续作用，也离不开个人在特定背景下的价值取向，如对爱、责任、成就、自由、健康、享乐等的看重。理解了行为的背景，也就可以理解行为存在的理由或条件。

二、经典条件反射与行为治疗

经典条件反射可以解释许多临床相关的生理反应是如何获得的，如恐惧反应。孩子正在与猫玩(猫是中性刺激，NS)，却被猫抓痛(非条件刺激，UCS)，导致生理反应，如哭泣、惊跳反射、并增加心率(非条件反射，UCR)。之后，孩子由于这次经历，看见猫(现为条件刺激，CS)就哭泣，产生惊吓反应，并心率加快(条件反射，CR)。行为治疗表明，在CS出现的情况下缺乏UCS，最终会导致CR强度下降，即消弱(extinction)。换言之，一个临床医师可以对孩子呈现不会伤人的猫，最终会停止哭泣，惊吓反应及心率也会下降。通过经典条件反射产生的焦虑生理反应，可以通过应用同样的经典条件反射过程而治疗。

三、操作性条件反射与行为治疗

操作性条件反射也是行为治疗的一大基础。一个行为发生后，由紧随其后出现的直接结果来决定增加或减弱该行为再发生的可能性，就属于操作性条件反射。如果结果得到的是奖励等正强化，该行为就很可能在将来在弱强度的刺激下会再次出现；若结果得到的是惩罚等，则会降低该行为再出现的可能。目前，基于操作性条件反射的许多方法已被广泛使用，如阳性强化法、塑造法、代币法、差别强化法等。这些方法不仅被用来矫正不良适应行为，也适用于儿童行为塑造和人类行为规范的建设。例如，一个孩子抽动秽语时，得到了他人的非恰当“关注”而强化，症状得以维持。恰当的处理是，家属和老师可以给予“有计划的无视”来处理儿童的抽动秽语症状，即如果发生抽动时，不给予批评与矫正等言语的“关注”，孩子的抽动会消退或停止。

四、关系框架理论与行为治疗

关系框架理论(relational frame theory) 是对语言和认知的现代行为解释，即为了解释刺激所致的行为功能在人类语言和认知作用下是如何发展和维持的，从而寻找改变刺激功能的具体语言程序。关系框架理论将语言看作由刺激间的几种关系构成，并解释这些关系怎样改变行为。关系框架理论的核心是提出了关系响应，并被认为它是一类特殊的操作行为，一个人可以通过与刺激(无论是具体刺激还是概念化的刺激)建立关系而学习，关系的响应会受到强化的操作。当一个人(或动物)根据两个刺激之间的纯粹的物理特性或形式关系而做出的差异响应，就是“条件反射化的辨别”，其建立关系的基础完全是直接借助感官的知觉。动物表现出的关系响应仅仅是“条件反射化的辨别”，而人类通过语言产生的关系响应被称为“派生关系响应”(derived relational responding)。“派生关系响应”建立在对刺激的主观臆断基础上，主观臆断关系包括那些抽象概念，如荣誉、自我价值、勇气、信誉、重要或任何其他评价术语，不能直接用五感之一来感知。例如，人类对木制十字架可能做出的反应包括：尊重、爱、愤怒等，而猩猩只能将其作为木材反应。人类通过长期的强化操作学习经历，掌握了各种刺激之间的稳定关系，即在认知上建立了关系框架。借助于相互推理和联合推理过程，将过去学习经验在面对新的刺激时进行扩展。一旦刺激通过相互推理和(或)联合推理被关联上，刺激的功能(即这些刺激影响行为的方式)就会按照它们是如何相互关联的而发生改变，这一过程被称为“刺激功能转化”。

派生关系响应不仅遵循操作性和经典条件反射的程序，其效应又超越了经典和操作性条件反射的效应，即通过语言可以改变刺激功能。换言之，当一个人因为刺激投入某种关系框架，有关的刺激具有本身的操作性功能和经典的条件反射功能(回避/逃避、接近/获取、关注、自我促进、体验回避)，也可能从关系框架中获取某种功能。依据关系框架理论，我们内心看重的所谓“正确”、“真实”、“规则”或“真理”，可能正是病态行为或心理问题的认知基础，是基于特定的条件反射和派生关系响应而发展的，它们并不是我们想象的那样牢不可变。我们与刺激建立关系的任何主观态度都包含在我们对人、事、物或经验的主观评价或解释中。

只有非主观臆断的关系或形式关系(如两种事物大小或颜色等比较的关系)才具有坚实的、可触及的、直接感知的参照性，其关系更贴近真实性。而主观臆断关系却是见仁见智的关系，如果这种臆断关系主导了病态行为，就需要回到形式关系基础上根据价值取向进行关系的重构。关系框架理论指导下的行为活化治疗、内观心理治疗、接受和投入疗法就以此为基础，投入到行动中建立更适应环境的关系响应。

行为的背景分析，也就是探索行为响应模式的关系框架网络。治疗师通过与来访者互动，在目标导向的行动过程中，从来访者过去的成长经历、问题行为的形成过程、与家庭或重要关系人的互动过程、甚至依存的文化背景及个人价值取向中去探索与分析，探索并实践新的行为响应模式，才能理解、松解和调整问题行为模式。

总之，刺激以不同的方式影响行为。不同的人在不同环境下，同样刺激带来的影响却很可能不同。操作性和经典条件反射提供了两种理解行为的程序，刺激可以据此呈现不同的行为功能。同样，根据行为的刺激反应程序，给予具体的干预措施，可以消除刺激产生的问题功能。由关系框架理论假定的派生关系响应，将行为的理解放到了系统的关系响应网络中，帮助理解语言是以怎样的方式在改变刺激的行为功能。关系框架理论支持了现代行为治疗的最新发展，为临床心理学提供了语言和认知的自然科学解释，为行为治疗带来了第三浪潮的发展。

行为理论作为行为治疗的基础，经典条件反射、操作性条件反射、学习理论等已经被广泛认识，关系框架理论还不被广泛认识，但行为治疗作为系统的治疗一定离不开关系框架理论等类似的关于语言与认知的行为理论。限于篇幅，如果需要更多地了解与学习行为理论，建议参考张亚林主编的《行为疗法》、施琪嘉主编的《心理治疗理论与实践》、Steven Hayes的*Relational Frame Theory*等。

第二部分　基 本 操 作

行为治疗的技术，经历了很长时间的发展，内容丰富而庞杂。包括：①相对独立的行为技术，如行为活化技术、阳性强化法、塑造法、代币法、差别强化法、模仿法、放松训练、自我控制法、自信训练、思维阻断法、发泄疗法、行为契约、作业疗法、饮食疗法(含饥饿疗法)、系统脱敏法、冲击疗法、暴露和反应预防法、生物反馈疗法等；②作为行为技术成分被整合到其他治疗中，如认知行为治疗(cognitive behavioral therapy)、合理情绪疗法(rational emotional therapy)、辩证行为治疗(dialectical behavioral therapy)、正念认知疗法(mindfulness based cognitive therapy)、人际与社会节律治疗(interpersonal and social rhythm therapy)、接受与实现治疗(acceptance and commitment therapy)；整合的行为治疗技术，如Jacobson与Martell等的行为激活治疗(behavioral activation)、Lejuez与Hopko等的抑郁症简短行为激活治疗(brief behavioral activation treatment for depression)、松原达哉的生活分析法(life analytic counseling)等。

行为治疗虽然包含众多的具体技术，但共同的操作是行为改变与行为促进。这是通过结构化的操作，而不断强化并增加外显积极行为，并消退或消除病态行为的一个治疗过程。使患者与环境正性刺激保持更多接触，从而使思维、情绪及总的生活质量得到相应的改善。然而，查看众多行为治疗具体技术的文献，许多独立的行为技术往往只是聚焦于某个病症或异常行为的矫正或改变，而对于病症或异常行为的发生与发展背景、消退或消除背景、复发的预防与正常生活状态的维持等缺乏整体的思考与工作。行为治疗是一个系统工程，既涉及病态行为，也涉及健康行为，更重要的是离不开行为的功能及行为存在的背景。行为的改变既涉及行为的消除与矫正，也涉及行为塑形与激活，还涉及健康行为的促进与维持等。因此，我们借助目前存在的已经整合的行为治疗技术，如行为激活治疗、生活分析法、承诺与实现治疗等，来规范众多行为治疗具体技术的支撑技术，即行为改变与行为促进的操作技术，这项技术贯穿于行为治疗的始终，是具体的某项行为技术得以更好实施的基础，也是将各种行为治疗具体技术串联组合共同发挥作用的基础工具。

一、行为改变与行为促进的基本假设

行为治疗能够产生行为改变与行为促进，是建立在行为改变的基本假设的基础上。

1. 行为的改变是以行为与其存在背景条件共同改变为前提　这要求在个人与环境权变(相互作用)的过程中，辨识出病态情绪、无效应对行为或病态行为产生和维持的环境触发及维持因素。

持续的逃避并远离问题解决以及无效的应对行为，被概念为非健康行为。非健康行为的增加是行为在环境中权变(contingency)的结果，权变减少了健康行为在个人行为清单中的比例，增加了对“有害”刺激回避的逃避行为。因此，行为治疗包括制订一些策略去创造合适的治疗环境，促进患者接触环境去更多地表达建设性行为、健康行为或非病态行为，同时提高患者触及或主动调动具有强化作用的正性事件及活动，从而导致特定环境中的病态行为或非健康行为发生改变。健康行为不仅包括利于躯体健康的行为，更广泛地包括了利于心理健康、利于人际关系发展、利于家庭和谐一致、利于社会文化适应等的行为。

2. 患者并不缺乏从事非病态行为或健康行为的能力　每个人的行为清单中都存在很多健康行为，只是患者的某些健康行为要么没有表现出来，要么发生的频率很低或出现的时间很短，这是由于病前的消除或缺乏强化的结果。

3. 行为改变之后认知与情绪会发生改变　认知、情绪和行为同为心理系统的重要构成，心理系统走向新的稳定状态必然涉及三者的协同改变。只有表现出改变后的稳定行为，才能表明认知和情绪确实已经改变。行为改变过程同时需要也必须要求某些观念和情绪发生变化。

4. 行为改变遵循匹配法则(matching law)　匹配法则应用于病症的干预，可以解释为分配给非健康行为与健康行为的时间/精力值正比于非健康行为相对于健康行为获得的强化。当通过环境的改变(如增加了社会关注的可及性，增加了逃避厌恶刺激的机会)使得非健康行为的强化增加(可及性、持续时间、及时性)，健康行为的强化就相对减少，从而增加了病态行为的可能性。同样，通过环境的改变(如减少与朋友的接触、减少运动时间)使得健康行为的强化减少，病态行为受到强化刺激的值就相应增加。该模式假设：在治疗过程中，增加接触健康行为的强化刺激，或者减少与非健康行为强化刺激的接触，将达到增加健康行为，减少病态行为的效果。

二、行为改变的基本原则

行为治疗策略基本上建立在强化和惩罚原则的简单和更复杂的应用

上。从强化与惩罚基本原则中衍生出的治疗原则包括消除、淡化、塑形。

1. 消除(extinction) 消除是指停止对某种行为的强化或非条件刺激，使该行为渐渐消失的治疗方法。如果对儿童表现出的不良行为不予触发与不予强化，包括不予理睬、不予过多的注意，其不良行为出现的次数便会减少。消除逃避行为(贪睡、眼神回避、强迫行为等)的第一步就是对病态行为的后果和功能进行检查。引导患者意识到病态行为是试图逃避“厌恶情形”的一种行为操作，具有与刺激和结果一样的功能状态。然后，识别出维持或加强病态行为的背景条件，随后停止对病态行为(也是操作行为)的强化。需要清楚：逃避行为在短期可以使患者降低接触“厌恶情形”，但是从长期来看，“厌恶情形”的回避行为将得到强化，“厌恶情形”作为负性刺激而固化，相应的行为响应也就病态化。同时，也必须意识到：消除法在开始使用时，在短时间内不良行为出现的次数可能更多，情绪反应会更激烈。

例如，在行为治疗中签订行为合同，让签合同的重要关系人意识到自己在患者行为改变过程中的作用，不对患者的病态行为关注，就是应用消除原则来停止维持患者病态行为的强化行为。实践的操作是：让家人或朋友与患者共同完成行为合同，列出病态的目标行为，清楚标明家人或朋友需要停止的对患者病态行为的潜在关注事件或行为。消除强调的是病态行为与相应操作行为的关系。

2. 淡化(fading) 某些行为在正常人的生活中也存在，只是存在的频率和强度相对较低，刻意想消除它或减少它的时候，容易挫败，花费精力和时间反而可能增加其频率或强度。那么，在治疗过程中，可以持续关注确定的行为目标，将精力和时间花在建设性的行为目标上，同时利用淡化原则将病态行为进行忽视。另一方面，目标行为(增加健康行为，减少病态行为)越来越能够在自然环境的强化下被控制，就越接近行为目标，也淡化了操作行为。

首先是淡化病态行为。例如，实际暴露治疗过程中，个体暴露于条件刺激“厌恶情形”，同时阻止逃避行为，焦虑情绪将被强烈唤醒，将伴随出现焦虑或恐惧行为。如果采用消除原则，聚焦的是逃避行为(可以看着操作行为，也可以看着反应行为)，消除逃避行为或消除对逃避行为的强化。淡化原则则聚焦于将负性刺激暴露纳入背景中，同时在该背景下接受积极刺激的暴露，即体验到厌恶刺激背景中的非厌恶一面或积极的一面，发现自己能够与厌恶刺激和谐共处，积极行为得以维持和发展而逃避行为被淡化，病态情绪和行为反应将会自动变弱。

其次是淡化已经胜任行为的操作强化或结构化的干预。例如，从行为计划清单中不再纳入已经胜任的某些活动的监测，淡化其操作，更贴近实际生活状态，从而可以转移到难度更高的行为改变目标。再如，患者已经从行为治疗所提供的结构性支持中获益，当结构性干预下的行为改变已经足够稳定并合乎目标要求时，结构性干预或操作强化等就可以退出，也就是当刺激的行为反应强化到足够稳定时，指导操作的结构就需要逐渐淡去。淡化强调的也是病态行为及相应操作行为，但是是介于消除与塑形之间的行为改变原则。

3. 塑形(shaping)　塑形不同于消除与淡化，强调将健康行为作为目标。行为塑形应用于长期目标行为的达成，该过程需要较多的不同时间段的行为目标，它们是连续逼近长期目标的组成部分。治疗的初期，强调比较基础的中间目标及相应行为，会给患者较小的压力，更有可能给予强化。先观察患者的日常行为，分析哪些是期待增加或增强的积极行为，哪些是不适宜行为。然后，有目的地奖赏那些需要保留和巩固的积极行为，忽视或惩罚那些想要消除的不良行为，经过长期努力便创造出期望的行为模式。

三、行为改变与行为促进的基础——行为分析

行为分析的要点是运用功能性分析方式来理解行为，鉴别逃避模式，细化健康行为与病态行为，并明确其与环境权变的关系，为借助策略促进外显行为持续改变建立基础。

1. 健康行为与病态行为　行为分析不仅关注病态行为，更关注健康行为。治疗需要努力去激活健康行为，同时减少或消除病态行为。健康行为或非病态行为被定义为一种外显行为，能直接体现出良好的生活质量，能提高功能状态，有助于环境权变。病态行为指的是与病症有关的行为，与健康行为相反，不能整体地改善患者的生活质量或功能状态，不利于环境权变。病态行为的产生是通过正强化(如获得朋友、家人的同情)、或负强化(如逃避责任)、健康行为强化被剥夺或受到惩罚、缺乏有效的操作行为、行为缺乏规则管理或行为受到极端规则主导等的结果。

病症(慢性疼痛、失眠症、抑郁症、强迫症、逃学、人际关系不良、妄想等)的患者可能认为：他们的问题核心就是躯体问题、某种情感问题、思维障碍问题、具体的某种行为问题、或者就是工作问题、与某人的关系问题、家庭社会问题等，如果解决了某个问题，其他就不需要解决了。因此，他们将所有精力都放在上面，如果结果是很失败的，很多健康行为和正常关系也会受到破坏。在这种情况下，致力于针对性的问题解决或行为矫正当然有帮助，但是致力于正常生活领域的健康活动也很重要。存在某种问题，生活也必须继续。生活不仅是找到一份稳定的工作，达到一定的体重，和特定的人在一起或分开，有一笔钱，或消除某种杂念等患者纠结的冲突。患者狭隘地专注于某一方面，就会固化病态行为，限制健康行为。现代行为主义的关系框架理论强调，从受限的关系响应中转移出来，病症就可能失去存在的基础或价值。

2. 行为的可操作界定　行为是个体对形成和维持其发生的环境进行权变反应的一种功能状态，必须从具体环境角度来界定病态行为，强调环境-行为关系的客观可重复测量。第一类为可选择行为，例如，与兴趣缺乏有关的贪睡及懒散行为以及自杀行为等，多数情况下被理解为具有可操作性，被认为是个体可选择做与不做的行为，因为个体在一定程度上能控制是否接近还是回避这样的情景。该类包括病态行为有关的社交退缩、物质滥用或依赖。第二类为部分选择行为，自主神经症状如食欲减退和失眠，虽然仍被认为是环境权变的功能状态，但更多被认为是基于生物学上的反应，直接可控性较差。但是，个体仍然可选择行为的形式，患者可以决定何时吃或者睡，吃什么或睡哪里，与谁一起吃等。第三类是难选择的行为，像负性认知及精神运动性激越或迟滞主要被看做是对环境刺激的隐藏反应，不易控制，行为治疗上难以操作。行为的可操作性界定其意义在于：确定目标行为更多依据患者能否控制，行为操作性如何，以及情景是否可操控等。而隐藏事件(思维、感觉)往往不属此类，因为难以观察和测量。

3. 行为的等级　治疗是基于渐进性与系统性的行为变化，指向多种具体健康行为与病态行为，强调自然环境下的活动，不止基于住院或门诊干预状态，更重要的是延伸到日常生活状态。需要采取结构性的有针对性的方式，去进行行为现状及行为目标评估，评估需要贴近于实际生活中的行为状态。行为被很好地操控，就需要借助行为活动等级表、行为的重要程度、愉悦程度、行为的回避程度、行为的恐惧程度等多种量化方式来进行。根据行为等级，系统而有步骤地执行行动计划，并反馈或监测活动。行为的分级任务活动安排，需要考虑患者目前行动/活动水平、行动/活动成功概率、行动/活动成功具备的具体环境条件、行动/活动在达成目标中的重要性等因素。行为改变之前需要完成目前行为/活动水平评估、价值取向的活动等级计划、保证行为改变的环境与条件、不确定性事件预见及应对预案等准备工作。

4. 行为的功能分析 行为功能分析是把一个人的痛苦当做“问题行为”进行多个层面的描述。行为治疗着眼点不是“直接”解决问题，更不是清除问题，而是改变问题存在的条件。与行为有关的内容，被看做是伴随条件，条件的改变会引起问题的改变。问题行为的存在条件在原则上成为需要解决的问题。功能分析提供了关于问题产生和维持条件的信息，从中可以引出治疗方法和治疗策略。借助行为功能分析，可以更清楚某方面存在变化的可能，以及存在改变的障碍。其价值在于它至少从原则上给出了一个必要的干预层面。这个层面可以是存在于心理学方面，也可能存在于社会层面。需要注意的是：在很多情况下，心理学的干预受到阻碍，因为问题的核心不在一般可调控的心理层面，而是政治、法律、社会或是经济地位等强烈地制约和影响着问题。

目前比较经典的功能分析涉及以下几个要点：①描述特征性的问题行为(R)；②明确在特征性问题行为之前和之后的刺激条件(S和C)；③明确与问题行为有关的重要的躯体变量(O)和患者的自控能力(SK)。功能分析的目标是找出哪些条件对于问题行为是功能性的，这些条件要么是响应行为中的原始刺激，要么是操作行为中的正强化或负强化。这意味着形成了关于患者的S-O-R-SK-C假设，改变S或C的措施就进入了治疗计划，目标就是改变R的频率。

5. 行为的评估 行为治疗意味着一个控制的过程，必须采取一系列措施来确保治疗的质量。治疗前、治疗过程及治疗后评估都非常重要。行为评估包括：行为访谈、行为观察、行为测量，分别涉及对病态行为与健康行为的识别、行为的量化与可操作化、行为功能的区分等内容。

(1) 行为访谈：是行为治疗中最重要的诊断方式。治疗师试图通过访谈患者及关系人来组织信息，以便进行问题分析。在适当的条件下，应该对将要诊断的问题进行直接访谈检查。访谈过程不仅要涉及对业已明确的问题的核实和检查，还要对访谈中的新问题进行检查、观察和评估。这些问题都体现在患者的感受、观点、躯体反应和行为中。访谈的目标是对需要处理问题行为的发生与维持条件(背景)和问题行为的功能进行关注。行为分析的各个部分构成了检查性访谈的基础。

(2) 行为观察：是希望尽可能直接地把握行为，这是行为治疗的基础，可以使治疗师获得有关改变、强化或重建行为方式的信息，达到改变具体的行为方式这一治疗目标。包括非系统性观察和系统化行为观察。首先应进行自由的行为观察(如在心理治疗过程中的观察)，包括观察外部环境特征、个体间或个体与环境的相互作用、特定的行为方式等，然后通过系统的行为观察(如每日行为观察表、行为计划)，有针对性地进一步明确相关问题和假设。通过时间抽样和事件抽样，观察记录确切事件或行为过程，以及事件发生前的刺激环境和事件发生后的反应。观察可以选择在特定的环境里进行(如角色扮演)，也可以选择在日常环境中进行。治疗师常常把自我观察作为家庭作业布置给患者。自我观察是指患者对自己行为进行观察，在行为过程中还要观察环境特征、行为过程、认知反应、动机、生理反应及其他人的反应，在观察结束后尽可能直接记录所观察到的内容，常常通过行为列表和日志来呈现结果。

(3) 行为测量：包括主观的与客观的、宏观的与微观的行为测量。客观的行为测量就是对行为的发生频率和持续时间等进行测量，主观的行为测量包括愉悦度、重要度、恐惧度、痛苦度等进行测量。宏观的行为测量就是通过直接的肉眼观察，微观的行为测量则包含使用现代生物医学仪器进行的心理生理指标测量。在行为治疗的某些领域(如心身疾病)，生理指标的意义越来越大，生理反应在心理治疗领域被作为人的生物躯体层面加以解释。电信号，如心肌细胞电压变化、肌肉张力变化、神经细胞的活跃性、皮肤电阻以及皮肤导电性等都可以被直接测量。仪器可以将机械能转换成电信号，如测量呼吸频率、电压、胃运动、眼球运动、体温或脉搏等。通过微观的心理生理指标测量，可以指导内隐行为的改变。

四、行为改变与行为促进的基本操作程序

行为改变或行为促进出现在每种行为治疗技术中，从治疗开始的结

构化指导到治疗结束时的自我管理，包括评估导入期、矫正或促进期、维持与稳定期。完整的操作程序是行为治疗效果的保障。

程序一：评估导入期。包括病史采集与评估，发现并理解病态行为的功能，与患者建立融洽的治疗关系，介绍治疗的基本原理等。患者开始对自己的靶行为和(或)日常生活行为进行1～2周的自我活动监测，提供靶行为或日常活动的基线水平，使患者对自己的靶行为或日常活动的质和量有定性的认识，明确治疗中行为改变的总体目标。初期治疗目标是让患者意识到，内部或外部事件(扳机)是如何导致负性情绪(反应)，这一过程又是如何有效地建立了固定的反复出现的逃避模式或病态行为。

程序二：矫正或促进期。一旦患者识别了自己的行为模式，矫正或促进期治疗的主要目标就变成通过选择应对策略的发展来帮助患者进入减少或消除病态行为的过程以及重新投入到各种不同的健康行为的过程中。这一阶段需要特别强调，引导患者识别促发和维持病态行为的环境因素，强调病态行为或者非病态行为的强化识别，特别注意家人及朋友的互动行为。同时需要教会患者评估其行为的功能。 然后，治疗重点转移到生活中的重要领域(包括人际关系、教育、就业、爱好、娱乐活动、身体健康、精神信仰、责任)来确认目标行为或目标生活方式，目的在于稳定和维持健康生活方式，避免病态行为模式的反复。建立目标行为等级表，将多个行为活动按照最容易实现到最难实现分级。治疗师和患者共同讨论具体行为/活动每周的频率及持续时间，明确需要达到的周目标和最终目标。使用每周活动记录来计划和监测治疗的进展，目标是推动患者逐渐进入更高生活目标或生活质量的积极行动中。

程序三：维持与稳定期。借助系统性的行为激活技术，促进患者在选择和发展新的应对策略时能够重新投入到多种形式的健康行动过程中。增加健康行为的频率及随后的强化，减少病态行为的负强化(如逃避责任)。克服那些限制健康行为表达的障碍，将健康行为纳入生活方式中并坚持投入。

在每次会谈开始时，审议和讨论上一次咨询后的任务完成情况，结束前根据任务是否完成或难易程度来决定下一周的行为目标。如果目标行为启动或趋近，根据自我管理的行为评估清单，获取自我或他人的激励与奖励。

整个治疗结束之前，需要将行为治疗的技术和方法让患者自己掌握和操控，治疗师的教练作用将逐渐淡出，患者进入自我行为管理的正常生活状态。

五、行为改变与行为促进过程中的基本技术

(一) 行为治疗与治疗规则教育，行为治疗关系确立

1. 规则教育技术 行为治疗的治疗关系建立在对病症的行为背景理解基础上，治疗开始时必须进行行为治疗原理及规则的讲解。治疗需要对患者病症进行详细评估，准确把握患者的痛苦，澄清病症的行为、情绪、认知、生理以及各种关系的功能紊乱表现，与正常状态形成对比，然后对病症的生物学及社会心理学成因及诊断标准有比较明确的解释，最后才以行为主义观点来理解：行为与环境的相互作用过程如何让病症形成、维持及消除。

病症在很大程度上是行为、认知、情绪与环境相互作用而权变的结果，行为、认知和情绪异常或失控本身也在相互作用。因此，不可能几天或者1～2次咨询就可以治好，甚至是非常长期的过程，因此，通过开启积极行动的治疗策略非常重要。基本治疗数周(5～12次)后，大多数人会觉得他们已经实践了足够多的治疗策略，不管是否有效，都容易发生脱失。鉴于这个原因，强调治疗足疗程、治疗过程中及时的治疗关系评估、治疗进展评估、获得治疗配合的承诺(必要时签订协议)是非常重要的。行为治疗要求患者积极参与行动，在治疗间期的实践和行为监测特别重要，观察自己的行为环境及支持关系是必不可少的部分。

2. 治疗关系确立技术 行为治疗中的治疗关系发展与确立，与其他心理治疗一样，需要治疗师的倾听、支持、鼓励、温暖、肯定等沟通交流技术。其特殊的地方就在于对行为治疗规则的适时讲解和具体的操作指导。

治疗师是患者行为背景的一部分，治疗关系是行为功能的反应。治疗师需要坦诚告知与面对：治疗师的行动对患者治疗改变的重要性。患者病态行为的消退，建设行为与健康行为的增加，都与治疗师有明确的关系。当然，病态行为没有好转，也与治疗师有关。很多行为治疗技术(如代币法、暴露疗法等)的蹩脚应用，就在于治疗师与患者对行为治疗的理

解以及对治疗关系的理解不到位。

(二) 行为及行为背景监测，每日行为/活动监测

每日行为/活动监测(附录1)是行为治疗的基础，一些治疗师与大多数来访者对此理解不够，会导致不能坚持或越来越有效地监测。行为治疗的重点是降低病态行为的发生，增加健康行为的频率，而行为监测就是治疗的基础和保证。

每日行为/活动监测表在治疗中非常重要，每天需要完成一张表或一次评估。目的在于：①前期监测可以作为后期对照来评估治疗进展；②初期，促进患者意识到这是深入高效了解和评估其靶行为或生活行为模式(特别是病态模式)、行为资源与背景的工具；③提供行为/活动的每日时间背景及行为的重要性和愉悦性等，指导在合适的时间去增加患者喜欢或期待去做的重要活动，减少希望消除或消退行为的频数与时间等；④中后期，作为增加价值取向行为/活动的计划工具，⑤作为行为掌握及行为障碍分析的工具，以及行为激励的工具。

1. 日常活动记录的指导 要求患者每天固定时间来记录所发生或进行的日常活动(按小时划分)。日常活动记录包括那些看似无意义的事情都要记录，如起床、漱口、睡觉、看电视等。尽量记录得准确和全面，每周治疗时用于治疗讨论和分析。治疗中需要注意其活动类型，这些活动是否愉快，重要，在何种背景下发生或缺失。

2. 靶行为的监测记录 要求患者每天固定时间来记录所发生或进行的靶行为(按小时划分，可以分别记录或同时记录)。靶行为是期待消除或消退的行为，或期待发展或增加的行为，是观察的焦点行为。行为监测中必须强调靶行为发生背景的观察和记录，涉及场景、时间和关系人等。

通常在行为/活动记录的同时，要求患者根据愉悦度(痛苦度)和重要度对行为/活动分级，为以后的行为改变或促进做铺垫。对行为/活动的重要度分级，让患者思考该行为/活动在其心中的重要程度？对愉悦度分级，让患者思考其有多享受该行为/活动？或对痛苦度分级，让患者思考其执行该行为/活动有多痛苦？在0～10分这个范围内给每个活动分级，0代表最低，10分代表最高。建议积极取向的评估，以愉悦度的评估为重点，以利于正性强化。某些行为是治疗过程中需要克服的障碍目标，根

据干预的需要，进行痛苦度、恐惧度或困难度等分级也是非常重要的。

3. 检查行为/活动日记　每次治疗时检查行为日记，是评估与发现问题，寻找交流主题与谈话重点，肯定与激励患者的重要途径。如果患者治疗会谈时没有完成上周的任何一份每日监测，在会谈开始前让其立即完成过去一天或者两天的监测表。即使仅是一到两天的行为/活动记录，也是一个开始，便于呈现行为模式，对于促进完成下一周的每天监测也是重要的。很多患者会选择性记录某些行为/活动，而忽略另一些行为/活动，治疗中需要不断讨论，丰富和完善每日记录的内容。

排除行为/活动监测执行中的障碍非常重要。有些患者完成每日监测表有困难，需要将每日行为/活动监测这一行为作为独立的行为进行行为功能分析。

(三) 创造支持环境，签订行为合同

行为的改变是关系的改变，是刺激反应所匹配的功能的改变。刺激反应是一个不可分割的整体，其负性功能或正性功能一定是匹配的。患者的病症离不开重要关系人的介入，重要关系人既可能是患者病症的促发或维持因素，也能够成为康复促进因素。与他人达成协议，促进对患者行为改变，这被称为行为合同或行为契约。

行为合同(附录2)就定位于让患者投入到关系建设中，借助关系人的支持来达到改变的目的。创造一个支持健康行为与消除病态行为的环境，是行为治疗的重要部分。虽然患者本身的动机和主动性无法替代，但是当周围的重要关系人有效地协助患者去促进健康行为与管控病态行为，那么，改善并克服病症的可能性和效率将大大增加。有些人很幸运，本身就在这样一个支持性环境当中。如果没有，就需要调动患者的主动性，努力去创造支持环境。

第一步：为了让患者得到他人帮助，首先找出患者认为需要通过帮助来完成的行为/活动。第二步：让患者提出可以提供帮助的人以及他们帮助的特定方式。第三步：患者与可以提供帮助的人进行交谈，告诉需要他们的帮助来不断增加健康行为与控制病态行为。有时，家人及朋友更多地注意到患者的病态行为，而很少注意到患者在健康行为上的尝试与努力，这可能是他们的一种惯性行为模式。通过患者的主动观察、有计划地沟通，去改变这种制约病态行为改变的环境条件，是行为合同所

带来的行动策略。患者请他们减少关注自己的症状，而把注意力更多放在患者参与健康行为的努力上。

例如，你可能觉得每周到郊区去呼吸新鲜空气是困难的。困难在于：你认为家人都很忙，你的心理生理状态不足以保证长时间在外，你不知道如何到一个空气清新的地方，担心意外发生后你难以应对等。一旦确立了该活动，列出能帮助你的一个或者更多的人，并详细列出他们帮助你的方式。下一步就是要告诉相关的人，你尝试去完成的活动以及你需要他们如何帮助你。你会发现，在你的行动中涉及他人的配合，会使行为/活动变得更易发生改变。与他人的接触也能帮助患者加强人际关系。所有这些都会对患者每天的情绪产生正面的影响。

不管如何应用合约，签署实际的合约还是简单地讨论患者的需要(口头协议)，都是患者自己的选择，目的是一致的。

(四) 价值取向的行为探索，罗列行为/活动计划清单

价值取向的行为/活动清单是行为计划的起点。在生活中变得更加主动是重要的，需要借助行为/活动计划清单(附录3)。患者需要确保其选择的行动/活动是可以执行的、带来进步与愉快的或者重要的，使其能够不断感受到正改变着病态行为模式以及正走向他/她想要的生活。帮助患者决定重要行为/活动的一种方法是让患者尊重病态行为困扰的现状，并考虑生活中的价值取向。个人存在的健康感、价值感或幸福感是通过行为/生活领域来展现的，知道健康、价值与幸福所在并用它们作为行为与生活的指引是重要的。如果没有行动或活动的等级计划清单来帮助患者实践目标导向的价值，这些价值只是空话和想法，不能成为现实。完成行为/活动计划清单的程序如下。

第一步，患者从以下8个领域中梳理想要与应该参与的活动：①家庭关系，包括作为兄弟/姐妹、儿子/女儿、父亲/母亲或伴侣等亲密关系；②社会关系，包括亲属、朋友、邻里、职业、学习或服务关系等；③教育/培训，包括自学、网络与电视教育、社区职业培训或系统教育等；④工作/职业；⑤爱好/娱乐；⑥身体/心理健康；⑦日常生活中的各种责任和任务；⑧精神追求和精神信仰等。

自己看重的价值分别体现在哪里？换句话说，每一个生活领域对你来说重要的是什么？哪一些领域是现阶段所看重的？分别通过哪些具体

行为/活动来呈现？这些活动又以其他领域的哪些活动为条件或背景支持？以头脑风暴、自由联想、循序引导等方式逐渐丰富和扩展。还可以借助生命线与成长轨迹的反思而扩展或修正价值重点并丰富具体的活动内容。

第二步，每个生活领域中至少有一个核心价值支撑，每个价值取向需要多个具体活动来呈现。完成该清单的目的是把生活中重要领域的价值转化为现实的具体行动。

例如，在家庭关系领域，如果体贴的丈夫是你想要体现的价值，列出你认为成为体贴丈夫所一致的行为/活动。首先假设妻子是家庭主妇，平时家务都被她承担，其次你有繁忙的应酬。尽管时间受限，仍然计划最近一周与妻子两次共做晚餐，餐后洗碗一周四次等。选择行为/活动时需具备两个重要特征：能被他人观察到，也可以度量，如每周两次与母亲共进晚餐。某些具体的活动虽然从属于不同的领域，如娱乐活动可能与家庭关系的改善活动重叠，这是非常好的，目的在于能够促进价值体现和实践。

第三步，一次治疗会谈中需要关注活动计划清单的整体及具体某部分，生活中可以不断添加和修改，并作为家庭作业。

许多临床的行为治疗技术过于关注病态行为的矫正或消除，而忽略了对健康行为或价值取向行为等正面行为的关注。疾病的康复与复发预防工作必须重视这一部分，需要与疾病和谐相处的带病康复则更需要重视这一部分的行为指导。

(五) 目标行为分级及行为计划执行，行为/活动细化与等级化

确定了靶行为或价值取向的行为/活动之后，行为/活动就需要细化，即进行可观察与可测量的具体化(计划行为的选择与排序表见附录4)。行为具体化的过程会随着治疗的进展、实践中的反馈而不断修正和发展，目的是让患者确实感受到自己进入了期待的行为改变过程或价值取向的生活轨道中。

第一步，根据行为/活动可操作性难易程度、重要性、紧迫性等，与其讨论，在行为活动整体平衡考量的基础上，不断细化针对性更强的行为/活动计划清单，按照从易到难排序，创建行为/活动等级表，并可以分化出近期、中期和远期行动计划，目的在于促进患者对行为/活动的可

操作性认识，为计划的执行创造条件。

第二步，选择减少或增加哪些行为/活动。一旦患者确定了数个近期目标行为/活动后，就需要制订一个计划，如何把这些行为/活动纳入日常生活中进行反复实践，如何有效地进行该行为改变的评估。

第三步，明确是否已经为减少或增加该项行为/活动做好准备，预见可能会遇到的障碍。如果没有准备好，可能需要再等一段时间去做准备；如果存在明显的障碍，可能要选择一个难度稍小的中间步骤。

例如，如果目标是增加网球运动，你首先需要买运动装备如网球拍，明确运动场地，然后你需要找同伴一起运动，如果要去离家远的地方锻炼还需要考虑交通工具、天气等。如果是减少精神分裂症患者的睡懒觉时间，可能需要更有效的闹钟设置或其他提醒，提前的服药，安排早上必须执行的任务等。通过实践这些中间活动，患者开始改变的可能性就会很大的提高。

第四步，计划具体的日子与时间执行确定的行为/活动。在即将到来的一周，将重点从2～3个活动开始，一旦患者决定了下周要参与的活动，拿出下周的活动监测表，事先安排好这些活动，标明在具体哪天什么时间可以执行。通过计划每个活动的时间，完成该项活动的可能性就会增加。

例如，如果你的活动是“陪女儿一起玩”，你可能填入该活动的时间是周一下午19点，周三下午17点，周六上午9点。当患者把活动时间填好后，需要在活动时间旁边注明(如画一颗星)，这可以让其在当天的活动中清晰地辨识出这是计划的活动。

第五步，评估计划行为/活动的执行情况。在计划的时间如果完成了计划的行为/活动，就在该活动上进行标示(如画个圈)。如果没有，在该活动上画一条线(不要抹去它)，标注在该时间段内实际做的其他事。计划中的活动则需要安排在其他时间完成。如果在计划外的时间完成了该活动，也可以在活动上画个圈，起到醒目的提示作用。

治疗师在讨论被圈上或被划掉的行为/活动时，需要深入了解患者做或没有做这些活动时的感受，这些活动的愉快感(或痛苦度)、重要性等，在完成这些活动时是否遇到难题。让患者与治疗师分享是如何克服困难的，从而给予激励和强化。

（六）接纳和放下冲突的行为派生关系引导，观察自我的训练

患者的症状与行为多样，体验如此复杂，很多都超出科学、医师或治疗师所能够理解的范围。患者解决问题的自我努力过程或就医过程，自然会聚集大量矛盾的观念或解释。毫无疑问，患者越较真，看的医师数量越多困惑就越多。对于有些治疗困难的患者，难以启动价值取向的行为计划，必须对其深度冲突的思维、纠结的情绪、矛盾的行为给予指出。让其明确价值取向行动的困难根源于不同内在需要引导下的冲突，必须停止是与非的冲突性思考，也不必借助认知去矫正某种歪曲信念。重要的是接纳现实或放下已经持久的内心冲突，放弃冲突的无休止较量，用心去观察此时此景这一冲突过程而不陷入既往的逃避模式中，通过这一接纳与放下冲突的行为派生关系引导，将为价值取向行为的实施和投入获得必要的准备，包括精力与时间。

观察自我训练就是接纳与实现治疗的基本技术，也可以被认为是回到当下的练习。要求以观察者的身份来审视此时此景的自我，与自我保持某种距离，即从已卷入病症的思维、情绪或行为中抽离出来，去保持敏感而持续的自我现状观察，不卷入冲突的任何一方，去感受它们惯性的升起、增强或复杂及不断变化。通过这样的觉知练习，患者会更完整地意识自己所做努力及努力结果之间的关系，更能够为生活中各领域活动找到行动的平衡。

治疗师通过指导练习，让患者更清楚地意识到是如何陷入病症的对抗与纠结中，意识到患者并非没有足够努力与行动，也不是没有去探寻如何消除不喜欢的思想、感受和行为的“正确方法”，而真正挫败的原因是使用这些方法本身或行动方向本身就是错误，努力只会让问题更为复杂。找不到解决方法的最好应对方法就是搁置问题。这一过程中将逐渐启动价值取向的行为计划，清楚什么是重要的，什么是自己真正期待并追求的。

另一方法是建议借助隐喻让其放弃既往冲突性解决问题的方式或方法，开启接纳的大门。比如，以天平作比喻，为求助者提供与负性思想对抗之外的选择——去接受身上发生的一切好与坏。天平一端是烦恼的压力，另一端是接受的承受力。烦恼压力易知而接受难察。虽然采取改变的行为，如果不接纳烦恼，无论怎样的努力都不能让天平平衡。另一

方面，无论其压力多重，若能完全接受，亦能平衡。通过这样的练习，放弃病态行为的纠结，促进价值取向行为的积极行动。

这一类的接纳技术、内观技术或观察者训练技术等，其本质是一样的。进一步学习，建议参考更专业的指导手册(如Steven Hayes的*Acceptance and commitment therapy*、刘兴华翻译西格尔编著的《抑郁症的内观认知疗法》等)。这里之所以提及或强调，是因为它与暴露与反应预防技术是行为治疗技术的基石，现代行为治疗中越来越肯定其在治疗改变中的作用。虽然与暴露与反应预防技术的操作形式完全不同、甚至行动方向相反，但终极目标一致。

(七) 病态行为的聚焦，暴露与反应预防

恐惧、担心、焦虑等情绪是必需的人类情绪，对于个体的生活及日常行为调节有重要意义，但是当其在特定环境条件下主导了个体的生活，阻碍了个体应有的环境适应或胜任，就需要借助专业技术来管理。某些病态行为(恐惧症、强迫症、社交焦虑症、牵连观念等)具有极其明显的逃避或回避行为，严重地阻碍着特定环境中正常行为或健康行为的表达，阻碍着价值取向的行为计划推进，这是由于严重的恐惧或焦虑情绪隐藏在特定的病态行为中。这时需要借助经典的暴露与反应预防技术，即设计特定的暴露环境条件，是内隐想象还是实际情境，是渐进性还是强烈冲击下，需要预防性建立保护措施防止在暴露时意外地受到负面影响或再次“成功”逃避，保证在暴露条件下获得克服障碍的成功体验并给予强化巩固。目的是消除面对“恐惧源”(病态下的恐惧来源，而正常状态下不是恐惧源)所带来的“可怕后果”(恐惧下的生理、情绪、思维和行为反应)，而不是把消除恐惧本身当做治疗目标。这组技术涉及：①系统脱敏法；②暴露和反应预防法；③冲击疗法。

暴露和反应预防法操作程序：

(1) 清楚患者恐惧的每一个环境，即所谓诱发环境。

(2) 在暴露之前，治疗师给患者讲解处理焦虑和恐惧情绪的应对策略，与患者讨论防止逃避的不同策略：外在控制、自我控制和自我管理，并让其理解并掌握控制手段，避免让恐惧发展到无法忍受和应对。

(3) 进行放松训练准备或注意转移训练。如渐进性放松、冥想、关注他人的需要与反应。

(4) 进入诱发病症表达的虚拟情境或现实场景，调动各种支持，确认患者有效调用支持并积极面对恐惧或焦虑情绪，给予过程中的强化，处理过程中的障碍，消退逃避行为。

(5) 过程中与成功后给予正强化，或放松练习，总结成功经验。中途退出者给予缺失条件的分析，再次准备条件。

(6) 多次重复练习暴露，逐渐由患者自己准备条件，自己面对恐惧或焦虑，练习自己计划与评估。

这一组行为治疗技术的原则是：改变回避/逃避的行为模式，必须对“问题性的情形”进行理解并设计具体行动去积极面对，也就是能够控制刺激源。简单讲，就是工兵需要学会扫雷的技术。其操作中的注意要点：①个体必须处于唤醒其恐惧或焦虑的环境中，通过对环境条件进行干预和管理，从而达到改变病态行为或治疗疾病。②患者应在令其感到焦虑的环境停留足够长的时间，直到焦虑减轻为止。虽然难以划定精确的时间界限，但通常需要安排100～120分钟的暴露练习。如果少于这个时间，患者可能不能体验到恐惧感的减轻。③克服恐惧或焦虑意味着我们能通过学习去应对有压力的情境和情绪。④克服恐惧并不能解决与恐惧及其他厌恶情绪相关的所有问题。⑤克服恐惧的努力涉及认知这个重要因素，让患者暴露前做好认知准备是必须的，并与患者一起为应对恐惧反应而充分地创造条件。⑥暴露与预防干预，很大程度上意味着自我帮助和自我控制，随着练习的进展，需要让患者不依赖治疗者。

聚焦与矫正病态行为，暴露与反应预防是行为治疗最基本的技术。为更好地理解和掌握这一技术，建议参考有关专业书籍。

(八) 行为改变的障碍分析，行为掌握评估与行为背景分析

患者不能贴近目标行为时，治疗师和患者需要重新评估行为/活动任务以明确障碍。障碍分析包括行为改变障碍的过程分析，行为掌握评估，行为背景的深入分析等。

1. 行为改变障碍的过程分析　治疗过程中让患者减少某些病态行为，或去增加消除病态行为的活动，或增加建设性行为或健康行为会遇到阻力。治疗师需要陪伴患者对治疗目标设定到执行的过程进行梳理，来消除行动的障碍。

分析患者所计划的行为/活动是否存在没有完成的？如果有，是怎么

回事？是因为该行为/活动缺乏愉悦性，还是缺乏重要性，还是缺乏操作性。如果都缺乏或缺乏重要性，也许需要调整不同的行为/活动以替换。如果具有操作性，则继续尝试，但需要考虑该项行为/活动是否比患者最初想的要难？如果仅仅缺乏愉悦性，那需要与患者讨论，愉悦性为何如此重要而不事先考虑以致阻碍了行动，可能需要考虑行为/活动的调整。另一种可能是，认为没有足够时间去完成它。这需要考虑计划方法的有效性，要求在日程表中对行为/活动进行重新的合理安排与计划，需要认真考虑策略去减少价值相对较少的活动，从而把更多的时间花在新的更有价值或促进能力发展的活动上。

很多时候，治疗师能够体会到行为/日常活动的改变是多么的困难。因此，我们需要强调治疗计划的指导与行为/日常活动的监测，这有助于增加建设性行为与健康行为，减少缺乏价值的活动或问题行为。

2. 行为掌握分析　行为掌握的评估是行为改变障碍分析的重要内容，是促进患者参与更多更愉快或更重要活动的手段。除了根据每日行为/活动记录表及行为计划清单评估某项行为/活动的掌握情况外，还需要考虑重要生活领域中可能被忽略的必须执行的重要行为/活动的质与量。比如，家人或朋友支持是否良好(或行为合同执行情况)，甚至留意每日行为/活动记录本身是否有效执行(注意：行为日记常常被忽略)。具体行为/活动如果缺乏操作性，需要考虑符合行为的背景，把它分解成更小的行动步骤，或者在治疗室进行不断演练，或者着手创造或准备可执行的条件。

例如，社区康复过程中促进精神分裂症患者进行人际交往与运动时遇到困难。讨论，是否能够在你的社区中发现与你年龄相仿并且有过相似经历的人(借助社区康复门诊、QQ群等)？是否能够在你的身边发现可以学习的对象(如，身边有谁在早上跑步)？怎样能够找到，怎样可以更好地去接近或了解他们？当然也可以思考到能够结识与你类似的人的场所，比如医院。然后，你可以去那些场所活动，并训练观察与沟通能力，设定具体的运动计划。

3. 行为改变障碍的背景分析　行为改变遇到阻力，广义上讲，都与行为发生的背景有关。给予刺激(行为指导或行为计划等)，患者不一定会行动。这是因为，行动发生的背景不足以支持刺激的效应；患者冲突的核心问题所发生的背景中存在其他潜藏的重要问题没有被识别；病态行为仍然具有重要的存在背景，或仍然受到某种隐藏的强化或处罚的影响；对健康行为的隐藏条件或背景识别不到位；缺乏改变行为背景条件的积极行动；缺乏获得强化的技巧或无法获取正强化；治疗关系作为背景条件也可能存在问题；治疗师、患者及重要关系人是否卷入了更大的冲突背景等。

需要强调的是，缺乏环境支持，缺乏家人及朋友支持，很可能导致计划活动难以完成。这需要帮助患者不断完善和发展行为/日常活动表，一定要利用行为合同来确保得到他人的帮助。如果患者没有建立行为合同，与患者讨论所遇到的困难。是什么使得获取他人的支持和帮助如此困难？如果觉得找支持性的人困难，就需要启动寻找人际支持的活动。

行为/活动计划推动非常困难的，需要特别进行病症的深入讨论和分析，治疗关系的不断反思，寻找障碍环节。过程中，治疗师也需要不断分析自己的咨询与指导行为以及自身的成长经历与个性特征，与患者行为改变的关系。如果是病症不适合治疗师目前掌握的行为治疗，或者治疗师与患者匹配不当，需要及时转诊。

(九) 行为激励，可视化行为记录与绘制进展图

行为改变与行为促进技术中的另一项关键技术就是行为激励。行为塑形或激活，需要的是行为强化与肯定。这类似于人本主义心理治疗中的无条件关注和爱。行为治疗之所以成功，关键就在于在背景中的积极行为或健康行为能够逐渐增加、壮大和稳定。让健康行为增加，病态行为减少，治疗师与重要关系人的肯定与激励以及患者自身的肯定与激励是必不可少的。行为治疗中做到无条件的肯定和激励，必须建立在对病态行为背景中的健康行为与病态行为评估，而不是以治疗师或重要关系人或所谓的“群体正常标准”的行为背景为基础进行判断。患者的病态行为增加，很大程度上源于患者自己参考他人的行为背景标准，或重要关系人立足于“群体正常标准”甚至“高标准”对患者的行为进行评判与否定。

行为改变需要外部和内部的正强化和激励。行为强化与激励，可以来自患者认可与需要的外部物质、他人的肯定性言语或非言语认同或激励符号、自我的肯定行动或内心想象，当然也来自治疗师的激励、肯定和认可。最重要的激励是他人和自我互动所带来的社会、心理和物质的

和谐。需要注意的是：不恰当的物质奖励会带来其他的不和谐。治疗过程中，通过治疗师发现，促进患者意识到，患者调动周围关系来发现，或患者主动去创造等方式，来呈现符合患者成长需要的强化与激励。患者自己的发现是非常重要的。激励包含传统行为治疗中的正强化，如代币法、卷计划、晋级法等，但已经超越了传统意义的物化的强化，而呈现出更加灵活的、满足不同需要层次的、更贴近患者价值取向的强化。激励可以通过患者操纵自己的行为而获取。最大的激励来自生活价值的体现、行为与生活价值保持一致、行为与自己的生理心理节律一致、自己与环境越来越和谐，各种社会关系变得尊重而相互支持。

行为改变的初期，行为的激励更多来自环境、重要关系人(包括治疗师)，后期过渡到自然强化和自我奖励，激励需要与个人的深层价值取向一致，而不是与物质需求和感官刺激需求一致。完成每个任务后，促进自己肯定，并体验进步被认可所带来的愉悦感，对于进一步积极行动是重要的。每周或一个阶段结束时，发现进步，发现非预期的进步，可以激励患者进一步完成目标计划。

行为/日常活动监测表、行为等级表、行为活动重要性、愉悦度的量化等均是可直观视觉化的行为记录，可以为治疗评估和分析带来便捷，为激励提供客观的参考。如果根据监测结果将获得的进步绘制进展图，以此评估进展会更有帮助。可以将行为数据通过坐标图反应，比如纵轴(Y轴)上反应行为水平的数据(行为活动的数量、等级、难易度、愉悦度)，横轴(X轴)上以时间(治疗次数)单位。纵轴也可以记录病症出现的频数等。在行为记录与进展图中，行为激励方式(他人与自主激励、具体激励内容)也可以记录其中，从而更有效地促进行为持续改变。

(十) 行为治疗结束，导向自我管理

当行为改变与行为促进进入稳定期时，需要逐渐将行为治疗工作的重点转移到患者自主计划、执行、监测及障碍分析以及自我激励的操作中。治疗师逐渐从结构化的治疗指导模式中淡化出来。如果已经3周达到了某些活动的预期周目标，目标下的行为/活动已经达到或被掌控，那就不需要每周记录它们。

自我管理技术在治疗结束前与治疗结束后的应用非常重要。在行为的诸多影响因素中，提升内部控制对行为的调控，让良性行为稳定而持

久，这是必不可少的。治疗过程中逐渐减少对治疗师的依赖，降低治疗师的外控作用，为患者提供向正常生活的过渡，也为预防问题重现提供早期干预的可能。自我管理要求个体为达成或维持目标而运用各种前面的基本技术和策略，有效地组织和调控自己的行为，关注于个体有能力引导和调控自己的行为。

自我管理过程本身也包括目标设定、自我决策、问题与行为的目标聚焦、计划安排、任务追踪、自我观察与评价、自我控制与自我发展等。重点是自我控制，这可以理解为个体在特定情境下对行为的“主动选择”。为了长期或更大利益而放弃眼前或局部满足，并接受短期的不适、遗憾与失落。

自我控制方法包括：①自我观察；②刺激控制，即通过对行为环境条件的管理或干预以达到控制行为的目的；③实施分配控制，即主动调控行为后果，给予不同程度关注和激励而改变行为。

最终患者会发现其每天活得与自己认可的生活方式相一致，不需刻板地监测及计划生活的细节。当病症有某种反复的表现时，如果能够坚定地按照自己认可的健康、有意义及充实的生活而行动，病症再次出现的可能性将会降低。重要的是无论将来发生什么，我们都能立足生活做出应对，充分利用环境及各种关系支持，即使有些问题在特定条件下无法解决，我们仍能够保持有目的且有意义的生活。

第三部分　注 意 事 项

一、治疗时间和疗程

基本的行为治疗一般由10～15次会谈组成，用于启动行为治疗的基本程序。以成长为目的的行为治疗是没有疗程限制。初期的会谈每次可能需要1个小时，每周1～2次。随着时间的推移，患者变得越来越擅长行为监测、行为计划与执行，会谈可能只需要30分钟，逐渐延长会谈间隔时间，1～2周1次，甚至间隔更久。基本治疗时间跨度至少2～3个月，才能被认为建立了稳定的治疗关系。根据治疗的进展、患者对自我行为管理的胜任，病症好转并稳定后，可以利用间隔更久、时间更短的治疗会谈，包括电话与电子邮件等接触。

二、适应证和禁忌证

治疗适应证：焦虑障碍(广场恐惧症、特定恐惧、社交恐惧症、惊恐障碍、广泛性焦虑障碍)、强迫障碍、进食障碍、创伤后应激障碍、物质依赖、冲动控制障碍、慢性疼痛、抑郁症、精神分裂症、人格障碍等。也包括内科慢性病(如糖尿病、高血压、肥胖症、哮喘等)的辅助行为干预。

治疗禁忌证：①患者排斥行为治疗，依从性差；②急性精神障碍；③具有分离性症状；④冲动攻击或自杀企图明显，而保护性治疗环境缺乏者；⑤躯体健康状况不容许者。

某种程度上讲，行为治疗不受文化程度的限制。对文化程度低的患者，治疗可以简化，评估可以图像化，每日行为观察及行为计划不一定要文字化，增加操作性。对文化程度高者、地位高、权威者，同样可以使用行为治疗，还可以回避认知的冲突，但在制定行为观察计划时可能需要更聚焦于价值取向与价值平衡的行为任务，目标性要求更强。

三、治疗中值得关注的问题

行为治疗的要点是运用功能性分析方式在行为背景中理解行为，鉴别逃避模式，细化健康行为与病态行为，并明确其与环境权变的关系，为借助策略促进外显行为持续改变而建立基础。行为治疗的目标非常明确，就是要消除或消退病态行为，促进与稳定健康行为。因此，治疗干预往往需要超越时间、空间的限制，为了准确评估病态行为的存在环境、依存条件，必要时需要借助多种工具/渠道进行行为评估，涉及日记、照片、摄像，家人、朋友、同学或同事等，甚至恐惧的现场或情境评估与居家评估等。

行为治疗的核心工具就是每日行为/活动监测记录，这就如同画家对纸、墨和笔的依赖一样，关注的所有问题和创造性都体现在每日行为/活动监测记录中，因此可以灵活使用监测记录，而不必固守某些规则限制。需要切记的是：这是了解患者及其行为并激励行为的重要渠道或工具，没有全面的生活评估可能在治疗中受患者与治疗师所处情境的谈话焦点所误导，会谈方向发生偏离。在不断使用监测记录的过程中，患者将会越来越好地、更符合预期地、甚至给人惊喜地创造性使用这一工具。行为治疗实施中，不少的人反感每日行为观察记录，以此拒绝行为治疗。治疗过程中需要克服这一阻抗，建立稳定的治疗关系，相信任何人都会从行为管理中获益。

行为治疗在这里强调其作为独立的治疗方法对病症的治疗。实际应用中，许多学派和治疗方法都会不同程度地使用行为疗法的某些技术(比如每日行为监测，行为等级化，行为计划等)，将行为治疗的许多技术融入其中；另外许多具体行为治疗技术聚焦处理某些病症或异常行为也有很明显的效果。但是，行为治疗需要取得系统而长期的效果，就必须对行为改变与行为促进技术进行完善与发展，而不是孤立地使用具体行为治疗技术，过于聚焦于病态行为。

行为治疗中的关系有别于其他心理治疗关系。行为治疗师在治疗过程中，可能需要与患者签订行为治疗协议，尽力协助患者达到治疗目标。必要时，治疗师需要进入患者实际生活环境观察，还可能借助摄像录音器具等对病态行为及环境条件进行记录和分析。这些对心理治疗师提出了更高的伦理要求，同时也要求法律对患者与治疗师给予规则上的约束与保护。

(张 骏)

参 考 文 献

施琪嘉. 2006. 心理治疗理论与实践. 北京：中国医药科技出版社.

史蒂文·C. 海斯, 维多利亚·M. 福利特, 玛莎·M.莱恩汉,等. 2010. 正念与接受：认知行为疗法第三浪潮. 叶红苹译. 上海：东方出版中心.

松原达哉. 2008. 生活分析的心理咨询:理论与技法. 樊富珉,吉沅洪译. 北京：中国轻工业出版社.

西格尔. 2008. 抑郁症的内观认知疗法. 刘兴华译. 北京：世界图书出版公司.

张亚林. 1999. 行为疗法. 贵阳：贵州人民出版社.

Hayes SC, Barnes-Holmes D, Roche B. 2001. Relational Frame Theory: A Post-Skinnerian account of human language and cognition. New York: Plenum Press.

Hayes SC, Luoma JB, Bond FW, et al. 2006. Acceptance and Commitment Therapy: Model, processes and outcomes. Behaviour Research and Therapy, 44 (1): 1–25.

Hopko DR, Lejuez CW, Lepage JP, et al. 2004. A Brief Behavioral Activation Treatment for Depression.

Behavior Modification, 27 (4): 458–469.
Jacobson NS, Martell CR, Dimidjian S. 2001. Behavioral activation for depression:Returning to contextual roots. Clinical Psychology: Science and Practice, 8: 255–270.

附录 1

每日行为/生活记录表

全天总体心情评分(0～10)

时间	活动	享受度	重要度
月　日			
6～7am			
7～8am			
8～9am			
9～10am			
10～11am			
11～12am			
12～1pm			
1～2pm			
2～3pm			
3～4pm			
4～5pm			
5～6pm			
6～7pm			
7～8pm			
8～9pm			
9～10pm			

附录 2

行 为 合 同

你需要他人帮助的活动是：______________________________

能够帮助你的人是：

他/她能够以什么样的方式帮助你？

1. ______________________________
2. ______________________________
3. ______________________________

能够帮助你的人是：

他/她能够以什么样的方式帮助你？

1. ______________________________
2. ______________________________
3. ______________________________

能够帮助你的人是：

他/她能够以什么样的方式帮助你？

1. ______________________________
2. ______________________________
3. ______________________________

附录 3

活动清单

1. 改善家庭关系：作为兄弟/姐妹、儿子/女儿、父亲/母亲、伴侣等，重要的家庭关系中，你希望呈现/获得什么样的关系状态？

目标	重要度	愉悦度
活动 1		
活动 2		
活动 3		
活动 4		
活动 5		

目标	重要度	愉悦度
活动 1		
活动 2		
活动 3		
活动 4		
活动 5		

目标	重要度	愉悦度
活动 1		
活动 2		
活动 3		
活动 4		
活动 5		

2. 改善社会关系：在亲属、朋友、邻里、职业、学习、服务等社会关系中，你希望呈现/获得出什么样的关系？

目标	重要度	愉悦度
活动 1		
活动 2		
活动 3		
活动 4		
活动 5		

目标	重要度	愉悦度
活动 1		
活动 2		
活动 3		
活动 4		
活动 5		

目标	重要度	愉悦度
活动 1		
活动 2		
活动 3		
活动 4		
活动 5		

3. 改善躯体与心理健康：你希望在你的躯体健康和心理健康中，通过你的努力呈现/获得什么样的状态？饮食、睡眠、运动等的位置？

目标	重要度	愉悦度
活动 1		
活动 2		
活动 3		
活动 4		
活动 5		

目标	重要度	愉悦度
活动 1		
活动 2		
活动 3		
活动 4		
活动 5		

目标	重要度	愉悦度
活动 1		
活动 2		
活动 3		
活动 4		
活动 5		

4. 改善嗜好/娱乐：你希望发展哪些嗜好/娱乐，并最终呈现/获得什么样的状态？

目标	重要度	愉悦度
活动 1		
活动 2		
活动 3		
活动 4		
活动 5		

目标	重要度	愉悦度
活动 1		
活动 2		
活动 3		
活动 4		
活动 5		

目标	重要度	愉悦度
活动 1		
活动 2		
活动 3		
活动 4		
活动 5		

5. 改善日常生活责任：你希望在你的日常生活中，胜任哪些日常事务/基本规则，展示出生活的责任感？

目标	重要度	愉悦度
活动 1		
活动 2		
活动 3		
活动 4		
活动 5		

目标	重要度	愉悦度
活动 1		
活动 2		
活动 3		
活动 4		
活动 5		

目标	重要度	愉悦度
活动 1		
活动 2		
活动 3		
活动 4		
活动 5		

6. 提升精神/信仰：在人生的挫折和矛盾中，你希望在哪些品质上提升你的精神修养？甚至提升你的精神信仰？

目标	重要度	愉悦度
活动 1		
活动 2		
活动 3		
活动 4		
活动 5		

目标	重要度	愉悦度
活动 1		
活动 2		
活动 3		
活动 4		
活动 5		

目标	重要度	愉悦度
活动 1		
活动 2		
活动 3		
活动 4		
活动 5		

7. 改善职业/事业：你希望在你的职业/事业中，通过你的努力呈现/获得什么样的状态？

目标	重要度	愉悦度
活动 1		
活动 2		
活动 3		
活动 4		
活动 5		

目标	重要度	愉悦度
活动 1		
活动 2		
活动 3		
活动 4		
活动 5		

目标	重要度	愉悦度
活动 1		
活动 2		
活动 3		
活动 4		
活动 5		

8. 改善教育/培训：你希望接受哪些方面的学习/教育/培训，并最终呈现/获得什么样的状态？

目标	重要度	愉悦度
活动 1		
活动 2		
活动 3		
活动 4		
活动 5		

目标	重要度	愉悦度
活动 1		
活动 2		
活动 3		
活动 4		
活动 5		

目标	重要度	愉悦度
活动 1		
活动 2		
活动 3		
活动 4		
活动 5		

附录 4

计划行为的选择与排序表

说明：根据目标行为或生活的不同领域，列出你计划执行的行为或活动(不超过15 项)，根据行为/活动的困难度排序，1为最容易，15为最困难。根据你的排序，在以后的生活或治疗中，有计划地加入你的行为计划中进行实践。可以1～2周、甚至3～4周进行重新计划。

行 为/活 动	排 序

第五章 认知疗法

第一部分 基本理论

一、概　　述

认知疗法(cognitive therapy)于20世纪六七十年代在美国产生，其基本观点是：认知过程是行为和情感的中介；适应不良行为和情感与适应不良性认知有关。治疗师的任务就是与患者共同找出这些适应不良性认知，并通过认知和行为技术来改变患者的不良认知，使患者的认识更接近现实和实际，从而使患者的心理障碍逐步好转的心理治疗方法。它不是某一种疗法，而是多种具有相似性的心理疗法的总称，它指的是用解说和指导的方式，纠正患者对人、对事、对己的错误思想和观念。

“认知”是指一个人对一件事或某对象的认知和看法，对自己的看法，对人的想法，对环境的认识和对事的见解等。包括感觉、知觉、记忆、想象、思维和语言等心理过程。从信息加工角度来说，人脑接受外界输入的信息，经过加工处理，转换成内在的心理活动，进而支配人的行为，这个信息加工的过程就是认知过程。认知加上情感(情绪)、意志，构成人心理活动的三大部分。

有文章指出，认知疗法的理论基础是阿龙·贝克提出的情绪障碍认知理论。认知理论的出发点在于确认思想和信念是情绪状态和行为表现的原因。贝克认为：心理问题“不一定都是由神秘的、不可抗拒的力量所产生，相反，它可以从平常的事件中产生，如错误的学习，依据片面的或不正确的信息做出错误的推论，以及不能妥善地区分现实与理想之间的差别等”。他提出，“每个人的情感和行为在很大程度上是由其自身认识世界、处世的方式或方法决定的，也就是说，一个人的思想决定了他内心体验和反应。”例如：同样的一所医院，小孩可能依自己的认识和经验，把它看成是一个可怕的场所，不小心就会被打针；一般人会看成是救死扶伤之地、可帮其减轻痛苦；而有些老年人则可能把医院看成是进入坟墓之门。所以，关键不在医院客观上是什么，而是被不同的人认知或看成不同的认知，就会滋生不同的情绪，从而影响人的行为反应。以轻性抑郁症而言，就有许多常见的错误信念，这些信念恰使患者的抑郁症状加重和延长。例如，对日常事件的错误解释：因友人没有和患者打招呼，便相信这是因为朋友们恨他；再如，做出过分的推论：一位女患者有一次做菜做得不太好，她的推论是自己是个坏主妇或坏母亲。

认知疗法主要着眼点放在患者非功能性的认知问题上，试图通过改变患者对己、对人或对事的看法与态度来改变其所呈现的心理问题。正如认知疗法的主要代表人物贝克(A.T.Beck)所说："适应不良的行为与情绪，都源于适应不良的认知。"因此，认知疗法的策略在于重新构建认知结构，重新评价自己，重建对自己的信心，更改认为自己"不好"的认知。

二、认知疗法的产生、分类及重要代表人物

(一) 认知疗法产生的背景

行为治疗在20世纪五六十年代于治疗惊恐障碍及焦虑症方面得到不错的疗效，但对于抑郁症方面，疗效仍然有限。传统的行为治疗只着眼于外显的行为，刻意去消除那些适应不良行为，精心去塑造那些健康正常的行为，至于促使这些行为变化的个体的内部动机常常不予顾及。但事实上许多适应不良行为都与情绪的变化有关，而任何行为或情绪归根结底都受思维过程的控制。传统的行为治疗学者开始了解到认知在治疗中的重要性，斯金纳的黑箱理论时代渐成过去，心理学也开始踏入了认知心理学的年代。

在20世纪60年代，美国精神病学家艾里斯(Albert Ellis)及贝克(Aaron Beck)等都认为认知过程是情绪与行为的决定因素。强调情绪和行为的产生依赖于个体对环境情况的评价。而这种评价又直接来源于个体的认知观念。认知疗法就是通过改变人的认知过程、改变人的观念来纠正患者的情绪和行为。治疗时，着眼于患者的错误认知，而不单单针对其异常

的情绪和行为。一个人的认知决定了他的情绪是焦虑或是愤怒，他的行为是攻击或是逃跑。长期处于应激状态，个体容易出现极端的、绝对的、单向的判断，产生错误的认知，继而出现负性的情绪和行为。认知疗法往往要透过患者的不良情绪和不良行为，去寻找产生它们的不良认知。然后将这些不良认知在实际生活中加以检验，以证实其是错误的，再以正确的认知替换之。从而消除患者的不良情绪与不良行为，使之更好地适应环境。认知疗法好比是“釜底抽薪”，而不是行为治疗的“扬汤止沸”，因此很快发展成为一门学派。

认知行为治疗有3个主要进化期：①行为治疗(behavior therapy)，1950~1970年；②认知疗法(cognitive therapy)，1960~1980年；③认知行为治疗(cognitive behavior therapy，CBT)，1980年后至今。

(二) 认知疗法的主要疗法

1. Ellis 理性情绪行为疗法(rational emotive behavior therapy，REBT) 这一疗法是由 A.Ellis 在 20 世纪 50 年代末提出的合理情绪疗法发展而来。其基本观点是一切错误的思考方式或不合理信念是心理障碍、情绪和行为问题的症结。他认为人有趋向于成长和自我实现的内在倾向，同时也具有非理性的不利于生存发展的生活态度倾向，而且 Ellis 更强调后一种倾向。他认为正是这种非理性的生活态度导致心理失调。

Ellis 将人类常见的非理性信念归纳为以下几种：①倾向于进行畸形的思维(如强迫思维)；②倾向于受暗示影响；③倾向于过度概括化，即以偏概全；④倾向于要求尽善尽美，认为不是完美的就是无用的；⑤倾向于对他人的过分要求；⑥倾向于追求绝对化、肯定化，不能忍受不确定性；⑦倾向于夸大负性事件的危害性；⑧倾向于自暴自弃；⑨倾向于自我贬低；⑩倾向于过分关注自身机体的变化。Ellis 认为，不合理的认知和信念引起不良的情绪和行为反应，只有通过疏导、辩论来改变和重建不合理的认知与信念，才能达到治疗目的。

Ellis 从不合理信念中的“必须”出发找出了他认为经常会导致情绪障碍的三种思维方式：

(1) 糟糕透顶(awfulizing)：如我没做得像我必须做到得那样好，这真是糟透了！

(2) 我简直无法忍受(I can’t stand it!)：如我受不了这个，没法忍受这种事发生在我头上，这是根本就不应该发生的！

(3) 一钱不值(worthlessness)：如果我没能做得像我必须做得那么好；没赢得我必须赢得的赞赏，那我就是毫无价值的人！

这三种思维方式都是从人们对事物绝对化的要求产生出来的，常使人陷入负的极端的情绪之中而难以自拔。

Ellis 将以上观点概括称之为 ABC 人格理论，ABC 人格理论是理性情绪行为治疗理论的精华所在。A 代表诱发事件(activating events)；B 代表信念(beliefs)是指人对 A 的信念、认知、评价或看法；C 代表结果即症状(consequences)。Ellis 认为并非诱发事件 A 直接引起症状 C，A 与 C 之间还有中介因素在起作用，这个中介因素是人对 A 的信念、认知、评价或看法，即是信念 B。Ellis 认为人极少能够纯粹客观地知觉经验 A，总是带着或根据大量的已有信念、期待、价值观、意愿、欲求、动机、偏好等来经验 A。因此，对 A 的经验总是主观的、因人而异的。同样的，A 在不同的人会引起不同的 C，主要是因为他们的信念有差别，即 B 不同。例如，对一幅抽象派的绘画；有人看了非常欣赏，产生愉快的反应；有人看了感到这只是一些无意义的线条和颜色，既不产生愉快感，也不厌恶。画是激发事件 A，但引起的反应 C 各异，这是由于人们对画的认知评估 B 不同所致。换言之，事件本身的刺激情境并非引起情绪反应的直接原因。个人对刺激情境的认知解释和评价才是引起情绪反应的直接原因。这一理论不但说明了人类情绪及困扰的原因，也阐释了消弭情绪及行为困扰的心理治疗之道。

Ellis 的 ABC 人格理论后来又进一步发展，增加了 D 和 E 两部分，将治疗中有关因素归纳为 ABCDE，D(disputing) 指对非理论信念的干预和抵制；E(effective)指导有效的理性信念或适当的情感行为替代非理性信念、异常的情感和行为。D 和 E 是影响 ABC 的重要因素，对异常行为的转归起着重要的影响作用。是对 ABC 人格理论的重要补充。 Ellis 认为事件(A)本身并非是情绪反应或行为后果(C)之原因，反而人们对事件的非理性信念(B)(想法看法或解释)才是真正原因所在。因此要改善人之不好的情绪及行为，就要劝导干预(D)非理性观念的发生与存在，而待之以理性的观念。等到劝导干预产生了效果(E)人们就会产生正向情绪及行为，心里的困扰因而消除或减弱，人也会有愉悦充实的新感觉(F，new feeling)。

Ellis 理性情绪治疗的实施具体见下：

(1) 治疗目标：在理性情绪行为治疗法里采用的许多方法都是为了达到一个主要目标：培养更实际的生活哲学，减少当事人的情绪困扰与自我挫败的行为。也就是减低因生活中的错误而责备自己或别人的倾向(消极目标)，及教导当事人如何有效处理未来的困难(积极目标)。此外还要培养当事人有下列具体特质：自我兴趣(self-interest)；社会兴趣(social interest)；自我引导(self-direction)；容忍(tolerance)；弹性(flexibility)；接纳不确定性(acceptance of uncertainty)；科学化思考(scientific thinking)；自我接纳(self-acceptance)；敢于冒险(risk taking)；非空想主义者(nonutopianism)及自我负责(self-responsibility)。

(2) 治疗过程：理性情绪行为治疗在过程中大致可分为四个阶段。

第一阶段(解说阶段)：对当事人说明其问题是因非理性观念所致。向当事人解释说明理性情感治疗的基础，说明认知与情感之间的关系，非理性情感不适或异常行为的联系。

第二阶段(证明阶段)：对当事人证明其情绪困扰一直存在乃因其继续存有不合逻辑的思考所致，并找出此非理性观念。

第三阶段(放弃阶段)：以诘难挑战的方式使当事人修正或放弃非理性想法。

第四阶段(重建阶段)：鼓励并教导当事人建立更合理的生活哲学。

(3) 治疗技术：理性情绪行为治疗者使用多模式的整合式治疗法，并使用各种不同的认知情绪与行为技术，并且依当事人情形而定。

1) 认知技术：诘难非理性观念、认知的家庭作业、改变自我告知内容、幽默的作用。

2) 情绪技术：理性情绪想象法、角色扮演、羞耻攻击法(shame attacking)、强力与气势的使用。

3) 行为技术：操作制约、自我管理原则、系统减敏感法、松弛技术、示范。

(4) 治疗者的功能与角色：Ellis 曾提出 7 项可以成为更有效的咨询师的基本条件，①智慧；②治疗的知识；③同理心；④坚忍性；⑤助人的兴趣；⑥科学的见识；⑦接受过理性情绪治疗。在理性情绪行为治疗中温暖并不是最重要的，治疗者的功能是当一位导师，而当事人是一个学生。

(5) 治疗特色

1) 强调认知，主张以理性克服非理性；

2) 强调指导，且是直接、迅速地指导；

3) 强调此时此地的经验；

4) 强调面对事实，确定自我负责；

5) 强调实际操作，消除不适行为，建立适应行为；

6) 强调治疗者主动的精神。

2. 贝克的认知疗法　贝克于20世纪70年代创立了Beck认知疗法。认知疗法根据认知过程影响情感和行为的理论假设提出其基本治疗理念。异常的认知产生了异常的情绪及行为。认知是情感和行为的中介，情感问题和行为问题与歪曲的认知有关。由于适应不良性认知被矫正，将导致心理障碍的好转。在实际的治疗中，贝克还特别重视求助者的潜能。他强调，治疗师应注意引导求助者去充分调动和发挥自身潜在能力，对自己的认知过程进行反省，发现自己的问题并主动加以改变。因为贝克认为求助者是在某个特定问题上错误使用共同感受这一工具，并非整个认知系统遭破坏，在这个特定问题之外，他们仍可能有正常的认知功能。

(1) 贝克认知疗法理论中的几个重要概念包括：图式、共同感受、自动化思维及规则。

1) 图式：指过去经验中有组织的知识构形，人们用它来解释新的经验。它是从儿时开始建立起来的一种比较稳定的心理特征，是决定对自我和对外部世界如何知觉和编码的内部心理模型。

2) 共同感受：就是指人们用以解决日常生活问题的工具。它常以问题解决的形式出现，包括从外界获取信息、结合已有的经验、提出问题和假设、进行推理、得出结论并加以验证等一系列过程。

3) 自动化思维：是介于外部刺激事件与个体对事件的情绪反应之间的想法。由于它们总是自动出现在头脑当中，使得人们的许多判断、推理像是一些模糊的、跳跃的自动化反应。

4) 规则：是指个体在成长过程中习得的社会认可的行为准则，人们据此评价过去、指导现在和预测未来。

贝克认为如果个体不能正确使用共同感受这一工具来处理日常生活中的问题，或是对自己的自动化思维中某些错误观念不能加以内省，或是过分按规则行事，无论哪种情况，都会造成认知歪曲，产生不良的情绪和不适应的行为问题。

(2) 贝克指出了下列被称作由于认知歪曲而导致错误假设与误解的系统推理错误。

1) 主观推断：没有支持性的或相关的根据就做出结论，包括“灾难化”，或在大部分情境中都想到最糟糕的情况的结果。例如，高考失败——我就完了。这是一种主观的，根据自己的原则判断的推断。

2) 选择性概括：仅根据对一个事件某一方面细节的了解就形成结论。其他信息被忽略，并且整个背景的重要性也被忽略，里面包含的假设是那些与失败和剥夺有关的事件才是重要的。例如，情人节，丈夫没有给自己送花，就认为丈夫不爱自己。其实那天丈夫正忙着给她挣钱呢。她收集的信息仅仅是丈夫没有送花，而忽视了其他的信息。

3) 过度概括：由一个偶然事件而得出一种极端信念并将之不适当的应用于不相似的事件或情境中。例如，早晨上班见到老板，发现老板阴沉着脸，就以为老板对自己有意见。把偶然遇到的事情概括化。

4) 夸大和缩小：用一种比实际大或小的意义来感知一个事件或情境。例如，把很多小的事情，赋予了很大或很小的意义：找不到工作我就完了。

5) 贴标签和错贴标签：如我是一个很笨的人。

6) 极端思维：用全有和全无、非白即黑的方式来思考和解释，或者按不是就是两个极端来对经验进行分类。

3. 自我指导训练(self-instructional training) 由梅肯鲍姆(Meichenbaum)在 20 世纪 70 年代提出，逐渐发展为现在的认知行为矫正法，基本上是认知重建的一种形式，主要在改变当事人的自我言语。Meichenbaum 认为人的行为和情绪由自我指令性语言控制，而自我指令性语言在儿童时代就已经内化，虽在成人期意识不到，但仍在控制人类的行为和情绪。如果自我指令性语言在形成过程中有误，则会产生情绪障碍和适应不良行为。Meichenbaum 认为消极的内部语言是产生和影响行为失调的重要因素，并指出通过矫正消极的内部语言，用正面的，积极的自我对话可达到矫正异常行为或心理障碍的目的。因此，治疗包括学习新的自我指令、使用想象技术来解决问题或现场示范指导等。主要用于治疗儿童注意缺陷障碍(儿童多动症)、冲动儿童、精神分裂症患者等。

治疗的基本原则方法：

(1) 训练患者识别和意识到不适应的思维(内心的自我陈述)。

(2) 治疗和示范适当的行为，同时用言语表达有效的行动策略，包括对任务要求的评估，自我指导循序渐进的作业，强调个人适应性和战胜克服困难的自我陈述对于成功行为的内在自我强化。

(3) 患者在克服目标行为的同时大声用言语自我指导，此后进一步在内心重复强化，治疗者在这一过程中给予反馈，确保用积极的解决问题的自我对话替代先前异常行为有关的产生焦虑的认知活动和自我对话。

4. 应对技巧训练(coping skills training)　又称为系统理论重建法，由 Goldfried 在 20 世纪 70 年代提出，主要是让患者通过在想象过程中不断递增恐怖事件，以学会调节焦虑和处置焦虑，其中保持身心的放松同系统脱敏类似，但不同之处在于它有想象应对的成分，主要适用于焦虑障碍患者的治疗。

5. 隐匿示范(covert modeling)　由 J.R.Cautela 在 20 世纪 70 年代初提出，基本原理是想象演练靶行为，让患者预先了解事情的结果和训练其情感反应，以产生对应激情境的适应能力，对恐惧症患者疗效较满意。

6. 问题解决技术(problem-solving)　倡导者有 D'Zurilla、Goldfried 等。基本设想是，有情绪异常的人，往往缺乏解决问题的能力，较难选择情境的行为反应。因此他们常常是适应不良的，不能准确地预测自己行为的后果。基本方法是学习如何确定问题，然后将一个生活问题分解为若干能够处理的小问题，思考可能的解决答案，并挑选出最佳的解决办法。主要用于治疗情绪障碍的儿童、有破坏行为的儿童，以及某些精神病患者。

7. 认知分析治疗　认知分析治疗是在认知疗法的基础上借鉴和应用精神分析性治疗的方法，主要为 Ryle 的认知分析治疗，其理论和实践以认知程序分析框架为基础，整合了人际关系理论和客体关系理论，用平实的教育模式来理解患者、改变患者。

8. 中国道家认知疗法　张亚林、杨德森等基于中国道家哲学的处世养生之道，结合现代心理治疗的方法学而创立的具有中国特色的心理治疗方法。它主要是通过改变个体的认知观念和应对方式来达到调节负性情绪、矫正不适行为和防病治病的目的。

第二部分 基 本 操 作

一、认知疗法的治疗目标

认知疗法可以达到这样几个目的：

(1) 减轻和缓解症状。

(2) 恢复正常心理社会和工作功能。

(3) 预防复发。

(4) 改善对服药的依从性。

(5) 矫正继发后果(如婚姻不睦、自卑等)。

二、认知疗法一般分为四个治疗过程

1. 建立求助的动机 于此过程中，要认识适应不良的认知-情感-行为类型。患者和治疗师对其问题达成认知解释上的统一；对不良表现给予解释并且估计矫正所能达到的预期结果。例如，可让患者自我监测思维、情感和行为，治疗师给予指导、说明和认知示范等。

2. 适应不良性认知的矫正 于此过程中，要使患者发展新的认知和行为来替代适应不良的认知和行为。例如，治疗师指导患者广泛应用新的认知和行为。

3. 用新的认知对抗原有的认知 在处理日常生活问题的过程中培养观念的竞争，在此过程中，要让患者练习将新的认知模式用到社会情境之中，取代原有的认知模式。例如，可使患者先用想象方式来练习处理问题或模拟一定的情境或在一定条件下让患者以实际经历进行训练。

4. 改变有关自我的认知 在此过程中，作为新认知和训练的结果，要求患者重新评价自我效能以及自我在处理认识和情境中的作用。例如，在练习过程中，让患者自我监察行为和认知。

三、会 谈 结 构

认知疗法师的主要手段是使治疗师和患者都了解治疗过程，治疗师也应尽可能寻找最有效的治疗方法来帮助患者。只有采用一个标准的格式，才能促使这一目标的实现。当患者知道他能够得到的结果，并对治疗有清晰准确的期望时，清楚地了解他和治疗师的各自的责任后，多数患者会感到舒服而踏实。CBT 的一个重要的目标是让治疗师和患者都能理解治疗的过程。这可以通过在第一次治疗时花时间向患者解释 CBT，以及设定结构和适当的期望来实现。

(一) 单次认知会谈的基本要素

(1) 当前的概况(包括心境评定和药物依赖性检查)。
(2) 连接上次会谈。
(3) 日程设置。
(4) 家庭作业的复习。
(5) 问题讨论。
(6) 布置新的家庭作业。
(7) 概括和反馈。

(二) 第一次会谈

1. 第一次会谈的目标

(1) 建立信任和情感联系。
(2) 使患者熟悉 CBT，愿意与治疗师交流，并愿意进行认知疗法。
(3) 教育患者认识他的心理障碍、认知模式和治疗过程，进行有关 CBT 的教育。
(4) 使患者的问题/困难正常化并灌输希望。
(5) 激发患者对治疗的正确期望。
(6) 收集患者的其他问题/困难及有关情况。
(7) 应用这些资料建立一个目标清单。

2. 第一次会谈的具体操作任务

(1) 设定疗程(解释治疗原理)：解释治疗原理可使患者清楚了解治疗原

理及过程，使患者积极参与治疗。日程不明确经常导致一些不必要的会谈。

(2) 进行心境检查，包括客观量表评估(如自评量表，Beck 抑郁问卷等)。

(3) 简单复习目前的问题，获得一个当前概要(依照评估结果)。

(4) 了解问题，确定目标(如果可能让患者把特定的目标写下来)。

(5) 对患者进行有关 CBT 的教育［介绍认知模式，功能失调性思维记录表(DTR，见表 5-5)，等］。

表5-1 常用的认知矫正技术

引出自动性想法
直接提问
“循循善诱”或启发式提问
在患者出现强烈情绪反应时询问
心理想象
角色扮演
注意在身体紧张或惊恐感觉刚出现时的想法
了解事件的含义
记录负性想法
布置行为作业
记录心境的变化及自动想法
确定逻辑错误(基本图式)
从特殊的事件中得出一般性规律(或原则)
注意“口头禅”
挑出患者在交谈中所讲的“我应该……”
注意患者言谈中的言外之意
应用功能失调性态度表
应用“盘根追问”(downwards arrow)技术或“苏格拉底式”逻辑提问
纠正自动性想法
验证支持和反对的证据
用另一种解释来替代
确定每一种解释的现实可能性
收集资料

续表

分散或转移对解释的注意力
使用重新确立的术语
重新归因
角色扮演
应用功能失调性态度表
矫正不良的信念或认知图式
列出每一想法的优缺点
检验支持和反对的证据
练习“步步紧逼”技术来拮抗争议
自我控制或监察
反应预防，真实性检验

(6) 激发患者对治疗的期望(讨论治疗的时间；和患者一起做决定)。

(7) 使患者了解他的障碍(避免使用术语，要使障碍正常化，可以使用比喻、寓言、故事等)。

(8) 布置家庭作业(如识别自动想法，观看有关影像，阅读有关资料等)。

(9) 对治疗做总结(使用患者的记录)。

(10) 引出反馈(在做出调整上保持灵活；对患者的感受保持敏感；抓住每次机会加强治疗联盟)。

3. 首次治疗的注意事项　在描述每一会谈要素之前，有些问题需引起高度重视。如果患者绝望和想自杀，第一次会谈(或任一会谈)的目的和格式应修订，分析患者自杀意念的程度，发掘使患者绝望的原因及绝望的程度是极其重要的。当患者处于被他人伤害或有潜在的伤害他人的危险时，危机干预也应优先进行。然后，再开始认知疗法。如果患者正服用治疗心理问题的药物，或滥用酒精或成瘾物质，治疗师也应将这些相关问题纳入日程。

建立良好的关系在整个治疗过程中都是非常重要的，尤其在首次治疗中须表达对患者的关心。罗杰斯的三种态度非常关键(真诚，共情和无条件积极关注)。在每次治疗结束询问反馈以帮助消除任何对治疗的误解，与患者建立合作性的伙伴关系。首次治疗需要发展出坚实的治疗联盟，鼓励患者和治疗师一起努力来完成治疗目标。坚强的联盟会给予患者希望感，他们更可能回到治疗中来。合作的方式可以赋予患者力量，患者更有可能以努力的工作取得进步。

(三) 第二次会谈及其他会谈的结构与格式

第二次会谈，治疗师的主要目的是帮助患者集中于一个主要问题或治疗目标，开始解决问题，加强对认知模式和自动思维的确认。促进患者与治疗师合作进行工作，促使患者按照认知模式开始看待他过去和现在的经验，对治疗师提供反馈等。

1. 第二次会谈的典型结构

(1) 目前状态和心境检查(如果合适，应检查用药、酒精或药物滥用的情况)。

(2) 检查心境评估上的任何变化，询问患者的解释。

(3) 强化认知模式，重点放在自动想法上。

(4) 寻找重要的积极或消极的变化。

(5) 如果患者在服药，检测药物的疗效。

(6) 肯定患者在家庭作业上的努力。

2. 与上次会谈的联系

(1) 检查患者对前次治疗的看法和理解，承前启后。

(2) 如果需要，使用治疗连接工作表。

(3) 有用的问题："接下来的一个礼拜你能做什么可以让你更好地记住我今天讨论的内容？"

3. 日程设置　在早期会谈，治疗师应对日程设置更多的责任，然后将责任逐渐转交给患者。

(1) 随着治疗的进展，制订计划的责任逐步地由治疗师转向患者。

(2) 询问："你今天想要讨论什么问题？"

(3) 如果议程上有太多项目，治疗师和患者应该一起工作来选择哪些项目应该优先考虑。

(4) 只要治疗师和患者都同意，具有创造性和灵活性以及偏离议程都是可以的。

4. 家庭作业的复习

(1) 做家庭作业的患者要比不做的患者表现出更大进步。

(2) 评估家庭作业帮助强化这种行为，因此加快进步的速度。

(3) 如果可能的话，尝试评估所有的家庭作业，也可以把它与当时的临床问题讨论整合在一起。

5. 日程问题讨论新家庭作业的安排和阶段总结

(1) 把话题与患者的目标联系起来。

(2) 强化新的认知模式。

(3) 坚持教患者识别他们的自动想法。

(4) 开始评价他们的自动想法。

(5) 帮助缓解一些症状(问题解决)。

(6) 给予定期的总结：定期的总结分为两种类型，①通过使用患者自己特定的言语对他们的陈述做简要总结(准确的反馈)；②在治疗结束时的简要的总结。注意：治疗师应当避免在最后总结时激起让患者痛苦的想法。宜使患者以一个良好的心理状态离开治疗。

(7) 设定现实的目标(挫折是正常的)。

(8) 通过准确的理解和共情保持和建立良好治疗关系。

6. 最后的总结和反馈　以上成分是相互交织的，可以根据具体情况的需要灵活应用。第二次会谈所使用的格式，可以在今后的会谈中重复使用。

(四) 第三次和以后的治疗

(1) 随着治疗的进展，患者在治疗中会逐渐地承担更多的责任。治疗的焦点将从自动想法本身转移到自动想法和潜在的信念两者上。

(2) 治疗师强调更多的行为改变和发展新的技能(技能培养)。

(3) 为了做计划和准备，治疗师定期地复习治疗记录。

(4) 接近治疗结束，治疗师帮助患者做好结束治疗以及预防复发的准备。

(五) 结束治疗需要做的工作

总结治疗过程，回顾哪些方法起作用？未来如果再次遇到问题，应如何做？

四、基本技术

根据贝克1985年归纳的认知疗法基本技术，共有下述6种。

1. 识别自动性想法(identifying automatic thoughts) 自动性想法是介于外部事件与个体对事件的不良情绪反应之间的那些思想，大多数患者并不能意识到在不愉快情绪之前会存在着这些想法。这些想法已经构成他们思考方式的一部分。患者在认识过程中首先要学会识别自动性想法，尤其是识别那些在愤怒、悲现和焦虑等情绪之前出现的特殊想法。治疗时治疗师可以采用提问、指导患者想象或角色扮演来发掘和识别自动性想法。

2. 识别认知性错误(identifying cognitive errors) 焦虑和抑郁患者往往采用消极的方式来看待和处理一切事物，他们的观点往往与现实大相径庭，并带有悲观色彩。一般来说，患者特别容易犯概念或抽象性错误，基本的认知错误有：任意推断、选择性概括、过度引申、夸大或缩小、全或无思维。大多数患者一般比较容易学会识别自动性想法，但要他们识别认知错误却相当困难，因为有些认知错误相当难评价。因此，为了识别认知错误，治疗师应该听取和记下患者诉说的自动性想法以及不同的情景和问题，然后要求患者归纳出一般规律，找出其共性。

3. 真实性检验(reality testing) 识别认知错误以后，接着同患者一起设计严格的真实性检验，即检验并诘难错误信念。这是认知疗法的核心，非此不足以改变患者的认知。在治疗中鼓励患者将其自动性想法作假设看待，并设计一种方法调查、检验这种假设，结果可能发现，95%以上的调查时间里他的这些消极认知和信念是不符实际的。

4. 去注意(decentering) 大多数抑郁和焦虑患者感到他们是人们注意的中心，他们的一言一行都受到他人的“评头论足”，因此，他们一致认为自己是脆弱的、无力的。如某一患者认为自己的服装式样稍有改变，就会引起周围每一个人的注意和非难，治疗计划则要求患者衣着不像以往那样整洁去沿街散步、跑步，然后要求患者记录不良反应发生的次数，结果他发现几乎很少有人会注意自己的言行。

5. 监察苦闷或焦虑水平 许多慢性甚至急性焦虑患者往往认为他们的焦虑会一成不变地存在下去，但实际上，焦虑的发生是波动的。如果人们认识到焦虑有一个开始、高峰和消退过程的话，那么人们就能够比较容易地控制焦虑情绪。因此，鼓励患者对自己的焦虑水平进行自我检测(monitoring distress or anxiety level)，促使患者认识焦虑波动的特点，增强抵抗焦虑的信心，是认知疗法的一项常用手段。

6. 认知自控法(self-control of cognition)　指导或教会患者在焦虑紧张或恐惧时对自己讲“SWAP”。SWAP是“停下来”(stop, s)、“等一下”(wait, w)、“专心注意”(absorb, a)于周围环境，以及当感到比较舒服后再慢慢“向前继续”(proceed, p)的4个英文单词的缩写。

由于治疗方法的发展，认知矫正技术已从过去简单地识别自动性想法、检验自动性想法等技术发展到数十种肯定的心理治疗技术。表5-1简列了目前常用的一些认知矫正技术。需要提及的是新发展起来的认知分析治疗，它的理论假设是将精神和行为活动用程序模型(the procedural sequence model，PSM)来解释，治疗的基本过程为：①明确靶目标(可以是对外部事件的反映)；②检查靶目标与自己观念的一致性；③评估有关境遇、个人情感表现和可能出现的后果；④考虑可能的各种含义及作用并选择最佳可能；⑤行为活动；⑥评估活动的效果；⑦确立或修正认知的过程和目标。

五、认知疗法的一般操作要领，即贝克的10项原则

1. CBT是应用认知行为治疗理论，建立在对患者以及他们的问题的不断发展的假设的基础上的

(1) 当前的功能失调性思考。

(2) 相关的问题行为。

(3) 外在的/促发因素。

(4) 既往事件以及因果解释模式。

2. CBT和每种治疗方法一样，需要建立良好的治疗联盟

(1) 共情。

(2) 无条件积极关注。

(3) 真诚。

(4) 热情/关心。

(5) 可以讨论患者对治疗师的感受。

3. CBT强调合作和积极参与

(1) 治疗是团队合作，治疗师不是一个站的远远的专家，不存在什

么秘密。

(2) 当患者取得进步时，他们在治疗中就会越来越积极，包括选择讨论的话题，识别功能失调性思考，设计家庭作业，等等。

4. CBT 是目标指向的，是关注问题的

(1) 治疗师在初始访谈中明确问题并设定目标。

(2) 通常要评估问题的严重程度，并在以后的时间里进行追踪。

(3) 患者和治疗师在一开始就必须清楚什么样的结果表明成功和应该结束治疗。

5. CBT 从一开始就强调当前

(1) 从关注此时此地的问题开始。

(2) 如果出现以下情况，可以转为关注过去：①患者有这样做的强烈愿望；②关注现在不能取得改善；③治疗师认为需要注意功能失调性思考的发展来源。

6. CBT 是具有教育性的，目的是教育患者成为他们自己的治疗师，强调复发预防

(1) 不存在秘密，让患者知道 CBT 的过程和假设总是有帮助的。

(2) 随着时间的过去，患者就会变成他们自己的 CBT 治疗师。

(3) 这常常包括患者识别他们自己的功能失调性思考，然后设计并完成他们自己的策略性的家庭作业。

7. CBT 是时间限定的

(1) 贝克认为需要 4～14 次治疗，但他也认识到某些患者甚至需要1～2 年。可能 20～25 次治疗对门诊患者精神科治疗需要比较现实。

(2) 治疗开始每周 1 次，但可以转换为 2 周 1 次，以后再每月 1 次。

(3) 在治疗结束以后，可以给予巩固治疗：每 3 个月 1 次，为期 1 年(或更长时间)。

8. CBT 治疗是有结构的(参见前面关于会谈结构的详细讨论)

(1) 心境检查。

(2) 回顾前一周。

(3) 相互合作安排治疗计划(CBT 关键)。

(4) 回顾过去的治疗和家庭作业。

(5) 紧紧围绕治疗计划，总结好的地方。

(6) 安排家庭作业，获取治疗反馈。

当患者好转时，他们会在各个方面起更大的作用。

9. CBT 教育患者识别、评估以及对他们的功能失调性想法和信念做出应对

(1) 苏格拉底式提问。

(2) 合作验证(接受检验)。

(3) 引导性发现(更具指导性)。

(4) 结果不是对一些神秘的问题，如俄狄浦斯情结，获得“内省”，而是以通俗易懂的语言对有问题思维模式获得共同的认识。

10. CBT 使用各种技术来改变想法、心境和行为

(1) 重点和技术根据障碍和个体的不同而不同(创造性的折中主义)。

(2) 广泛性焦虑障碍的治疗重点在于危险的再评价，以及可以用来应对威胁的资源。

(3) 惊恐障碍的治疗重点在于检验和改变患者对躯体和(或)心理感觉的灾性解释。

(4) 厌食症的治疗重点在于改变患者对个人成长以及获得控制感的信念。

(5) 物质滥用的治疗重点在于患者消极的自我信念以及促进/允许关于使用物质的信念。

(6) 分裂症的治疗，与药物治疗结合的辅助治疗，重点在于考虑对精神病性体验的不同的解释。

六、认知疗法的概念化

认知疗法的概念化为治疗师提供了一个理解患者的基本框架。

1. 在开始治疗时，治疗师首先应该问自己

(1) 患者的诊断是什么?

(2) 患者当前的问题是什么? 这些问题是如何产生和发展以及它们是如何维持的?

(3) 与这些问题相关联的功能失调性想法/信念是什么? 和他们的功能失调性思考相联系的反应(情绪的、行为的以及生理上的)是什么?

2. 治疗师假设这些问题是怎样促使患者产生了特殊的心理障碍

(1) 什么样的早期学习和经历(或许遗传的易感性)导致他现在的问题?

(2) 他的信念(包括态度、期望和规则)和思想是什么？

(3) 他是怎样应付他的功能障碍性信念的？他应用什么积极和消极的认知、情感和行为的机制来应付他的功能障碍性信念？他怎样看待自己、他人和他的个人世界和他的未来？

(4) 什么样的压力导致他的心理问题或妨碍了他解决这些问题的能力？

治疗师从第一次与患者接触开始就开始构筑一个认知概念，并不断修正他的概念，直到最后会谈结束。这样系统的、渐进的阐述有助于治疗师提高治疗的效率。

3. 概念化的主要原则　CBT 模式认为患者的症状和问题主要来源于功能失调性思维，而不是来自于情景和环境。因此，如果思维能够被纠正，患者就会改善。

例如，一个认为自己能力不足的人可能就会感到焦虑，可能就不会努力去取得成功，可能就会发展出溃疡。一个认为自己不可爱的人可能感到悲伤，可能会与社会隔离，可能会入睡困难。对于这两种情况，CBT 模式认为，通过心理治疗纠正功能失调性思考将会改善情绪症状，如焦虑或悲伤；改善行为，如做出比较现实的努力，在工作和交友上获得成功；改善躯体健康，如溃疡痊愈，睡眠良好。

4. 当从 CBT 的观点来理解一个患者时治疗师要思考如下的 8 个问题

(1) 患者是怎样患有这种障碍的？

(2) 什么重要的生活体验、事件以及相互作用与此有关？

(3) 患者关于自我、他人以及这个世界的最基本的信念(核心信念)是什么？

(4) 患者的假设、期望、规则和态度(过渡/中间信念)是什么？

(5) 在生活中，患者已经用来应对这些消极信念的策略是什么？

(6) 哪些自动思维、想象和行为使得这种障碍持续存在？

(7) 患者的信念如何与生活情境相互作用，使得他们容易患这种障碍？

(8) 患者的现实中正在发生什么事？患者是如何觉察的？

从 CBT 观点进行案例概念化是一个不断前进的过程。治疗师不断地检验假设，修改结论，相应地对治疗的重点做出调整。因此，CBT

治疗师的行为就像一名科学家。他们提出明确的问题，寻找建立在准确的数据基础上的答案，在每次治疗后记录下结果。患者的图表应该是清晰的，经过精心组织的，包含有关的信息，如结局的资料，家庭作业的样本。

七、治疗计划

在治疗的任何阶段，治疗师都应该问自己："在这里，什么是特别的问题？我应该尽力去达到什么样的目的？"治疗师都应该充分了解自己的目标，并且需要制订一个最基本的、有用的治疗计划。

为了达到促进患者症状缓解和预防复发的目的，治疗师不仅要通过帮助患者修正他的功能失调性思维、信念及行为来减少患者的症状，而且要指导和激发患者在治疗结束后能够继续这样做，最终使患者成为他自己的治疗师。

总的治疗目标为：与患者建立坚实的治疗联盟。让患者熟悉治疗的结构和过程。向患者讲解 CBT 模式，分享案例概念化过程。随时做好准备缓解患者的痛苦。教会患者将来如何自己有效地使用 CBT 技术。

治疗师应该拟定一个整体的治疗计划。

在治疗的开始阶段，治疗师计划完成很多目标：建立强有力的治疗联盟，识别并明确患者的治疗目标，解决问题，指导患者的认知模式，活化患者的行为，指导患者对其自动思维的识别、评估及应答的方法，给患者布置家庭作业，建立治疗日程表等。

在治疗的中间阶段，治疗师要注意识别、评估和修正患者的信念。治疗师要和患者一起共同分析患者的认知概念，鼓励患者与治疗师一起设定治疗目标和计划。

在治疗的最后阶段，重点将转移到准备结束和预防复发。这时，患者在治疗中已经变得非常积极，主动设置日程，提出解决问题的方法，设计家庭作业，承担起设定治疗计划的领导作用。

考虑到患者的独特性和问题的具体性，治疗师主要对每次会谈制订一个全面的策略以及具体的计划，要考虑如下方面：

(1) 患者的诊断。

(2) 治疗师对患者的困难的理解即概念化(治疗师要和患者一起精确

地检出这些困难)。

(3) 患者对治疗目标的期望。

(4) 患者最迫切关心/忧虑的事。

(5) 治疗师对治疗的目标。

(6) 治疗的进展阶段。

(7) 患者的个体学习特点。

(8) 患者努力改变的动机。

(9) 治疗联盟的性质，如何加强治疗联盟。

治疗师在每次会谈前及会谈中，要不断地修正和完善治疗计划，使之更具体可行。整体治疗计划通过每次的会谈计划而得以落实、修正和发展。

为了达到上述目标，治疗师要做到下述几点：

(1) 与患者建立一个健康的治疗联盟。

(2) 为患者确立明确的治疗框架和过程。

(3) 知道患者的认知模式，和患者共同理解患者的概念。

(4) 通过认知和行为技术、问题解决技术，来帮助缓解患者的苦恼。

(5) 指导患者如何自我应用这些技术，帮助其应用到生活的各个方面，并激发其在将来应用这些技术的动机。

八、操作技术与干预

(一) 识别自动思维

识别和应对负性自动思维是 CBT 的核心。CBT 认知模式认为通过自动思维对情景的解释影响了随后的情绪、行为以及生理反应。

自动思维是思维的一部分，对所有人都是很常见的。通常我们很少会意识到这些想法。CBT 可以把这些想法带入意识，然后修正它们。

CBT 关注功能失调性想法，它们歪曲现实，造成情绪痛苦，并妨碍患者实现目标。自动思维可以是简短的，患者常常是意识到所导致的情绪，而没有意识到促发的想法(例如，因为我不可爱这样的想法导致的忧伤)。人们通常对自动思维信以为真而不加思考与评估。对自动思维加以确认及反应通常会使情感发生积极地转变。

具体操作：

(1) 给患者讲解什么是自动思维。

(2) 帮助患者识别其自动思维(包括识别会谈当中的自动思维、识别特定处境下的自动思维、识别其他的自动思维等)。

(3) 确认最困扰患者的处境或问题。

(4) 区别自动思维和解释。

(5) 区分有用的和相对无用的自动思维。

(6) 确定会谈中的潜在思维。

(7) 改变电报式或疑问式的思维形式。

(8) 教会患者识别自动思维。

CBT 治疗师在治疗中通过类似“那时什么样的想法经过你的脑子？”这样的问题来引出自动想法。当治疗中患者的情绪出现变化时，这样的问题尤其有帮助。治疗师必须对患者的言语和非言语线索敏感(眼神的变化，姿势的改变，叹气，等等)，这些都可以帮助我们发现“重要的认知”。它们都是能够影响患者情绪的想法和图像。例如，“他(治疗师)根本不理解我”。CBT 治疗师也帮助患者识别治疗间期出现的自动想法，会询问患者在一个特定的经历中脑子里会有什么样的想法。例如，治疗师：“当你的老板告诉你你需要更努力地工作时，你脑子里有什么样的想法？”患者：“我什么都做不好，就像我父亲过去说我的。”

如果有关联，CBT 治疗师会发现另外的自动想法——选择并把注意力放在最令人痛苦的想法上。

患者也许会有几个自动想法，但最基本的、最影响情绪的想法总是最重要的。

(1) 如果患者体验到一系列的令人苦恼的事件而不知所措，CBT 治疗师要通过假设消除的过程识别患者最困难的处境。

(2) 每次假设性地消除一个问题，然后观察在每个问题上患者的感受。最让患者烦恼的情景就会成为治疗的焦点。

CBT 治疗师会在患者的自动想法和患者的解释、情绪以及生理反应之间做出区分。例如，“现在你脑子里有什么想法？”“我认为我在否认我的感觉”。“我感到悲伤”。“我感觉我胃里空空的”。

相反，治疗师应帮助患者意识到功能失调性思维出现在这三者之前，例如，“我想我这辈子都不会成功的，就像我父亲说的。”

CBT 治疗师要区分有用的和不太有用的自动想法。焦点应放在特定的和相关的想法上，而不是任何出现在患者脑子的想法。例如，“我没有的我朋友都有：一个好工作，一座大房子……”“我真够失败的。”

如果可能的话，CBT 治疗师要关注出现在患者脑子里的实际的词语。精确非常重要，因为这样可以使患者感到治疗师确实在听他们讲，感到被理解。例如，“我猜想我当时在想他是否认为我很怪。”“他可能认为我很怪。”

识别自动思维的具体操作可见表 5-2。

表 5-2　识别自动思维的技术

基本问题：
刚才您心里在想什么？
识别自动思维：
1. 当注意到患者在会谈中有情感变化增强时提上面的问题。
2. 让患者描述困境或他体验到情感变化的一段时间，并问上面的问题。
3. 如果有必要，让患者用想象详述这一特定情境及时间段(犹如发生的一样)，然后问上面的问题。
4. 如果有必要有兴趣的话或者对于沉默的患者，让患者与治疗师一起表演特定的角色互动(角色扮演)，然后问上面的问题。
其他识别自动思维的问题：
1. 您推测一下刚才在想什么？
2. 您认为会是在想________或________吗？(治疗师举两个似乎有理的可能性)
3. 您是不是想象会发生什么事或想起已经发生的什么事？
4. 这一情境对您意味着什么？(或谈谈您自己吧)
5. 您是不是在想________？(治疗师举一个于预期的回答相反的思维)

(二) 确认情绪

对认知疗法师来说患者情绪是首要的，因为治疗的目的是要在患者认识其错误思维后使症状解除、痛苦减轻。CBT 治疗师对即使是过度的情绪也不会贴上不恰当的标签。相反，他们承认患者的感受，并与他们共情。治疗师不是去挑战患者消极的情绪或直接对情绪进行治疗，而是关注潜在的功能失调性的想法和信念。因为这样做可以带来改善。纠正患者认知曲解将缓解与之相关的情绪痛苦。

认知疗法通过矫正患者的错误思维而使症状减轻、痛苦减轻。强烈的消极情绪经常是痛苦的。如果消极情绪妨碍了患者清晰的思考和解决问题能力、妨碍了患者有效地活动或获得满足，这种情绪就是有妨碍功能的。有些精神障碍的患者对于某些情境经常可体验到过度的或不恰当的强烈情绪。在治疗会谈中，治疗师要承认并接纳患者的情绪，同时重视评价患者情绪背后的错误思维和信念，由此而减轻患者的消极情绪。认知疗法的目的在于改变因错误的解释处境而产生的情绪烦恼。治疗师还要通过讨论患者的兴趣爱好，该周发生的积极事件、积极地记忆等来增强患者的积极情绪；还要注意安排家庭作业，目的在于增加活动量，使患者体验到自己对生活中的事件的掌控感与愉快感。例如，一个疏离的患者的作业可能是给两个朋友打电话，请他们喝咖啡，然后记录会面的情况；或者一个焦虑的工人的作业可能是与他的督导一起回顾他最近的工作，并记录每一个积极评语。

具体操作要点如下：

1. 区分自动思维与情绪　患者并不能清楚地理解他们所想的与他们的情绪感受有什么区别。治疗师要区分患者的想法和情绪体验并将他的理解告知患者，帮助患者用认知模式来看待他们的体验。

治疗师把患者提供的材料按认知模式加以分类：情境、自动思维和反应(情绪、行为和生理的)。例如，①被叫到老板的办公室里；②“我完蛋了，他会炒我鱿鱼的。”③惊恐发作。

2. 区分不同情绪　CBT 治疗师要识别矛盾的情绪，通过这些情绪我们可以发现患者的情绪和想法不一致。例如，治疗师：“当你丈夫打你时你有什么感觉？”来访者：“我有点搞不懂，他怎么可以这样对我？”治疗师：“我听上去更像是愤怒。”治疗师应对思维、情绪及行为间的联系有所注意，当患者汇报的情绪与他的自动思维似乎并不相称时，治疗师应做进一步的了解。

例如：

T：您妈妈没有马上给您回电话时您是怎么想的？

P：我很伤心。(情绪)

T：你心里是怎么想的呢？

P：她出事了怎么办？可能出事了。

T：所以您就觉得伤心？

P：是的。

T: 可是这听起来更像是焦虑，您心里还想到了别的什么吗？想象一下您坐在电话机旁等母亲回电话，这时您想到了什么？

P: 那时我想“出事了怎么办？可能出事了”。

T: 然后呢？

P: 我盯着电话机，眼泪流了下来。

T: 你现在想什么？

P: 如果妈妈出事了，我就没有亲人了。

T: “您就没有亲人了”，这个想法让您感受如何？

P: 伤心，真的伤心。

案例中治疗师用想象回忆的方式帮助患者纠正何为关键性的自动思维，寻找并处理关键性的自动思维常常会使治疗大大加快。

3. 命名情绪 大多数患者能容易并正确地命名他们的情绪，而有些患者相对来说就表述不清。另一些患者对情绪命名说起来头头是道，但对自己特定情绪的命名却很困难。如果患者在情绪命名上有困难，治疗师可以设计一张“情绪图表”教患者如何更好地识别他们的感受。例如，“请把你感觉到愤怒的三种情境大致描述一下，我们在纸上画上几栏，并把你要描述的情绪写在上面，然后你再根据自己的感受写下另外的几种情绪感受。”对少数患者而言，消极情绪清单(图 5-1)加上简短的讨论可能会有效。

悲伤、压抑、孤独、不悦
焦虑、担心、害怕、恐惧、紧张
愤怒、恼火、生气、烦恼
害臊、尴尬、羞辱
失望
嫉妒、羡慕
愧疚
伤害
疑虑

图 5-1 消极情绪清单

4. 评定情绪强度 CBT 治疗师教患者如何评定他们的情绪强度。这可以帮助患者意识到所有的情绪状态的痛苦程度并不是一样的。同时也可以让治疗师知道什么时候可以转移到下一个主题。治疗师和患者可以通过粗略地测算情绪强度的下降值来判断对某一个认知是否需要进一步的干预。最后，对特定处境下的情绪强度进行评定有助于治疗师和患者决定是否有必要对该环境进行更详尽的研究。

例如：

T:“如果把您曾感到过的或能够想象到的最伤心定位 100%，而一点都不伤心定位 0，那么当他说：‘对不起，我现在没有空’时，您感到有多伤心？”

P:“大概有 75%。”

用具体的数字来表示强度，那么治疗师就可以画一张图(图 5-2)。

0	25%	50%	75%	100%
一点也不伤心	有点儿伤心	中等程度伤心	非常伤心	伤心至极

图 5-2　情绪强度

5. 用情绪强度指导治疗　CBT 应用情绪强度水平来指引治疗主题。只应该关注高强度的情绪，因为它伴随的痛苦将会是很明显的。目标不是去处理感受，而是去发现潜在的自动想法(注意：CBT 观点为，情绪是重要的，但它是继发于认知过程的)。情绪强度也可用作一种过程和结局的评估——作为一种方法来证明在治疗期内以及在治疗结束时的疗效。

(三) 评估自动思维

在治疗会谈中，患者可能会呈现出许多自动思维。治疗师只选择其中的一个或几个关键的思维来加以评估。

具体操作要点如下：

1. 决定是否要集中于某自动思维　CBT 治疗师一般每次治疗只关注一个自动想法。一旦一个有问题的自动思维被发现了，第一步要做的是通过考虑以下 7 个问题来决定是否要关注这个思维。

(1) 收集更多的有关这个自动思维的详细情况。

——你有多相信它？

——他让你有什么感受？

——这个想法冒出来你会做什么？

(2) 发现更多的与这个自动思维有关情境因素。

——什么时候你有这个想法？

——详细描述一下这个想法出现时的情境(这个想法产生之前发生了什么？这是什么时候的事？当时你在哪里？都有谁在场？谁对你说了什么？)。

(3) 探索自动思维的典型程度。

——你这种想法的出现有多频繁？

——它有多烦人？

——什么样的情境会诱发这种想法？

(4) 识别在同样情境中其他的自动思维和图像。

——你心里还想到别的什么吗？还有其他什么形象或画面出现在你的脑子里？

(5) 对与自动思维有关的情境进行问题解决。

——就这个问题你能做些什么？

——这个问题你以前是如何处理？

——或者你期望自己如何处理？

(6) 探索潜藏在自动思维下面的信念。

——如果这个思维是对的，这对你意味着什么？

——这个想法的根源是什么？

(7) 如果自动想法不是功能失调的核心，转到另一个主题。

——好的，我想我明白了，您能告诉我这周还发生了别的什么事吗？

CBT 治疗师根据下列原则在这些选择中做出决定：

(1) 处理这个自动想法有助于实现这次治疗的治疗目标吗？

(2) 关注这个自动想法会解决患者提出的问题吗？患者在治疗中会合作吗？

(3) 这个自动想法的重要性、关键性以及功能失调性的程度如何？

(4) 干预这个自动想法对患者的其他的功能失调的生活领域有否帮助？

2. 选择并集中于某个自动思维　CBT 治疗师通过下列问题把关注的焦点放在所选择的自动想法：

(1) 你相信这种自动想法的程度有多少(0～100%)(注意，这有干预前测量的作用)？

(2) 这个想法让你感觉如何？感觉有多强烈(0～100%)(另一种干预前测量)？

如果坚信和痛苦的程度都很低，治疗师会建议转向其他的问题。如果程度很高，则继续下面的提问。

(3) 你什么时候有这种想法的，在什么样的情境之下？

(4) 在这个情境之下会引起别的什么样的想法、图像和生理反应(如你注意到你身体发生了什么情况)？

(5) 当出现这种想法时你会做什么？

通过以上问题获得全面的印象之后，CBT 治疗师需要做下面的一件或几件事：

(1) 把自动想法为什么是患者普遍的担心的重要组成部分概念化，并解释给患者听。例如：您总是觉得自己会失败，这只不过是有一个例证罢了，对吗？

(2) 把自动想法作为一种阐述认知模式(情境、自动想法和反应)的方法。例如，当您在自习室努力要复习功课时，您就想“我永远也记不住”，这个想法让您感到悲哀，并致使您合上书本，放弃复习，对吗？

(3) 用苏格拉底式提问帮助患者评价思维并做出反应。例如，您觉得永远也做不好试验，证据是什么？

(4) 与患者一起解决问题：你怎么做才能更好地学习这个材料呢？

3. 用提问方式评价自动思维　CBT 治疗师接着通过苏格拉底式提问来评价自动想法，帮助患者发展适应性的反应。治疗师并不直接挑战患者的自动想法，而是一起合作来验证。不直接去挑战患者的自动思维，原因有两个：第一，他事先并不知道是否所有的自动思维都是歪曲的；第二，直接地挑战违反了认知疗法的基本原则，也就是协作的原则。

治疗师和患者一起，通过自动思维评估提问表(表 5-3)，认真地、科学地看一下事实会告诉我们什么：

表 5-3　自动思维评估提问表

证据是什么？
——有什么证据支持这个观点？
——有什么证据反对这个观点？
有没有另外的解释？
——学习运用不同的提问评价确认自动思维。

续表

最坏的结果是什么？我能承受得住吗？最好会发生什么，最理想的结果是什么？ 最现实的结果是什么？
相信自动想法的结果是什么？改变我的想法的结果会是什么？
我应该做什么？
如果我的一个朋友遇到相同的情况，我会告诉我朋友什么？

问这样的问题应该态度温和，但要坚持(注意，Albert Ellis 的理性情绪疗法采取了一种更为严厉的做法，但不一定要这样)。目标是检验自动想法，验证它的有效性，发展更为适应性的反应。有时针对特别的自动思维常常需要变换提问方式。CBT 治疗师通常会让患者写下他们的自动想法，发展并写出一种适应性的反应，并在下周对它进行验证。下次治疗会对取得的进步进行总结。

发展适应性反应举例：

自动思维：我应该会做的，我真笨。

适应性反应：实际上我应该不会做的。这是一项新的技术，我最终能学会做的，但首先这需要我和治疗师一起练习。不管我是设法克服困难，还是干脆寻求指导，这和笨不笨没有关系。不管怎么说，这也不是什么大不了的事，而且也在意料之中。

4. 确认认知错误 CBT 治疗师帮助患者识别并标记他们的认知歪曲。有严重精神障碍的患者在他们的认知过程中常常存在系统性的消极的偏倚。这需要不断地改善才有帮助。许多患者(虽然不是全部)发现这么做非常有帮助，尤其是命名非常折磨他们的和引发自动想法的消极思维过程。一旦被命名，消极认知过程就更容易处理。

认知歪曲列表非常有帮助。对于有兴趣的患者，应该给患者一份，逐条对照看哪些项目符合他们的情况(表 5-4)。

表 5-4 认知歪曲列表

1. 读心术(mind reading)/度人之心：即使没有他人在想什么的充分证据，你也以为自己知道人们在想什么。例如，他认为我是个失败者。
2. 预测未来(fortune telling)：你对未来进行预测——事情会变得更糟或者前面有危险。例如，我会考不过这次考试，或者我不会得到这份工作。
3. 灾难化(catastrophizing)：你相信已经发生的或者即将发生的事情是如此的糟糕和难以忍受，以至于你不能够承受它。例如，如果我失败，那将太可怕了。

续表

4. 贴标签(labeling)：你给自己或他人以整体的负性评价。例如，我是不受欢迎的，或者他是个极讨厌的人。
5. 低估正性信息(discounting positives)：你认为自己或他人所取得的正性的成绩是微不足道的。例如，是妻子都会那么去做，所以她对我好并不算什么，或者那些成功是很容易达到的，所以它们并不能说明什么。
6. 选择性负性关注(negative filter)：你几乎只关注于负性信息而很少注意到正性信息。例如，看看所有这些不喜欢我的人。
7. 过度概括化(overgeneralizing)/以偏概全：在只有少量信息的情况下就对整体做出消极预测。例如，这总是会发生在我身上，我在很多事情上都失败了。
8. 两极化思维(dichotomous thinking)：你以全或无的方式来看待事件或人。例如，我被所有的人拒绝，或者这完全是浪费时间。
9. 应该(should)：你根据事物应该怎么样而不仅仅依据事物是什么来评价事件。例如，我应该做得好。如果我做不好，那么我就是一个失败者。
10. 个人化(personalizing)：你将消极事件更多地归因于自己的过失，而没有看到他人也有责任。例如，离婚是由于我失败。
11. 责备(blaming)：你认为是其他人引起了你的负性情绪，从而拒绝承担改变自己的责任。例如，她应该为我现在的感受而受到谴责，或我的父母造成了我所有的问题。
12. 不公平的比较：你根据不切实际的标准来解释事件，并主要关注那些比你做得好的人，然后在比较中做出你比较差劲的判断。例如，她比我更成功，或者这次测验其他人比我做得要好。
13. 后悔倾向(regret orientation)：你认为在过去你应该能做得更好，而不是关注你现在能在哪些方面做得更好。例如，如果我努力的话，我就能拥有一份更好的工作，或者我本不应该那样说。
14. 如果……怎么办？(what if？)：你持续地问一系列诸如如果某事发生了该怎么办的问题，不满意任何答案。例如，是，但是如果我紧张了怎么办？或者如果我不能屏住呼吸怎么办？
15. 情感推理(emotional reasoning)：你让你的感受支配了你对现实的解释。例如，我心情沮丧；因此，我的婚姻不会有好结果。
16. 不能驳斥(inability to disconfirm)：你拒绝任何可能与你的负性想法相矛盾的证据或者观点。例如，当你有我不可爱这样一个负性想法的时候，你拒绝任何人们喜欢你的证据，从而你的想法不会被驳倒。另外一个例子是：那不是真实的观点。那有更深的问题，还有一些其他的因素。

5. 用提问评价自动思维的有效性　用表5-3中的提问“相信自动想法的结果是什么？改变我的想法的结果会是什么？”来评价自动思维的有效性，这样治疗师既可以帮助患者弄清他思维的结果，又可以通过询问继续持有这种思想的利与弊，随后对思维加以适应性反应。这可以帮助决定本次治疗接下来该做什么，和(或)下次治疗的重点是什么。通常的做法是要求患者估计他们相信自动想法的程度，以及他们此刻情绪反应的强度(都是用0~100%分值表)(注意，这提供了一种干预后的测量)。治疗师也可以询问患者他对在治疗中已经发展出来的适应性反应的相信程度(用0~100%分值表)。

6. 评估对自动思维评价效果 在用提问对自动想法进行评价后，治疗师要对该评价的效果做个评估，以决定下一步该怎么做。如果患者不再相信该自动思维了，且他的情绪反应明显减轻了，治疗师就可以转向其他的问题了。

7. 弄清自动思维评价无效的原因 如果效果不好怎么办？并不是所有的 CBT 治疗都是有效的。如果自动想法和情绪反应没有改善，治疗师必须评估各种可能性，努力去理解为什么，以下是自动思维评价无效的可能原因：

(1) 存在其他尚未被确认和评价的更为核心的自动思维和(或)想象。

(2) 患者也许没有充分表达支持自动想法的证据。

(3) 也许自动想法本身就是一个核心信念，因此更难改变。

(4) 患者也许理性上理解自动想法，但在更深层的情绪水平上并不完全相信它。

(5) 也许患者不太相信这种评价，也可能对治疗师也不太相信。

(四) 对自动思维的反应

CBT 治疗师有许多工具可以使用，包括帮助患者对自动想法发展更为适应的反应，从而降低其心境不良。最基本的工具是“功能失调性思维记录”(表 5-5)。这种工具让患者对他们的自动想法进行评价，并写下对它们的反应。如果应用得当，它在帮助患者理解并有效地克服自动想法上非常有价值。

表 5-5 功能失调性思维记录(DTR)

日期/时间	情境	自动思维	情绪	适合的反应	结论
	1. 什么现实事情或思维倾向或白日梦或回忆导致了不愉快的情绪？ 2. (如果有)你有什么痛苦的躯体感觉？	1. 你的脑海里有什么思维和(或)意象？ 2. 当时你对每一种思维相信多少？	1. 当时你感觉到什么样的情绪？(悲伤、焦虑、愤怒等) 2. 情绪的强烈程度如何？(0～100%)	1. (选做)你存在什么样的认知歪曲？ 2. 利用最下面的问题组成一个对自动思维的反应 3. 每一反应你相信多少？	1. 现在你对每一自动思维相信多少？ 2. 现在你感觉到什么样的情绪？这种情绪的强烈程度如何？(0～100%) 3. 你将做什么？(或你做了什么)

续表

日期/时间	情境	自动思维	情绪	适合的反应	结论
2.23 10 am 星期五	与唐娜电话交谈复习迎考	她一定不再喜欢我了，90%	伤心 80%		
2.27 12pm 星期二	想起明天的经济学课	我将再也不学这个了，100%	伤心 95%		
2.29 5pm 星期四	注意到我的心跳加快，满腹忧愁	我可能会被提问但不能回答得很好，80%	焦虑 80%		
		我这是怎么啦？	焦虑 80%		

注：当你注意到你的情绪越来越坏时，问问自己："现在我头脑里在想什么？"并尽快地在自动思维栏中草草记下这个思维或心理意象。

帮助组成替代性反应的问题：①如果自动思维是真的，证据是什么？如果不是真的，证据是什么？②有其他替代性的解释吗？③可能发生的最坏情况是什么？我能经受住它吗？可能发生的最好情况是什么？最现实的结局是什么？④我相信这种自动思维的效果是什么？什么能影响我改变我的思维？⑤对此我该做什么？⑥如果××(朋友的名字)在这种情境下并有这个思维，我会对他/她说什么？

应用 DTR 指南：

(1) 介绍 DTR 给患者之前，治疗师自己应已经掌握 DTR，必须把 DTR 用于自己(对他自己的自动思维)。

(2) 治疗师应计划分两个阶段，通过两个或两个以上会谈介绍 DTR。第一阶段介绍前面的四栏；第二阶段介绍后面的两栏(适应性反应和结果)。

(3) 介绍 DTR 之前，治疗师应确定患者已掌握并相信认知模式(否则患者就会不理解确认及评估其思维的价值)。

(4) 介绍 DTR 之前，患者应证明有确认其自动思维和情绪的能力，她应该能陈述当时的情境、她的情绪以及她的心理反应，而没有把自动思维混同于这三个内容。如果她没有清晰的理解力并且不能在这现象中间加以区别，那她应付 DTR 就很可能遇到困难。这样，在演示如何在 DTR 上记录这样的资料前治疗师应口头诱出特定情境伴随自动思维和情绪的几个清晰重要的例子。

(5) 在进入最后两个栏目前，患者应能成功地独立完成几个不同情境下的前四栏。

(6) 在完成最后两个 DTR 栏目前，患者应该体验到通过评价自动想法心情烦躁减轻了。

(7) 治疗师和患者可以使用 DTR 底部的问题来评价已经识别的自动想法。

(8) 如果需要，治疗师应该乐意把他们自己的 DTR 与患者分享。

(9) 一旦患者做好准备，通常应该要求患者每天至少写下一个自动想法，持续一周。

(10) 在帮助患者把 DTR 付诸实践上应该有创造性。

(11) 有些患者可能为图方便只是把一张空白的 DTR 放在口袋或钱包里。使用 DTR 会成为一种即使治疗结束后仍能坚持使用的技能。

DTR 是一种帮助患者认识和克服他们自动想法的工具，但它不是唯一的 CBT 推动治疗的工具。对某些患者，其他的策略更好(当 DTR 无效时)，如①在心里做 DTR；②用治疗的笔记来处理相同的问题；③听部分或全部的治疗录音；④如果可行，直接进行问题解决，代替 DTR。

(五) 识别并矫正中间信念

1. 认知概念化 通常，最好先完成概念化图(图 5-3)的下半部分，治疗师写下使患者不安的三个典型情境，然后，就每个情境填写关键的自动思维、它的含义、患者的情绪以及相关行为(如有的话)，如果治疗师未直接询问患者其自动思维的含义，为解释每个自动思维的意思，他或者给予假设(写下时带有问号)，或更好一点在一次会谈中与患者一起做箭头向下技术(图 5-4)。

概括之，治疗师可用很多方法确认信念，即可以是中间信念，也可以是核心信念：

(1) 寻找以自动思维表现的信念；

(2) 提供假设的条件句并请患者完成它；

(3) 直接地引出规则；

(4) 使用箭头向下技术；

(5) 认出自动思维中的共同主题；

患者姓名：＿＿＿＿＿＿＿＿＿＿＿＿＿　日期：＿＿＿＿＿＿＿＿＿＿

诊断：轴 I ＿＿＿＿＿＿＿＿＿＿＿＿＿　轴 II ＿＿＿＿＿＿＿＿＿＿＿＿＿

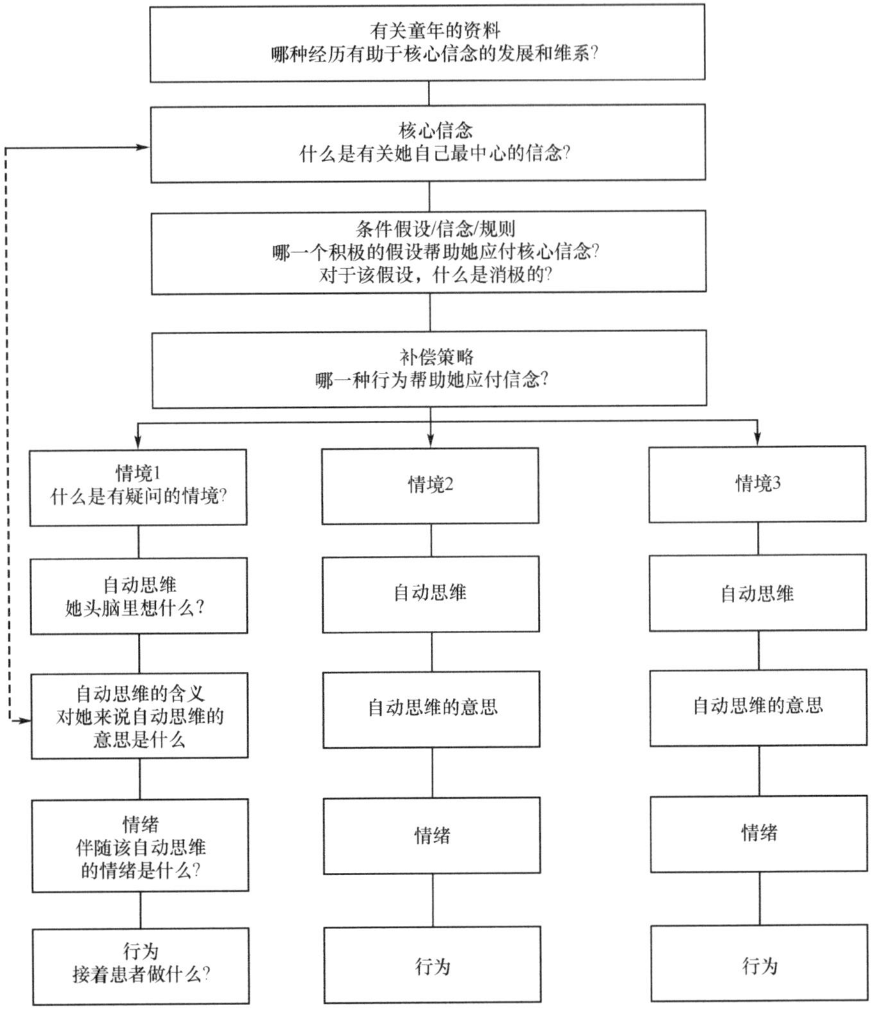

图 5-3　认知概念化图

(如果我的想法是真的，那它为什么会让我烦恼呢？)

事件：____

想法：

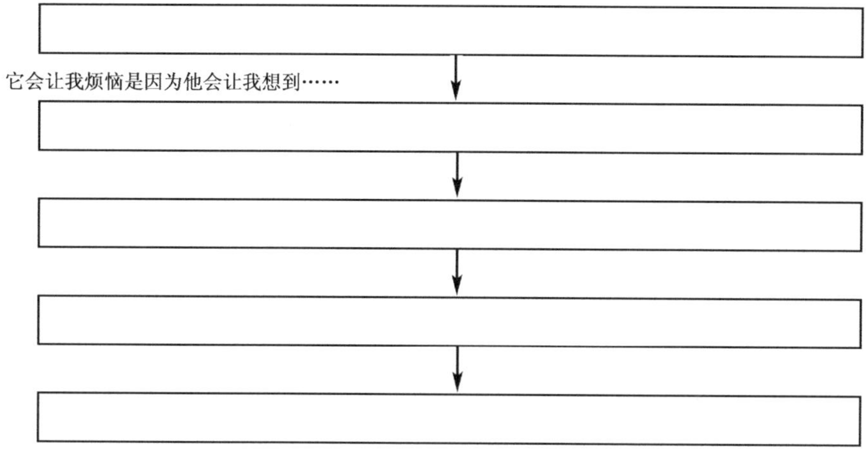

例如：

事件和想法	含义
事件：考虑去参加一个聚会 想法： 接近晚会上那个女人会让我感到焦虑	
你认为会发生什么？	我会被拒绝。
如果发生了，那它意味着什么？	我肯定是个失败者。
如果我是个失败者，那它意味着什么？	我永远不会找到任何人来发展关系。
如果我永远也找不到任何人，那么……	我会总是一个人。
如果我总是一个人，那么它会让我很烦是因为……	如果我总是一个人那我不可能幸福——我总是会这么悲惨。
我的潜在假设是什么？	我需要其他人以感到幸福。

图 5-4 箭头向下技术

(6) 询问患者她认为她的信念是什么；

(7) 检查患者的信念问卷。

2. 矫正信念 为了估计是否需要再做进一步的工作，治疗师需要连续地询问患者她对假设的信念现在相信多少(0～100%)。

对患者来说，在他们的治疗笔记本上记录他们已探究过的信念是明智的，一个有用的格式包括功能失调性信念、新的更具功能性信念以及每一信念的强度，正如下面的例子那样，将它们写在一张纸上。

旧的信念：如果我没有取得很高的成就，我就是一个失败者。(55%)

新的信念：如果几乎在每件事上我都真正的失败，我才是一个全面的失败者。(80%)

用来矫正信念的一些策略与用来矫正自动思维的策略一样，但是，还有其他方法，包括①苏格拉底式对话矫正信念；②行为实验以测验信念。

如同自动思维一般，治疗师可以帮助在患者设计一种行为实验(如理性-情绪角色扮演、利用其他人作为参考点、自我暴露)来评估信念的有效性，适当的设计并执行行为试验要比在办公室里用口头的方法矫正患者的信念更加有效。

(六) 识别并矫正核心信念

负面的核心信念本质上属于两个主要的范畴:“与无助相关的信念以及与不可爱相关的信念。一些患者具有属于一种范畴的核心信念；另一些患者则具有两种范畴的核心信念。”

患者亦可能存在有关其他人及他们领域的负面核心信念，这也很重要，如“不能信任其他人，其他人会伤害我，这世界是腐败的地方”。除了有关自身的核心信念，诸如这些固定的、过于概括化的观念经常需要被评估及被矫正。

1. 核心信念的归类　核心信念包括无能的核心信念和不可爱的核心信念，具体见表5-6。

2. 识别核心信念　使用用于识别中间概念的相同方法确认患者特定的核心信念。在治疗早期识别核心信念，以便概念化患者并计划治疗，治疗师可搜集有关的资料，甚至在治疗早期就试图帮助患者评估核心信念，在许多情况下，这些早期评估是无效的，但是它却帮助了治疗师测试核心信念的强度、广度及缓和度。

3. 提出核心信念　当治疗师认为他已经收集了足够的资料假设有关核心概念时，并且当他认为患者会充分接受时，他可尝试性地对患者提出他的概念化。

表 5-6 核心信念

	<u>无能的核心信念</u>
我无能	我不适当
我无力量	我不起作用
我失控	我不胜任
我软弱	我是失败者
我易受伤害	我不被尊敬
我贫苦	我是有缺陷的人(例如，我比不上其他人)
我陷入困境	我不够好(根据成就)
	<u>不可爱的核心信念</u>
我不可爱	我没有价值
我被人嫌弃	我与人不同
我不受人欢迎	我是有缺陷的人(例如，所有其他人不喜欢我)
我没有吸引力	我不够好(不被他人所爱)
我是多余的	我必定被拒绝
我被人忽视	我必定被抛弃

4. 教育患者有关核心信念并监督其操作 让患者理解下列有关其核心信念的几点很重要：①那只是一个观念，不必是真实的。②非常强烈地相信它，甚至感觉它是真的，并且相信大部分是真的或完全不真实。③作为一个观念，它能够被测试。④它来源于童年期事件，当第一次去相信它时，可能或不可能已经是真的。治疗师和患者可多次一起使用多种策略以改变该观念，以便她能够以更现实的方法看待她自己。

5. 矫正核心信念和增强新的信念 旧的核心信念和新的核心信念见表 5-7。

表 5-7 新、旧核心信念对应

旧的核心信念	新的核心信念
我(完全地)不可爱	我通常是个可爱的人
我是坏的	我是个具有积极和消极特征的有价值的人
我没有能力	我可以控制许多事情
我是有缺陷的人	我是既有力量也有缺陷的正常人

(七) 家庭作业

家庭作业是认知疗法必不可少的一部分。家庭作业完成得好，可为患者提供更多的自我教育机会，收集更多的资料，检验思想和信念，纠正思维和验证新的行为，并能增加自我疗效感。

治疗师应该考虑到某个特定的患者将能做什么家庭作业，并认真地为其布置作业，同时提供正确指导，指出潜在的困难，纠正相关的信念，加强其遵照执行的可能性。

1. 布置家庭作业　布置作业没有固定的模式，一般来说，从治疗的第一阶段治疗师要指导患者进行家庭作业，逐步地让患者自己设计家庭作业(例如，现在你已经和你的同学谈了这个问题，你认为本周做什么会对你有帮助？)治疗结束时，患者自己设计的家庭作业通常仍能继续进行下去。

代表性的家庭作业包括：

(1) 设定活动日程表(例如，本周你是想努力完成日程表上的每项活动，还是想得到更多的信息)，合理安排治疗内容，包括训练新的技能和(或)掌握解决实际问题的能力。

(2) 监测自动思维是每一次会谈中的重要作业，并在功能失调性思维记录单上写下自动思维。

(3) 阅读治疗是另一种有用的家庭作业，有价值的是让患者同时阅读和记录他们自己的反应。

(4) 复习以前的治疗过程有助于巩固治疗，这种复习包括阅读治疗期间的笔记和(或)听治疗过程中的录音带。

(5) 当有些患者在治疗中回避考虑治疗问题或很难将他们讨论的重点压缩成几句话时，会谈联系作业表(表 5-8)是一个有用的指导资料。

表 5-8　会谈联系作业表

1. 上个会谈我们讨论了哪些重要的问题？你从中学到了什么？(1~3 句话)
2. 上个会谈有什么事使你烦恼吗？你有什么事不愿讲吗？
3. 你的这一周怎么样？与其他周相比，你这一周的心境如何？(1~3 句话)
4. 这周有无什么重要的事发生并需要讨论？(1~3 句话)
5. 你想要将什么问题列入日程？(1~3 句话)
6. 你做了或没做什么家庭作业？你学到了什么？

2. 提高圆满完成家庭作业的可能性　具体包括如下几条：

(1) 治疗师应该充分考虑患者的特征和要求。

(2) 作业为什么能提供帮助和怎样提供帮助，要给患者提供合理的理由。

(3) 协商布置家庭作业，寻找患者的突破口并且得到患者的认可。

(4) 将家庭作业作为一个必须完成的任务。

(5) 当可能时在会谈中就开始完成某一作业。

(6) 帮助建立记住去做作业的系统。

(7) 预测可能的问题。

(8) 准备一个可能的负面结果。

第三部分　注 意 事 项

1. 认知疗法的适应证　认知疗法可以用于治疗许多疾病和心理障碍。其中最主要的是治疗情绪抑郁患者，尤其对于单相抑郁症的成年患者来说是一种有效的短期治疗方法。根据美国宾夕法尼亚大学的研究报道，认知疗法主要适用于治疗单相抑郁症门诊患者，抑郁症一般经过 12 周的认知疗法，80%的患者有显著改善，疗效优于用丙咪嗪药物治疗的对照组，随访一年，疗效稳定。另外，爱丁堡大学、哥伦比亚大学和匹兹堡大学的研究组也分别报道了认知疗法可以取得像抗抑郁药物一样的疗效；其中爱丁堡大学的布莱克伯恩(1981)等人报道，将原发性抑郁症患者随机分成药物治疗组、认知疗法组和药物-认知疗法合并治疗组。经过 20 周的积极治疗，结果发现合并治疗组的门诊患者疗效优于其他二组。但对于精神病性抑郁患者，认知疗法可能效果较差。

认知疗法还可作为神经性厌食、性功能障碍和酒精中毒等患者的治疗方法之一。例如，酒精中毒患者常存在一定程度上的认知缺陷，尤其是刚开始戒酒的最初几周里，他们往往表现为记忆困难和解决问题困难。因此，在治疗开始阶段应重复进行几次分别会谈，要求患者做会谈笔记，并且记录每天家庭认知、行为作业完成的情况。言语交谈、行为操作、想象技术以及声像图片教育等多种渠道给患者输入信息，对于酒精中毒患者的治疗亦大有帮助。当然，并不是所有患者对这些技术的应用都有效，有些患者往往在开始治疗的时候便不合作，甚至中断治疗，对此，治疗师可能会认为这些患者“没有求治动机”或“不准备治疗”。实质上，可能是治疗方法不完全适合于这些患者。因此，在对这些患者的治疗中，治疗师应该了解和识别患者存在的认知错误，并进行适当的诘难和矫正，使得患者配合治疗师进行戒酒。

在对神经性厌食患者的治疗中，除了药物治疗、饮食治疗和家庭治疗外，还要注意这些患者的认知歪曲，因为这些患者往往存在着对自身外形、面庞等方面的认知异常，因此必须矫正他们的错误认知。例如，可以通过下述合理认知的对话和自我监察来进行：“消瘦的人是吃得过少”，“消瘦的人进食方式与正常体重人的进食方式不一样”，“消瘦的人不像正常体重的人那样健美、强壮”。要求患者完成一定热量的食物摄入，并对体重、情绪和自动性思想进行自我监察，逐步改变不良认知。神经性厌食患者治疗多不主动，注意处理好医患关系，取得患者信任是非常重要的。

性功能障碍患者，尤其是性欲减退患者的治疗，除了行为治疗以外，可以适当辅以认知矫正。认知疗法的策略在于改变抑制患者性欲的那些不合理信念，为其后采用性感集中技术创造必要条件。例如，有些患者认为“性欲旺盛是邪恶的，这种人是坏人”，在治疗中应该针对患者的这种抑制性欲的错误信念进行开导、解释，提供必要的性知识。鼓励患者采用下述说明：“即使我对性感兴趣，并不意味着我就是一个不好的人”，治疗师亦可采用反问的方式，让患者识别和评价其适应不良性思维，例如：“如果你变得非常性感，那么将会发生什么样的事情呢?”然后再指导、告诫患者，人们的行为绝大多数是受其自身控制的，他们往往对当时所做的事情能够承担责任，很少会做出违背理智和法律的事情。从而矫正不合理认知，减轻患者的焦虑和畏惧心理，为进一步进行行为治疗创造了条件。

另外，认知疗法还适用于治疗焦虑障碍、社交恐怖、强迫症、恐惧症、偏头痛、考试前紧张焦虑、情绪的激怒，以及慢性疼痛患者。对于海洛因成瘾患者，认知疗法可以作为辅助治疗手段，加强治疗作用。

另有报道认知疗法的新进展中，还可以用于辅助治疗幻觉妄想等精神病性症状，对心理素质不良者进行预防干预，帮助个体渡过危机，促进精神障碍患者康复和预防复发。

2. 治疗关系　在认知疗法中，需要治疗师和患者建立良好的治疗关系，需要建立正确的治疗性联盟，治疗师必须具备热情、全神贯注、关心、真正的尊重和能力，以确保患者体会到被理解且对治疗持积极态度。治疗师鼓励患者观察治疗，并作为合作者一起做决定，治疗师鼓励患者在治疗中成为更积极的参与者。最终目的是教会患者成为其自己的治疗师，从而达到防止复发的目的。

3. 认知疗法与行为疗法的关系　认知疗法不同于传统的行为疗法，因为它不仅重视适应不良性行为的矫正，而且更重视改变患者的认知方式和认知—情感—行为三者的和谐。

4. 认知疗法与心理分析疗法的不同　认知疗法乃是针对心理分析疗法的缺陷而发展起来的。因为在心理分析治疗时，常着重于心理与行为的潜意识和情感症结，而这种潜意识的欲望或情感，往往只是施治者的分析推测，不容易向患者解释，也不容易被患者接受，更不易作为治疗的着眼点来操作。认知疗法把着眼点放在认知上，它不必管看不到、也抓不到的潜意识，只要更正这些可用语言描述的观念、想法、信念，处理好功能失调的“认知”即可。既明显，又具体，易取得患者的理解与协作。

认知疗法也不同于传统的内省疗法或精神分析，因为它重视目前患者的认知对其心身的影响，即重视意识中的事件而不是无意识。内省疗法则重视既往经历特别是童年经历对目前问题的影响，重视无意识而忽略意识中的事件。认知疗法的基本观点是：认知过程及其导致的错误观念是行为和情感的中介，适应不良行为和情感与适应不良性认知有关。治疗师的任务就是与患者共同找出这些适应不良性认知，并提供“学习”或训练方法矫正这些认知，使患者的认知更接近现实和实际。随着不良认知的矫正，患者的心理问题或障碍亦逐步好转。

（丛　中　王旭梅）

参考文献

毕金仪. 2006. 认知疗法的概念及应用. 中国社区医师，19：42-43.

季建林. 1989. 认知疗法的现状及趋势. 中国心理卫生杂志，3(3)：129-132.

季建林. 1994. 认知治疗的国际动态. 中国临床心理学杂志，2(2)：123-125.

曾兴华. 2007. 简评贝克认知疗法. 黑龙江教育学院学报，26(12)：60-62.

张龙真. 2009. 关于认知疗法在心理治疗过程中实施的研究综述. 学理论，(26)：33-35.

Beck JS. 2001. 认知疗法：基础与应用. 翟书涛译. 北京：中国轻工业出版社.

Leahy RL. 2005. 认知治疗技术：从业者指南. 张黎黎译. 北京：中国轻工业出版社.

第六章　人本心理治疗

第一部分　基 本 理 论

人本心理治疗是20世纪60年代在西方兴起的一系列心理疗法的总称，是人本心理学思想在心理治疗领域的集中体现。由于人本心理学对精神分析和行为主义基本思想的颠覆，被称为心理学的第三股势力。人本心理治疗主要包括以人为中心疗法、存在主义疗法、完形疗法等，其中以人为中心疗法的影响最大。因此，本章以以人为中心疗法为代表，介绍其基本理论和基本操作，以及相关注意事项。

以人为中心疗法的创立者是美国心理学家卡尔·罗杰斯(Carl R. Rogers)。其代表作有《咨询和心理治疗》,《当事人中心治疗》和《治疗性人格改变的必要和充分条件》和《论成为一个人》等。以人为中心疗法反对精神分析把人都视为患者、行为主义把人都当做动物的倾向，强调和重视人的尊严、价值和潜力，为当时的心理治疗界注入了新的活力。以人为中心疗法在心理治疗领域占有重要地位，其影响广泛而深远，它对治疗关系的认识成为心理治疗界的共同财富，其同感理解的技术在许多治疗方法中得以运用，同时它也开创了对心理治疗进行实证研究的先河。

以人为中心疗法具有强烈的人本主义倾向，是人本心理学思想在心理治疗领域的集中体现。其特点主要表现在三个方面：

1. 基本理念的人本主义色彩　在对人、对心理治疗的基本看法上，以人为中心疗法体现出强烈的人本主义精神：① 相信人本质上是好的，有“善根”；② 相信人有向好的、强的、完善的方向发展的强大潜力；③ 相信人能够自我指导，自主自立；④ 主张心理学应该研究人的价值和尊严，心理治疗应该为恢复和提高人的价值、尊严做贡献。

2. 重视当事人的主观世界　以人为中心疗法的哲学立场是现象学和格式塔心理学。罗杰斯认为，一个人的主观经验世界(称作“现象场”)

是他的直接现实。现象的世界是一个整体的世界，其中任何部分都只有从与整体的联系中才能得到解释，任何一个部分的改变，都会造成整体的改变。其他人不可能比当事人本人更了解自己的主观世界，所以，不应以一些外界的标准来评估当事人，而应充分进入其主观世界，唯此才能够对当事人有更深切的理解，也才能够帮助当事人对自己有更真实的了解。

3. 非指导的倾向　基于对人的基本看法及现象学的哲学立场，以人为中心疗法相信当事人自己最了解自己，他们能够发现自己的问题，并发挥潜在的资源解决问题，所需要的只是一种有助于自我探索、自我发现的氛围。因此，治疗者不需要对当事人提供任何形式的指导，而是交由当事人主导治疗过程，让他在这种自由的氛围中探索，以获得对自己最有价值的收益。在此过程中，治疗者唯一的任务就是创设这种氛围，陪伴当事人进行探索，像一对心灵伴侣，结伴到内心世界“探险”。

一、人　性　观

罗杰斯认为人天生是有本性的，而且这一本性是积极的、建设性的、亲社会的。它表现为一种基本的、统御生命活动的力量，人受此力量驱动会“朝着功能充分发挥的方向前进”。“功能”包括身体功能和心理功能，身体功能的发挥意指机体的成长成熟趋势，而心理功能的发挥是指人的自我实现趋向，二者的共同方向都是向上、向前、积极的、建设性的、创造性的。罗杰斯用“实现趋向”这一概念来概括这些思想。

我们的机体具有智慧(称为“机体智慧”)，会帮助我们判断我们所遭遇的一切是否符合实现趋向。通过“机体评价”，我们会产生各种感受和体验，符合实现趋向的体验是让人愉悦的，而阻碍实现趋向的体验是令人不快的，由此使人产生趋近或回避反应。趋近或回避的结果都是使人始终朝向功能充分发挥的方向。

实现趋向是罗杰斯对人性的基本看法，同时也是以人为中心疗法的基石，治疗目标、治疗原理都在此基础上构建。以人为中心疗法的治疗师对此有着深刻的信念，这一信念在治疗氛围中流动传递，被当事人感受到。对许多当事人来说，这种对他们的信任本身就已然具有治疗的效果。

二、人 格 理 论

罗杰斯人格理论的核心是自我理论，自我理论也是其心理病理学理论的基础。

罗杰斯认为自我是自我知觉和自我评价的统一体，它由三方面构成：对自己的知觉和评价，对自己与他人关系的知觉和评价，对环境及自己与环境关系的知觉和评价。在幼儿最初的经验世界——“现象场”中，事物是混沌一片的，并没有“我”的概念。随着成长和与环境的不断互动，逐渐把我和非我区分开，自己的经验在现象场中慢慢分化出来，形成了最初的自我。

本来，在实现趋向的驱动下，儿童通过机体评价来评估经验，天然地朝着实现趋向规定的方向发展。但在实际的成长过程中，由于人具有一种普遍的“积极关注的需要”——需要被人肯定、看重、认可和喜爱，而最初能满足该需要的是重要他人(一般是父母)，因此，孩子会按照重要他人的要求(反映的是其价值观)来行动，以满足自己的这种需要。在此过程中，孩子逐渐习得了重要他人的价值观，形成“价值条件”，即根据重要他人的价值观来判断哪些经验(或行为)是值得趋近，而哪些经验(或行为)是需要回避的，此时判断趋近回避的标准就不再是机体评价，而是这些价值条件。在个体的成长过程中，习得越来越多的价值条件，在自我的体系中，也就融入越来越多非我的成分。

三、心理病理学理论

由于自我体系中有非我的成分，因此，在生活中难免碰到经验与自我矛盾冲突的时候。此时，个体会感到焦虑，防御系统相应地自动启动，通过三种方式来维持自我的和谐：① 选择性知觉——只允许与价值条件一致的经验被意识到；② 歪曲经验——将与自我不一致的经验从认知上予以歪曲，使之与自我一致；③ 否认——否定经验的真实性。当防御奏效的时候，焦虑显著降低，暂时恢复了自我的稳定。但当经验与自我冲突太大，防御失效的时候，个体不得不面对那些试图拒绝的经验，但经验和自我的对立又非常明显，无法协调，个体对局面失去控制，烦恼和紊乱便无法消除，从而产生心理困扰或心理疾病。罗杰斯认为，不同的心理疾病在本质上并没有不同，只是经验和自我的不调和存在程度上的差别而已。

四、治疗理论

治疗理论的精髓可以概括为“去伪存真”。基于罗杰斯对心理疾病本质的理解，心理疾病的产生源于经验与自我的失调，因此要消除心理疾病就要使经验与自我调和。为此需要去除自我中那些非我的成分，去伪存真就是要消除非我，而保留真实的自我。非我来源于价值条件，而真实的自我来源于实现趋向的驱动、机体的评价。因此，具体来说，“去伪”就是要去除一个人身上那些与其价值条件化的自我相一致的，或者说由这些“假”自我(非我)衍生出来的思想、情感和行为方式；“存真”就是要保留一个人身上那些代表着他的本性，属于他的“真”自我的思想、情感和行为方式。

为了达到这一治疗目标，治疗者要在治疗中创设有助于实现该目标的条件，这一条件就是治疗关系，通过治疗关系营造出一种有助于去伪存真的氛围，而要形成这样的治疗关系，需要三个要件：真诚一致、同感理解和无条件积极关注。

综上所述，以人为中心理论的基本思想可以归纳如下：

(1) 个体天生具有一种实现趋向，它驱动着机体的成长成熟和心理上的自我实现。

(2) 判断经验是否符合实现趋向的标准是机体智慧，机体评估引导个体朝着实现趋向规定的方向前进。

(3) 为了满足积极关注的需要，个体有时会按照外界的价值观而非机体智慧来行动，如此形成一些价值条件并进入自我，使得自我中加入了一些非我的成分。

(4) 由于自我中非我成分的存在，经验不可避免地会与自我不一致，此时个体会感到焦虑，从而启动防御机制。若防御奏效，则能有效地缓解经验与自我的矛盾，降低个体的焦虑。

(5) 经验与自我冲突太大，防御机制失效的时候，个体会感到严重的焦虑而又无法消除，从而出现心理困扰或心理疾病。

(6) 心理治疗的目标就是要去除自我中的非我成分，从而消除心理疾病产生的根基。达到这一目标需要治疗的三要件：真诚一致、同感理解和无条件积极关注。

第二部分　基 本 操 作

一、治 疗 目 标

根据以人为中心理论对心理病理学的基本看法，心理治疗的目标是人格重整、自我重建，具体来说就是去伪存真。一旦去伪存真的工作完成，当事人似乎变成了一个新人，一个“功能充分发挥的人”。功能充分发挥的人会表现出一些显著的变化：

1. 对经验、感受比较开放　对待经验，包括来自感官、内脏器官、乃至没有明确来源的感受、体验、直觉等的反应较为开放和坦然，防御减少或降低。体验丰富而敏感，心有所感，意识便有所显，不断丰富的经验也悄然改变着当事人的价值观和态度。如罗杰斯所说：“他会对目前存在于周围的事物更能知觉，而不只是以别人的看法或自己从前的看法去看待事物。他会发现：树不见得都是绿的，男人不见得都像刻板无情的神父，并非所有女人都拒人于千里之外，并非任何失败都是自己糊涂愚蠢”。

2. 自我更灵活　既能与经验相协调，又能不断变化以同化新的经验。当事人的大量价值条件被动摇和改造，之前的许多刻板建构——“必须”、“应该”、“一定是”等被摈弃，自我不再像以前那样刚硬难变，经验也就不再像以前那样有威胁性，因而也就更容易被觉察和接纳。被觉察和接纳的经验与自我和谐相处，同时也不断丰富着自我，使其能够同化更多的新的经验。

3. 信任机体　充分利用机体智慧而不是价值条件来评价经验。“他们越来越深刻地发现自己机体的可靠性，认为它是一个最好不过的工具，因为它能够在任何新的环境下找到最恰当的行为方式”。虽然机体给出的信息也可能出错，但由于人对经验的开放，一旦出错即可知道，并迅速修正。他不再害怕自己的情感反应，他能够信任、欣赏自己源于机体的丰富情感。良心不再是一个铁面无情的检察官，而能够与机体感受和谐相处。

4. 愿意成为一个变化的过程　而不是追求达到一种理想、满意然而固定不变的状况。他愿意生命像流水，愿意体验这种此时此刻正进行的流动、变化，承认生命的意义存于这流动过程之中，而不是为了一个"目的地"而生活。

二、治 疗 关 系

为了达到人格重整的治疗目标，治疗者不需要采用一些具体的策略、技术，而只需要给当事人提供一种有助其去伪存真的氛围，这种氛围是通过治疗关系营造出来的。治疗关系是一般帮助关系的一个特例，它们都具备一个共同的性质，即结成关系的双方，至少有一方存有这样的意图：想促进另一方的成长、发展、成熟，想促进对方的潜能，以及应付生活能力的发挥。正是因为治疗关系中存有助人成长的功能，所以它才有治疗作用。形成这样一种助人成长的治疗关系有三个要素：真诚一致、同感理解和无条件积极关注。

1. 真诚一致　真诚一致是指在治疗关系的范围内，治疗者是个表里一致、真诚、统整的人。真诚导致信任，信任是构成良好治疗关系的基础，也能进一步导致其他的治疗改变。在(治疗)关系中，治疗者愈是他自己，愈是不戴专业面具或个人面具，当事人就愈有可能发生建设性的改变和成长。真诚意味着治疗者对当时当地流过自己心头的情感和态度保持开放。"透明地"一词较切合真诚要素的韵致。治疗者对当事人保持透明，当事人在治疗关系中对治疗者能够看得真切，能体会到治疗者是毫无保留的。对治疗者来说，他意识中的东西应是可以被知觉，可以进入治疗关系，可以交流的。因此可以说，在他感受的实质内容、感受在他意识中的表现和他传达给当事人的东西之间，是切合的或者说是一致的。

真诚包括两方面内容：一方面是治疗者意识到自己真实的情感态度，不防御自己的真实情感而真正倾听自己内在的声音。这样才不至于在自己没有觉察的情况下，向当事人传递相互矛盾的信息，比如言语传递接纳，而非言语却微妙地传递了厌烦。这要求治疗者首先要能够与自己形成助益性的关系，能够敏锐地觉察并接纳自己的情感。另一个方面是治疗者意识到自己真实的情感态度后，要能够准确无误地传达给当事人。从而让对方知觉到自己是诚实可靠、可以信任、始终如一的一个人，否则，可能会被对方认为心口不一、难以信赖。例如，意识到对当事人的厌烦，而又表现得似乎是始终如一地接纳，这势必会让对方感到无法信任。对于任何一个希望建立助益性关系的人，最基本的知识是：真诚透明是安全的。如果能够做到真诚透明，关系中重要的真实情感对双方都没有任何隐藏，就会有助于建立一种助益性的关系。

Egan(1990)根据前人的意见，对如何表达真诚提出了一些建议，主要包括：第一，走出治疗者的角色，不利用治疗者这个角色来避免个人卷入；第二，多一点自发性，少一点瞻前顾后；第三，不设防(避免防御反应)；第四，表里一致；第五，分享自我，愿意自我揭示。

Truax 和 Carkuff(1967)发展出一个评定真诚的标准，从低到高分为五个水平：

水平一：治疗师在互动中明显具有防卫性，有清楚的证据表明他所说的和他所体验的东西之间存在距离。

水平二：治疗师的反应虽然是合适的，但用的是专家的姿态而非个人的姿态。

水平三：虽然没有明确的证据，但仍然能感觉到治疗师是防卫的或是戴着专业面具的。

水平四：无论是隐含的还是明显的防卫都不存在，也没有证据表明治疗师戴着面具。

水平五：在治疗关系中，治疗师是他自己，自由地任内心流露。

试举一例说明真诚在治疗中的体现。

当事人：从情感上来说，为了和你性交我宁可去死，但是我什么也没做……我想做的事情是和你性交。但我不敢问你，因为我害怕你会是非指导的。

治疗师：你为此感到十分紧张，而且很想和我发生关系。

当事人：(沉浸在情绪中)我们能来做些事情吗？这种紧张太可怕了！你想释放紧张吗……你能给我一个直接的答案吗？我想这对我俩都有帮助。

治疗师：(温柔地)答案是“不”。我能理解你有多么失望，但是我不愿意做那件事情。

当事人：(停顿，放松的表现)我想那会对我有帮助。只有在我心烦的时候我会喜欢做这事。你很坚强，这也给了我坚强。

治疗师真实地表达了自己的态度，承担起对自己行为的责任，而不是以治疗专家的姿态说“这不会对你有帮助”，来评价当事人的体验。同时也表达了对当事人在那种情况下的体验的理解和接受。

2. 同感理解　同感理解(empathy)，有多种翻译，如“共情”、“同理心”，是指治疗师体认当事人内部世界的态度和能力。罗杰斯这样描述同感理解：“感受当事人的私人世界，就好像那是你自己的世界一样，但又绝未失去‘好像’这一品质。”这一描述有三层含义：其一，同感是对当事人的个人世界感同身受，设身处地地站在当事人而非旁观者的角度，体会当事人的体会，感受当事人的感受；其二，同感是“感受”而非“认知”，尽管不排除理性的认知，但同感更重视情感的体验，因为对当事人来说，自我中正是存在了大量的价值条件，使得体验被排拒，造成了自我和体验的分离，所以，治疗就是要使大量的体验被觉察，从而撼动硬邦邦的价值条件；其三，同感并不意味着与当事人认同，这也就是“好像”的涵义，充分进入当事人的主观世界，理解他，但同时清醒地睁着治疗者的眼睛，从心理病理的角度对当事人加以理解。同感理解能够有力地帮助当事人厘清思想和感受。治疗者进入当事人的内部世界，与当事人做深入的沟通。好的同感理解能够说出当事人心中所有而意识似无的感受，帮助当事人体验觉察，从而对自己有更深入的了解。

在做同感理解时，可以参考如下反应要领：

(1) 转换角度，真正“设身处地”地使自己“变成”当事人，用他(她)的眼睛和头脑去知觉、思维和体验。

(2) 投入地倾听当事人，不仅要注意他(她)的言语内容，而且要注意非言语线索所传递的情感信息。

(3) 整理从当事人那里知觉到的内容，理解它们。

(4) 向当事人反馈这些理解，辅以非言语表达相应的情绪。

(5) 留意当事人的反应，需要时直接询问对方是否感到被理解了。

有学者对同感理解的不同水平进行了区分，以下是 Carkuff 和 Berenson(1977，引自 Kanfer et al., 1991)的一个五级评定标准。

水平一：助人者在言语和行为上的表现要么未曾专注于当事人的言行表达，要么明显地心有旁骛，双方的交流未能充分包纳当事人所表达的感受和体验。

水平二：助人者对当事人表达的感受有反应，但却忽视了当事人交谈中值得重视的情感方面。

水平三：在对当事人的表达作反应时，助人者的表达基本上可以与当事人的表达互换，因为它们在实质上是表达同一情感和意思。

水平四：助人者的反应相对于当事人的表达明显地有所增加，甚至表达了比当事人自己所能表达的更深一层的感受。

水平五：助人者的反应对当事人所表达的感受和意思作了重要增加，甚至准确地表达了比当事人自己所能表达的深几层的感受，或者说，在当事人深入的自我探索中，助人者与当事人最深层的感受息息相通。

试举一例说明同感理解在治疗中的体现。

当事人：(沉默两分钟。接着开始用生硬平坦的语调说话，和她平常的语调不一样。不看着治疗师。)你感觉我想来，但是我不。我不会再来了。这对我没什么好处。我不喜欢你，我恨你！我希望你根本就没有生下来。

治疗师：你恨我恨得厉害。

(书面文字难以体现口头表达时的情感，治疗师在表述时竭力通过非言语来表达当事人的感受。)

当事人：我想我会把你扔到湖里面去。我会把你砍碎！你以为人们喜欢你，但是他们不……你以为你能吸引女人，但是你不能……我巴不得你死！

治疗师：你憎恨我，而且你真的想把我除掉。

当事人：你以为我父亲对我做了坏事，但是他没有！你以为他不是个好人，但是他是！

治疗师：你感觉我完全错误地转述了你的所有想法。

当事人：……你以为你可以让人们来告诉你一切，你以为他们会认为他们得到了帮助，但是他们没有！你只是喜欢让他们受苦。你以为你可以把他们催眠，但是你不能！你以为你很好，但是你不是。我恨你，我恨你，我恨你！

治疗师：你感觉我真的喜欢让他们受苦，并且我没有帮助到他们。

当事人：你以为我不够直接，但是我直接。我恨你。我得到的一切都是痛苦、痛苦、痛苦。你以为我不能指导我的生活，但是我能。你以为我不会好转，但是我可以。你以为我有幻觉，但是我没有。我恨你。(长时间停顿，靠在桌子上，精疲力竭的样子) 你以为我疯了，但是我没疯。

治疗师：你很肯定我以为你疯了。

当事人：(停顿) 我很累，但是我还是不能放松。(失望的语调，流泪，停顿) 我有幻觉，我必须消除它……(继续谈论她深层的冲突，说出她经历过的一个幻觉，声音非常紧张，态度和之前非常不同。)

……

当事人：我知道我必须消除这些东西，我感觉我能来这里告诉你。我知道你会理解的。我不能说我恨自己。这是真的，但是我不能说出来。所以我就把这些丑陋的东西说成是你的。

治疗师：你感觉到你自己的东西你不能说，但是你能把它们说成是我的。

当事人：我知道我们走到了最低点。

当事人对治疗师表达了非常强烈的负面情绪，治疗师始终如一地使用同感理解进行回应，没有自我防卫，始终把焦点集中于当事人，竭力理解她的想法和感受。每一次准确的理解之后，当事人都能往前走一点，说出一些新的内容，直到最后领悟到对治疗师的谩骂实际上是憎恶自己的投射。

3. 无条件积极关注　前文曾提到，每个人都有积极关注的需要，但成长过程中获得积极关注是有条件的，所以会形成价值条件。心理治疗要去除这些价值条件，治疗师就需要给当事人提供一种无条件的积极关注，在没有任何要求就能获得积极关注的氛围中，当事人更能朝着做真实自己的方向前进，自我越来越灵活，接纳同化更多的经验，自我和经验也越来越和谐。

具体来说，无条件积极关注是指治疗者无条件地从整体上接纳当事人，看重他，尊重他，不以评价的态度对待他，不依据他行为的好坏来决定怎么对待他。人际关系远离判断和评价，不论是积极的评价还是消极的评价。在关系中不评价，而逐渐使当事人了解到，评价的焦点和责任的核心都在于他自己，经验的价值和意义最终由自己负责，从而使他获得自由，去成为一个自我负责的人。罗杰斯说，“当治疗者发觉自己怀着一股温情，接纳当事人的任何感受，认它为当事人的一部分，这时候他就在经历着对当事人的无条件积极关注。”

Truax 和 Carkuff(1967)发展了一个评定无条件积极关注的标准：

水平一：治疗师积极地给予劝告，或者给予负面评价。

水平二：治疗师对当事人的反应非常机械，很少显出积极关注并因而很少非占有的温情。

水平三：治疗师显现出对当事人的积极关注，但那是一种半占有的关注，因为他给当事人这样的感觉："你的行为我很在意"。

水平四：治疗师清晰地传达着这样的信息，他对当事人的幸福有着深深的关切，他对当事人显露出无微不至的非评价的、无条件的温情。

水平五：在此水平，治疗师无保留地传达着温情。

真诚一致、同感理解和无条件积极关注，这三个要素在治疗中相互交融，催生了一种具有治疗效果的治疗关系。在治疗关系营造的氛围中，治疗经过一系列过程，最终产生效果。

三、治疗过程

为了达到人格重整、自我重建的目标，治疗会经历一系列阶段，当事人会随之展现出一系列变化，罗杰斯将其概括为七个阶段(江光荣，2000)。

第一阶段：僵化且疏远地对待个人感受。有一些明显的特征：不愿表达自己；沟通只限于表面的、身外的事情；各种感受及个人意义要么未被识认出来，要么认为不属于自己；个人建构非常僵化；把亲近、交往密切的关系视为危险的；不觉得有任何问题；没有改变的愿望；自己内部的自我和经验之间很难沟通。

第二阶段：开始"有所动"。开始谈论一些与自己无涉的话题；能觉出不对劲，但要么以为问题与己无关，要么觉得自己对问题没有责任；描述感受时好像谈的不是自己的感受，或者好像谈一件过去了的事；体验的方式还是受以前习以为常的方式的羁束，似乎能察觉感受，但又不能实实在在地抓住它；个人建构相当僵化，而且不自知它们是个人主观的观念，倒认为那是事实；感受及其个人意义很笼统、模糊，也就显得简单；矛盾可能会有所表露，但很难意识到其矛盾性。

第三阶段：在第二阶段基础上进一步释放和坦露，最突出的特点是把自己当成一个客体来对待。可以把自己当做一个对象谈论而不感到别扭；像谈客观事物一样谈论与己有关的经验；把周围的人当镜子，像照镜子一样边看边谈论自己；大谈特谈过去的感受和经验，或它们对自己的意义；对自己的感受很排斥，大部分感受显得可耻、低贱，无法接受；感受会得到表露，有时在表露出来后也能识别出它们是感受；容易把经验知觉成过去的，或是与己无关的；个人建构仍然僵化，但有可能明白那是个人的观念性的东西，不再把它们当成事实；对感受和意识都能识别得清楚一些，精细一些，不再像上两个阶段那么含混笼统；对经验中的矛盾之处有所认识；常认为个人所作的抉择是无效的。

第四阶段：在前一阶段基础上平缓地推进。当事人描述的感受更强烈、更生动，但要么仍谈的是过去的感受，要么把现在的感受当成一种客体来谈；偶尔有此时此地的感受表露出来，有时像是在违逆当事人本意的情况下冲出来的；似乎想要体会当下的感受，但又害怕；对感受还不太能开放地接纳，但还是会露出一点接纳的征兆；体验活动受过去“套子”的限制少一些；理解、解释经验的方式不再那么僵化，开始对自己用来理解经验的个人建构有所认识，并对它们是否正确合理产生质疑；伴随着想要更准确地使经验符号化，对感受、建构以及个人赋予意义的认识更为明晰清楚(分化)；对经验与自我之间的矛盾和不一致之处有所认识；对问题有“自己负有责任”的感觉，虽然这种感觉常常动摇；对密切的个人关系仍会视为危险，但愿意冒点险，尝试在较浅的程度上与人相交。

第四阶段在整个治疗过程中持续的时间较长，它和第三阶段一起，构成了治疗过程的主要部分。

第五阶段：可以自由地表达当下的感受；对感受接近于能够完全地体验到，尽管对完整地体验感受还带着害怕和不信任，但那些感受会“冒出来”或“渗出来”，对那些“冒出来”的感受，通常会感到惊慌，而不太会觉得高兴；对自己的感受体验慢慢有了认同感，认可那是自己的感受，而且愿意和希望这样，愿意做“真实的我”；体验被松绑了，也不再遥不可及，但常在意识到体验之前有点迟疑；理解加工经验的方式也大大松绑了，发现更多的个人建构，且对这些建构的合理性、正确性有更多的质疑；出现一种强烈明白的倾向，想要清楚地区分各种感受和意义，一个明显的标志是，当事人努力地设法寻找最恰当的字眼来形容自己的感受；对自身体验中的矛盾和不一致之处，越来越能够清醒地面对，不回避；对所面对的问题越来越能够意识到自己的责任，想要弄明白自己怎样造成了这些问题，内在的沟通越来越没有障碍。

第六阶段：那些原先被“卡住”的感受，受禁制而不能流动的感受，现在可以即刻体验到；感受可以自自然然地流动，不受干扰地完全展现；当事人平静地接受这些体验；当事人有时像是活在体验里，而不是在感受他的体验；作为对象的自己逐渐消失；经验活动具有真正的过程性的特点；与这一阶段相伴随的是生理上有一种松弛感。

第七阶段：一旦治疗到达第六阶段，所取得的进步似乎是不可逆转的，即使不在治疗室内，当事人的改变也会继续。在治疗关系内外，新的感受都能被即时、鲜活、丰富详尽地体验到；这些经验会被用作鲜明的参照物；对这些不断变化的感受，日益能有一种“属己”的拥有感；体验活动几乎达到了完全自由的状态，不受僵化的建构的束缚，而且进入了过程性的体验；自我只是对经验的主观性的、映照性的觉知，对经验没有任何歪曲性的加工；自我是唯一被观照的客体的时候越来越少，而更多地被觉得就是过程中的某个东西；试着对个人建构进行改造，以使其能正确有效地处理此后的经验，对建构所持的态度大大松动；内在的沟通非常清晰，感受和表达感受的符号之间颇能相符，同时也产生一些新鲜的说法以解释新的感受；有这样一种体验：自己所选择的新的存在方式是有效的，因为经验的全部都能不加歪曲地进入意识，以此为基础做出决策，决策自然就较为真实有效。

罗杰斯用大量描述性的语言来概括治疗过程的这七个阶段，总体来看，主要是三个方面随着治疗的进行在逐渐变化：一是感受体验，从限制变得自由，从麻木变得敏感，从排拒变得接纳；二是个人建构(或自我)，从僵硬变得灵活，从盲目变得清醒，从受其“奴役”变得和平共处；三是对感受体验与个人建构(或自我)之间矛盾的认识，从“无知”变得清晰。在当事人经历这一系列阶段，发生这些变化后，也就实现了以人为中心疗法去伪存真的治疗目标。

四、治疗过程中的常见现象及处置

在以人为中心治疗过程中，从治疗开始到结束，通常会出现一些比较典型的现象，对这些现象也有相应的一些处置方法。这里，按照这些现象通常出现的先后顺序分别进行描述。这些现象并非完全独立，而是彼此联系、相互影响的，在实际的治疗过程中也不一定完全按照此顺序出现，但总体框架大抵如此，这里从整体上来描述一个有序的、连续的过程。

1. 当事人表现出依赖治疗师或其他人的倾向 治疗师帮助当事人树立自我控制、自我改变的责任感，强化当事人自己解决问题的信念。通常治疗师会在治疗一开始予以说明，但在治疗过程中，当事人表现出依赖倾向时，要随时进行纠正。

治疗师：你来这儿的原因是？

当事人：是辅导员找我谈过话，她建议我到这儿来。

治疗师：所以你来这儿的原因，是辅导员建议你这么做。

当事人：嗯。她认为我的学习习惯不好，导致挂科，要是能改掉坏习惯，学习效率会提高很多。

治疗师：那么你来是为了让辅导员满意。

当事人：是的，但也不全是那样，我自己也想在学习方面有所改善。

治疗师：所以，你来这里部分是因为辅导员的建议，部分是你自己想有所改善。

当事人：我想，是我自己想要改善，所以过来了。(笑声)

在谈话的开始，当事人所说的话完全是依赖性的，他对来咨询完全不负责任。当认识并澄清了这一态度后，他的话逐渐转向部分承担责任(“也不全是那样，我自己也想在学习方面有所改善”)，直到最后他对自己的行为负起了全部责任(“我想，是我自己想要改善，所以过来了。”)。它在治疗中导致的差异怎样强调都不过分。如果隐含着治疗师或第三者对当事人接受治疗负有责任，那么开始进行治疗的唯一道路几乎就是建议或意见。如果当事人为自己接受治疗负起责任，那么他就会同样担负起解决问题的责任。

当事人：我想可能下次来的时候，会不太一样。可能那时我会对谈些什么有更好的想法。

治疗师：下次是下周五的这个时间，可以吗？

当事人：好的，我没问题。

治疗师：这取决于你。

当事人：这取决于我吗？

治疗师：我会在这儿等你。我很高兴自己能为你做些什么。

当事人：好的，我想我会来的。

当事人一开始说出了有几分独立性的话，表明他打算为下次时间的使用承担部分责任。治疗师通过由当事人决定会面鼓励这种责任感。当事人感到这只是一般的客套，所以说“好的，我没问题”把责任又推给了治疗师。当治疗师说明治疗情境是真正属于当事人的，当事人的惊讶显而易见(“这取决于我吗？”)随后当他以一种肯定和决定性的方式做出反应时，他的整个语气都改变了(“好的，我想我会来的”)——真正地承担起了责任。

2. 当事人陈述自己的问题，并表达相关的负面情绪　治疗师鼓励当事人自由地表达出与问题有关的情感，接纳、承认和澄清这些消极情感。

这次会谈当事人花了一半时间来举出儿子的一个个不良行为，每一个都是对儿子的严厉批评。

治疗师：你有没有做过些什么来让他更听话呢？

当事人：嗯，我尝试过对他的一些行为给予奖励，对做了不该做的事则扣除他的零花钱，但是只一天他的零花钱实际上就已经用光了。我也试过把他一个人关在房里不理他，直到我感到自己快要疯了，几乎要崩溃了。

治疗师：也许有时你的确——

当事人：(非常快地)是的，有时我真是要崩溃了。我过去常常认为自己对他很有耐心，但现在不了。有一天一位亲戚过来吃饭，他在吃饭的时候吹口哨。我叫他不要这样，但他不听。最后他终于停了下来。后来亲戚对我说，如果她叫他停下来而他不听的话，她会把他从椅子上打下去。但是我已经发现那样做对他根本没用。

治疗师：你觉得采用像她说的那样的强硬方法没有用。

当事人：是的。还有他吃饭时的习惯，真是糟透了。他多数时间都是用手抓东西吃，吃得到处都是，吃一会儿跑开玩一会儿，再回来吃。你说像他这个年纪的孩子，哪还有这样的？

治疗师：这让你们两个感觉都很糟糕，你和你的丈夫。

当事人：是的。不过有时他又很好。像他昨天一整天都表现得很好，晚上还告诉他爸爸说他是个好孩子。

治疗师在此阶段的整个作用就是鼓励当事人自由地表达情感，并澄清、接纳这些情感。他没有试图去劝说这位母亲她的孩子是聪明的、正常的、令人同情地渴望得到关爱，虽然这些都是事实。当治疗师不进行阻挠时，当事人的情感就会自然而然深刻而强烈地表达出来。治疗师不带任何批评、争论、同情地接纳了当事人的疯狂感、无望、烦恼和绝望，仅仅将这些情绪作为一种事实予以接纳，并且将它们以一种比当事人表达的更为清晰的方式陈述出来。在母亲抱怨儿子的餐桌行为时，治疗师没有就餐桌礼仪进行回应，而是回应了母亲对此行为的明显情感反应。但是，治疗师并未超越母亲已经表达出的情绪。这非常重要，因为走得太远太快，说出当事人尚未意识到的态度会造成真正的伤害，目标是完全接纳并认识当事人已经能够表达出的那些情感。

3. 在消极情感完全表达出来之后，出现微弱地、尝试性地促进成长的积极冲动　治疗师接纳和认识表达出来的积极情感，和接纳认识消极情感的方式一样。

上例中在治疗师接纳了当事人所有的对抗情绪后，当事人就不可避免地转移到了忽然出现的积极情感(“有时他也很好”)。在治疗中不涉及价值观，积极情感和消极情感一样，都是作为人格的一部分被接纳。正是这种一视同仁的接纳，才使个体有机会真正理解自我，不必为自己的消极情感辩护，也没有机会过分评价自己的积极情感。在此情境中，领悟和自我理解就会自发地产生。

4. 出现对自我的领悟、理解和接纳　治疗师倾听理解并表达鼓励。前述的当事人在治疗中表达出了对儿子的大多数敌意和一些积极情感后，就自己与儿子的关系说出了一些这样的话。

当事人提到一个事情是儿子似乎渴望关注，但使用的方法却导致了消极关注。

当事人：也许对他最有好处的是给他一些关怀和爱，而不是总是去纠正他的行为。可能我们以前太忙于纠正他而没有时间做别的事了。

治疗师：你能看到这一点真是太好了，不需要别人来告诉你，那就是你的真实感受。

当事人：是的，我知道发生了什么。

5. 当事人对可能的决定和行动进行澄清　治疗师帮助澄清可能会做出的不同选择，并认识到个体正在经历的恐惧感和对于继续前进的胆怯，并不督促个体做出某种行动或者提出建议。

当事人：也许我们可以在平时多给他一些关注，而不只是在他做了不好的事情时才去管他。或者这次过年我可以先把他妹妹放到外婆家去，然后让他和我一起做些准备工作，也许这样能让他感觉到比较受重视。但是我也不确定这样做是否真的有用。

治疗师：你想通过这样一种方式拉近和儿子的距离，让他感觉到你对他的关注。但同时又有点犹疑，好像要走出这改变关系的第一步有点困难。

当事人：是的，但也许这会是一个很好的开始。

6. 出现细小的但极有意义的积极行动 然后循环前面的过程，当事人出现更多的领悟，对自己更全面、准确的理解，在此基础上更多整合了的行动。此时治疗师和当事人在一种新的意义上进行合作，彼此间的个人关系达到最牢固点。有些“问题”可能还继续存在，但是当事人对它们的认识变得积极，对自己处理它们的能力也更有自信。

当事人：我不知道你对我和儿子做了些什么，但一切都变好了。应该说在过去三个星期里，他真是个最好的孩子。噢，昨天他的表现可能有点不好，我叫他，他没有马上过来。他是有点淘气，但并不讨厌。我现在对他淘气的看法不同了。嗯，淘气似乎不再那么讨厌了，尤其在我看来是这样。

治疗师：我想我知道你的意思。他拒绝你并不是为了伤害你。

当事人：(点点头)是的，就是这样。

7. 当事人逐渐感到不再需要帮助，并认识到与治疗师的关系必须结束 他们常常会为占用了治疗师这么多的时间而感到抱歉。治疗师还是一如既往地帮助当事人认清这种情感，接纳和认识到当事人正在对控制治疗情境变得更有信心，并且希望不再继续接触。与最初一样，当事人不是必须要离开，治疗师也不去试图挽留当事人。

五、治疗策略和技术

事实上，以人为中心疗法反对在治疗中使用任何策略和技术，治疗不需要专门或特殊的技术方法，而只是需要治疗者全心投入到治疗关系中，通过真诚、同感理解和无条件积极关注，为当事人营造出一种有助于其自我发现、自我成长、自我实现的氛围。

如果一定要说以人为中心疗法有什么策略的话，那么唯一的策略就是建设一种有治疗作用的治疗关系。对于治疗师如何建设这种关系，罗杰斯谈了10点体会(江光荣，2005)。

(1) 我能否做到让对方觉得我是值得信任的、可靠的，以及在某种深刻意义上是表里一致的？

(2) 我是否有足够的表达能力，使我能将自己不含混的传达给对方？

(3) 我能否让自己体验到一种对别人的积极态度——温暖、关心、喜爱、感兴趣，以及尊重？

(4) 我是否有足够的力量，使自己可以和对方分开来？

(5) 我是否自己有安全感，从而能够允许对方拥有他自己的独特性？

(6) 我能允许自己完全进入他的感受和个人意义的世界里去并且像他一样地看这些感受和意义吗？

(7) 我能不能接纳当事人向我呈现出来的每一个方面？

(8) 在这种关系中，我是否较为敏感，留意我的举动不致使对方感到受威胁？

(9) 我能不能帮他解除外在评价的威胁？

(10) 我能否视对方为一个正在“形成”过程之中的人，或者我是否宁愿受他过去还有我的过去的束缚？

如果一定要从技术的眼光看待以人为中心治疗，那么其技术就是基本的倾听技术：情感反映、释意、鼓励、澄清、开放式询问等。以人为中心治疗很少使用影响性技术。

第三部分　注 意 事 项

一、适　应　证

经典的以人为中心治疗不进行心理诊断，因为诊断会助长当事人的依赖倾向，而且把掌控权置于专家手中，有悖于以人为中心治疗非指导、非控制的基本思想。既然不用诊断，也就不会挑选当事人，以人为中心治疗被认为是普适的，从一般的发展性咨询，到被诊断的心理疾病，乃至精神疾病，都是适用的。这里有一个前提是，把心理治疗的目标定位于加深自我理解、在更多现实整合的方向上达到自我重组、发展更舒适和更成熟的行为方式，而并非所有心理障碍的治愈。在此前提下，以人为中心治疗基本上适用于所有人，尽管和其他疗法一样，它不一定能解决所有的问题，或者满足所有人特殊的需要。

尽管经典的以人为中心治疗反对心理诊断，但随着时代的发展，这一观点也受到了一些质疑，一些学者对于在保持以人为中心治疗的核心不变的前提下，整合心理诊断提出了一些看法(Schmid, 2004; White, 2004; Purton, 2004)。总体来看，这些看法还在讨论中，以人为中心疗法仍然被用于各种心理问题的治疗，包括一些严重的心理疾病，如创伤后应激障碍(PTSD)、边缘性人格障碍(BPD)、暴力犯罪行为，等等。尽管有研究表明治疗并非总是普遍有效(van Blarikom, 2008)，但是对以人为中心治疗 60 年来的 180 余项实证研究的元分析表明(Elliott, 2008)，以人为中心治疗总体来看是十分有效的，依据有：①治疗前后当事人变化很大；②变化能够保持；③接受治疗者比未接受治疗者收益更大；④与其他疗法在临床上和统计上效力相当。

二、治疗设置

和其他疗法相比，以人为中心疗法在基本的治疗设置上并没有更特殊的要求。治疗环境安静舒适，私密性好，让当事人感到安全和放松。治疗一般每周 1 次，固定时间和地点，每次 50 分钟或 1 个小时。会谈次数没有限制，由当事人决定何时终止治疗。

在治疗关系方面，以人为中心疗法具有自己的一些特点。由于它强调当事人的自我掌控，所以治疗师在治疗中显得相对被动，他(她)的作用犹如一面镜子，让当事人清楚地了解自己。“非个人”和“安全”被当事人较多地用来形容这种关系。这里的非个人是指尽管治疗师是关系的组成方，但关系里没有治疗师带有个人需要的评价和反应，所有的反馈都是当事人自己的体验，所以当事人体验到的关系似乎是自己单方面的自我，这也就是所谓“镜子”的功能。安全是指当事人体验到来自治疗师持续的、完全的接纳，感到被尊重、被支持，治疗师没有评价、没有解释、没有强迫，所以当事人逐渐体验到一种无需防御的关系，在这种关系中不用再戴“面具”，可以在最真实的水平上展现和了解自己。

所谓的移情关系，在以人为中心治疗中也会出现，但对它的处理和治疗中的其他处理没有什么不同，治疗师仍然使用一贯的反应方式，理解和接纳，向当事人反馈他(她)自己的情感。在这样的互动中，当事人的情感没有投射的基础，最终会认识到这种情感并非指向治疗师，而是有其他真正的对象。在这种没有解释和评价的安全的氛围中，当事人没有必要去否定自己的感知，从而能够对自己体验的意义有更准确的领悟。同时，由于关系很安全，当事人不需要去抵制治疗师，因此有更多的自由去处理源于自身的阻抗。始终保持这样的互动方式及所营造出来的关系氛围，移情就能逐渐消退，当事人也会自己获得领悟。

三、影响治疗效果的因素

如果治疗不成功，当事人在自我成长和自我接纳上将没有进步，导致治疗失败的原因可能有：当事人对治疗不感兴趣(如被强迫进行治疗)，不愿与治疗师合作，无法建立良好的治疗关系；治疗师的技术、能力有欠缺，无法通过同感、真诚和无条件积极关注建立关系；当事人对非指导治疗不接受，对以人为中心治疗的互动方式感到厌烦、沮丧或恼怒，等等。

四、理论和实践的新进展

以人为中心疗法经过半个多世纪的发展，历经了兴起到隆盛再到回归的过程；在心理治疗发展史上，它经历了从独树一帜，到被其他疗法借鉴吸收，再到与其他疗法交流融合的一系列过程。时至今日，以人为中心疗法已经不完全是“罗杰斯疗法”了，而是在实证研究的基础上有所变化和发展。

从以人为中心疗法诞生开始，就一直在接受着实证研究的检验，尤其是治疗关系的三要素，得到了大量的研究检验，其中同感理解对治疗效果的作用，更是取得了比较一致的研究结论，现在，同感理解在心理治疗的各种疗法中都被或多或少地运用。在以人为中心疗法与体验疗法、格式塔疗法等相关疗法的融合中，在情绪之外也逐渐加入了一些认知和行为的成分，这使得其非指导性的特征逐渐弱化，研究表明，当以人为中心疗法中添加的这些“指导性”干预更多时，其产生的效果量更大(Lambert, 2004)。

近年来，随着短程治疗的风靡和疗法整合思想的不断渗透，更有学者提出可以尝试将以人为中心取向和问题解决取向相融合(Jaison, 2002; Cepeda, 2006; Knight, 2007)。尽管从传统的观点看来，这两种取向间存在巨大的差异，但持整合观的学者认为，二者并不存在本质的矛盾，反而对许多基本问题的看法是一致的，主要表现在四个方面：第一，二者的目标都是帮助那些成长受阻的人继续成长；第二，对人的基本信念是一致的，都认为人是可以信任的、有潜力的、可以发生建设性的改变、可以过有效力的生活；第三，治疗师都秉持现象学的观点，都试图理解当事人的内部参考系；第四，都认为生活是变化的，变化是不可避免的。基于这些基本观念的一致性，二者可以融合。至于融合的方式，主要有三种观点，第一种认为治疗者可以根据需要在两种取向间灵活转换，两种取向的基本技术都可以被看做有不同的“剂量”，治疗者根据需要评估和调整“剂量”的大小(Jaison, 2002)；第二种认为可以把治疗分成两个阶段，在前一阶段主要采用以人为中心疗法的真诚、同感理解和无条件积极关注，使当事人对治疗充分投入，同时建立起良好的治疗关系，然后在第二阶段以问题解决技术为主，致力于解决当事人的具体问题(Cepeda, 2006)；第三种认为可以在以人为中心疗法的框架内解决问题，也就是说，治疗从头至尾保持以人为中心疗法的基本风格，在这种风格中进行具体的问题解决(Knight, 2007)。

总体来看，在心理治疗整体向短程、整合方向迈进的过程中，以人为中心疗法也在随着这一趋势变化发展。在前文述及的该疗法的三个特点中，前两个特点都没有太大变化，但第三个特点“非指导的倾向”有明显减弱的趋势，融入了越来越多指导的思想、态度和技术。这一变化尽管削弱了以人为中心疗法的“个性”，但同时也扩大了其应用范围，心理困扰程度不同、治疗目标不同、治疗期望不同的当事人，都可能获得收益，甚至是对不同文化的当事人，也有更好的适宜性。

(江光荣)

参 考 文 献

江光荣. 2000. 人性的迷失与复归——罗杰斯的人本主义心理学. 武汉: 湖北教育出版社.

江光荣. 2005. 心理咨询的理论与实务. 北京: 高等教育出版社.

Cepeda LM, Davenport DS. 2006. Person-centered therapy and solution-focused brief therapy: an integration of present and future awareness. Psychotherapy: Theory, Research, Practice, Training, 43(1): 1-12.

Cornelius-White, C. F. 2004. Maintain and enhance: An integrative view of person-centered and process-differentiated diagnostics. Person-Centered and Experiential Psychotherapies, 3(4): 268-276.

Egan G. 1990. The skilled helper: A systematic approach to effective helping. 4th ed. Pacific Grove, California: Books/cole.

Elliott R, Freire E. Person-Centred/Experiential Therapies Are Highly Effective: Summary of the 2008 Meta-analysis.http://www.pce-world.org/about-pce/articles/102-person-centredexperiential-therapies-re-highly-effective-summary-of-the-2008-meta-analysis.html.

Jaison B. 2002. Integrating experiential and brief therapy models: A guide for clinicians//Watson JC, Goldmann RN, Rhonda N et al. Client-centered and experiential psychotherapy in the 21st century: Advances in theory, research, and practice. Ross-on-Wye: PCCS Books.

Kanfer FH, Goldstein AP. 1991. Helping people change: a textbook of methods 4th ed. New York: Pergamon.

Knight TA. 2007. Showing clients the doors: active problem-solving in person-centered psychotherapy. Journal of Psychotherapy Integration, 17(1): 111-124.

Lambert MJ, Garfield SL, Bergin AE. 2004. Overview, trends, and future issues//Lambert MJ. Bergin and Garfield's handbook of psychotherapy and behavior change 5th ed. New York: John Wiley.

Purton C. 2004. Differential response, diagnosis, and the philosophy of the implicit. Person-Centered and Experiential Psychotherapies. 3(4): 244-255.

Schmid PF. 2004. Back to the Client: A phenomenological approach to the process of understanding and diagnosis. Person-Centered and Experiential Psychotherapies, 3(1):36-51.

Truax CB, Carkuff RR. 1967. Toward effective counseling and psychotherapy: Training and practice. Chicago: Aldine Publishing Company.

van Blarikom JA. 2008. Person-centered approach to borderline personality disorder. Person-Centered and Experiential Psychotherapies, 7(1): 20-36.

第七章 森田疗法

第一部分 基本理论

一、森田正马和森田疗法的产生

森田正马(1874～1938)(Morita Mashatake)是日本著名的精神医学家，于 20 世纪 20 年代创立了深受中国传统文化影响的、专门针对神经症的心理治疗方法——森田疗法。他出生在日本高知县的富家村(现为夜市町)，幼年时身体虚弱，有遗尿，但天资聪慧。5 岁时进入当地小学学习，成绩超群。其父是同校老师，因对其管教甚严，使他惧怕上学；甚至在进入初中后，还发生过逃学的情况。9、10 岁时在村寺里见到彩色的地狱图，他异常恐慌，为此反复思考人死后会有什么结局，并夜间失眠、做梦不断。他本人胃肠功能不良。20 岁时又患肠伤寒，夜间常有心悸发作，并有出汗、寒战、对死亡恐惧等“发作性神经症”的症状。当时在日本精神医学界把神经症分为“普通神经质”(相当于广泛性焦虑症和神经衰弱)，“发作性神经症”(相当于惊恐障碍和场所恐惧症)和“强迫观念症”(相当于强迫症、社交恐惧症和特定恐惧症)。

森田正马于 1898 年(24 岁)考入东京帝国大学医学部学习。入学第一年，因家里未及时寄给他学习费用，他很生气，读书也不专心。为了调节情绪，他利用春假期间，到箱根去疗养了一段时间。回来后仍头痛不止，难以继续学习。在这种情况下，他横下一条心，不去纠缠这些症状，不吃药，不求治，听之任之。他认为如果死了，也是父亲的责任。为此，他埋头学习，不料却雾散云开、病症消失，学习成绩突飞猛进，出乎意料。当时的考试成绩平均为 78.3 分，在 119 名同学中名列第 25 位。并且他也谅解父亲因太忙而不能及时寄学费的事。通过这次自身体验，他对“神经质倾向”(疑病性素质)有了认识，并摸索出特殊的、以后被人称之为森田式的治疗。

二、新森田疗法：森田疗法的发展

自日本著名精神医学家森田正马博士 20 世纪 20 年代创立森田疗法以来，已八十多年，经过森田先生的弟子们的努力，森田疗法在理论上更加系统和完善，方法上也得到了不少改进，形成了新森田疗法 (Neo-Morita therapy)。主要有以下 4 个特点：

(1) 对森田先生提出的许多概念进行了归纳和整理，并用简明易懂的语言做了解释，如现任日本森田疗法学会理事长的大原健士郎教授撰写了《森田术语集》和《森田疗法术语辞典》，并把森田理论中最重要的概念即“疑病性素质基调”，“生的欲望”、“死的恐怖”之间的相互关系做了阐述，并系统地阐明了“森田神经质”的发病机制。

(2) 提出了许多新的概念：如森田先生的高足武久提出应以“适应不安”一词代替“疑病性素质”更为妥当，把森田这一生物学上的概念引申到心理学上来理解。其次，高良还提出了“主观虚构性”、“表面的防御单纯化”等新概念，发展了森田理论。大原则建议把森田的“神经质”和高良的“神经质症”统称为“森田神经质”，避免了用词混乱。大原还指出用森田的名字来命名一种疗法会使人感到深奥陈旧，可能会阻碍这一疗法的发展，故他建议改称“创造性体验疗法”。田代信维则从心理生理学的角度将森田疗法的各个治疗阶段与人类的自我成长过程相对应地进行了研究，并引用 Maslow 的需求层次理论对各种治疗机制进行了研究。

(3) 治疗方法的改进：现代的森田治疗家从各自的经验出发，一致认为四十天的疗程太短了，多采用三个月左右为一疗程。而家庭式的治疗环境在现在医疗机构中已很难做到了，因此只是合并使用家庭治疗。为了更好地开展治疗，北西于 1990 年提出“森田神经质的诊断用接触规范”。在整个治疗中，也放宽了对患者的限制，并根据情况引进了音乐、绘画、体育等疗法，在某些情况下还可以合用抗焦虑药。在实施治疗时，均主张开展 Rorschach 测验、文章完成法等心理测定，还开展生长激素、催乳素测定等生物学研究；通过睡眠脑电图分析，发现森田疗法可使睡眠障碍的睡眠节律正常化，还推算出绝对卧床至第七天转为轻作业期是最适切的。

(4) 适用范围的扩大：森田疗法对神经症的疗效已通过大量来自临床

心理学和生物学方面的研究得到了科学的评定。现在森田疗法还被广泛用于心身疾病、抑郁症、精神分裂症、酒依赖、甚至是心理危机的治疗中；另外，世界各国已成立了许多以森田理论为基础的自助性组织，如“生活发现会”，帮助癌症和艾滋病患者的组织“Meaningful Live Therapy”等。

三、森田疗法的主要理论

森田先生通过二十多年对神经症的实质和治疗方法的研究，期间尝试了镇静药物、催眠疗法、生活正规法、说服辩论法、安静疗法等，发现这些疗法对神经症的治疗还有很多不足之处，于是通过综合、概括和扬弃后创立了这一专门针对神经症的心理疗法。下面介绍一些森田疗法中最主要的概念。

1. “神经质”　首先，森田正马提出了“神经质”这一概念，认为神经症中适合森田疗法的性格特征可称为“神经质”，是一种人格方面的异常或倾向，表现为内省、敏感、认真、仔细、追求完美、胆小、谨慎、刻板、做事按部就班等特点。按照现在的理解，多为强迫人格的特点，或部分焦虑(回避)人格的特点。人格特点是发病基础。

2. 疑病性素质基调　森田正马提出“疑病性素质基调”的概念，认为害怕疾病是人类生存欲望的表现。如程度过强，则易将注意力转向自己身心的一些细微的变化上，这是形成“神经质”的基础。森田正马首先强调出现疑病现象是正常的，正常和病理心理是一个连续谱，关键看程度和应对方式。这也是讲发病基础。

3. “生的欲望”和“死的恐怖”　森田正马还提出了“生的欲望”和“死的恐怖”这一对概念，认为这是一个问题的两个方面。生的欲望是人类共有的向上不断发展自己的意愿，但只要有生存，来自肉体的、心理的对死亡的恐惧就会一直存在；疑病性素质很容易陷入“死的恐怖”中去，是因为生的欲望过于强烈，相应地对死的恐怖也越来越强。来到我们面前的患者往往呈现出“死的恐怖”，也反映出“生的欲望”未得到恰当地实现。这也是讲发病基础。

4. 思想矛盾　“思想矛盾”，即神经质往往用“必须这样”、“应该如此”这样一种求全的理性优势来试图解决感觉到的身心变化，而非理性的、情绪的问题是不能通过主观愿望来克服的。如“身体健康就不应该有不适的感觉”，“有不舒服肯定身体出了毛病”，“精神正常的话脑子里就不应该出现不想要的念头”，但思维想什么内容、情绪、躯体感觉不是根据理性能够马上控制的。用现在的观点，这是一种认知偏差。

5. 精神交互作用　森田正马认为，所谓焦虑、烦恼、躯体不适感是人类普遍存在的身心现象，但具有神经质倾向的人会从他的“疑病性素质基调”出发，把这种身心现象看成是异常的，并从理智上去竭力防卫，形成“思想矛盾”。在注意力集中于焦虑、烦恼和躯体不适感觉上时，会使这种感觉更加敏感，更加敏感的感觉会吸引注意力更集中于此，形成所谓“精神交互作用”，从而使症状发展并固定下来。换句话说，神经症症状或烦恼是被“对抗”出来的。

6. 顺应自然　鉴于上述理论，森田正马在治疗中提出下述原则：各种神经症症状的存在，并不是通过自己人为的意志所能马上克服的。只有坦然地面对和接受，不管情绪是好是坏，以行动为本位，在症状存在的同时以建设性的态度去追求自己的生活目标，这样才能打破“思想矛盾”、阻断“精神交互作用”的发生。这种行为准则，森田正马称之为“顺应自然”。

7. 行动准则　行动及所产生的结果是决定一个人价值的唯一标准。一个人想得再好而不去行动，等于什么也不是。从这个角度出发，养成在接受自己负面情绪和感觉的同时，要注重为了达到目标必须采取行动的生活态度。

8. 目标准则　不受情绪的影响，以所要达到的目标为准则。如要去买菜，路上情绪如何无法强求，菜买回来了即目标达到了；反之在路上情绪再好，而菜却没有买回来，结果还是失败。

第二部分　基 本 操 作

一、住院森田疗法

森田治疗疗程定为绝对卧床期、轻作业期、重作业期和生活训练期四个阶段，共 40 天在家庭式的环境中进行住院治疗。绝对卧床期时患者与外界环境彻底隔绝，除吃饭、大小便外须绝对卧于床上，以便使患者身心得到安静，养成对症状容忍和接受的习惯并激发活动欲望。轻、重作业期则逐渐减少限制并做日记指导，患者可做一些拔草、劈柴、做饭等活动，从而逐渐养成按自己目的行动的修养习惯，带着症状面对现实，反复体验成功的经验。社会康复期则可让患者外出学习、上班，以适应外界实际社会环境的变化，一周回病房 1~2 次，医师与其面谈并做日记指导，同时可开始做出院准备。

(一) 评估

有日本学者在 20 世纪 90 年代初发展出专门用于评估森田神经质的工具，即“诊断用森田神经质访谈量表”(diagnostic interview of morita shinkeishitsu, DIM)，除了可以评估森田神经质的严重程度以外，还可以预测治疗效果。

得分越高，森田神经质的倾向越严重，越适合森田疗法，预后也越好。量表共分为 8 个因子：症状及症状形成机制、人际关系类型、行为类型、治疗动机、人格特征、发展类型及适应水平、生活史、医患交流(表 7-1)。

表 7-1　森田神经质量表评定(DIM)

1. 症状及症状形成机制			
(1) 焦虑的自我异质性	−1	0	+1
(2) 症状焦点	−1	0	+1
(3) 症状内容的变化	−1	0	+1
(4) 焦虑，恐怖的内容	−1	0	+1
(5) 有无强迫行为	−1	0	+1
(6) 对症状的态度	−1	0	+1
(7) 精神交互作用	−1	0	+1
(8) 思想矛盾	−1	0	+1
2. 人际关系类型(轻松为+1，无特殊为 0，为难为−1)			
(1) 个人生活空间			
父亲	−1	0	+1
母亲	−1	0	+1
(2) 社交生活空间			
同性上级(上司，老师等)	−1	0	+1

续表

同性同级(同学，同事等)	−1	0	+1
同性下级(同事，同学等)	−1	0	+1
异性上级(上司，老师，亲戚长辈)	−1	0	+1
异性同级	−1	0	+1
异性下级	−1	0	+1
亲密朋友	−1	0	+1
(3) 社会空间(不认识的人)			
同性	−1	0	+1
异性	−1	0	+1
3. 行为类型			
(1) 自行解决	−1	0	+1
(2) 将周围卷入	−1	0	+1
(3) 追求安全感和生活圈子缩小	−1	0	+1
(4) 克制自己的生活模式	−1	0	+1
4. 治疗动机			
(1) 来诊动机	−1	0	+1
(2) 自己克服症状的尝试	−1	0	+1
(3) 对森田疗法的理性的理解	−1	0	+1
(4) 改变自己的愿望	−1	0	+1
(5) 对治疗的期待	−1	0	+1
5. 人格特征			
(1) 理解力	−1	0	+1
(2) 自我矛盾	−1	0	+1
(3) 对他人的接纳	−1	0	+1
(4) 规矩，观念倾向	−1	0	+1
(5) 向上发展	−1	0	+1
(6) 对焦虑，冲突的忍受	−1	0	+1
(7) 冲动控制力	−1	0	+1
6. 发展类型及适应水平			
(1) 发病年龄	−1	0	+1
(2) 发病前后的适用水平	−1	0	+1
(3) 发病前适应水平	−1	0	+1
(4) 发病后适应水平	−1	0	+1

续表

(5) 发病后人际关系	−1	0	+1
7. 生活史			
(1) 对父母的社会价值观的认同倾向(小学前)	−1	0	+1
(2) 家庭中存在权威的难以接近的人(小学前)	−1	0	+1
(3) 对患者给予正性评价(小学前)	−1	0	+1
(4) 周围的期待(小学前)	−1	0	+1
(5) 学龄期愉快	−1	0	+1
(6) 班干部经历	−1	0	+1
(7) 受欺负经历及青年期人际关系(初中后)	−1	0	+1
(8) 对父亲的反抗	−1	0	+1
(9) 对母亲的反抗	−1	0	+1
(10) 初高中时代有无同性朋友	−1	0	+1
8. 医患交流	−1	0	+1

(二) 治疗的导入

开始森田疗法以前，需要做一些准备工作。首先选择具有神经质个性特点的患者作为对象，用森田疗法的原理对患者的症状是如何产生的做一些解释，获得患者的理解和共鸣，建立起良好的医患关系。告之森田疗法的要求，允许保留疑问。入院后(绝对卧床前)即开始限制各类活动。然后可进入 1~4 期的治疗。

慎重选择下列情况：

(1) 对焦虑的耐受性差，常借用药物和酒精来解决问题的人。

(2) 处于急性期的严重抑郁状态；频繁的自杀企图和严重的自杀倾向。

(3) 对冲动的控制力差，曾有过暴力和犯罪以及性变态等行为。

(4) 由于出现相应症状，日常生活都依赖家属。

(三) 治疗经过

1. 绝对卧床期(一周)　要求患者一个人在一个病室内，除吃饭、洗脸和大小便外，其余时间均卧于床上，禁止与外界接触及看书、听音乐等娱乐活动。主治医师一天查房一次，每次约五分钟，不过多地询问症状，只是鼓励和支持患者坚持下去。

(1) 目的

1) 在安静的环境中使患者心身的疲劳能得到休息。

2) 养成对于焦虑等症状的忍耐力。

3) 体验烦闷心境及解脱的过程，即如果烦恼无与之相应的条件则不可能无限制地发展。

4) 激发活动的欲望以便向作业期过渡。

(2) 过程

1) 烦闷期：一般在第一天患者会感到比较舒服，第二天会开始不断地想自己的病，各种症状或烦恼都会加重(“欲用一波消一波，则千波万波相继而起”)。但由于患者处于隔离和卧床的状态，无法逃避症状，只好让症状自行发展，这样症状反而会减轻(“烦闷即解脱”)。

2) 无聊期：第5~6天起就会感到很无聊，持续1~2天就会感到很想活动，此时即可进入下一期。

2. 轻作业期(约一周)　仍然对患者的活动有所限制，禁止交谈和外出及过多的活动，白天可以到户外接触新鲜空气和阳光并观察周围的环境，晚上要求写日记，临睡前阅读一些枯燥的书。

(1) 目的：因有限制，患者感到无聊，可进一步激发患者自发活动的欲望，消除预期焦虑，减少对症状的注意。

(2) 日记指导原则：不要记述主观的烦恼，要求记录每天的活动内容，医生每天根据森田疗法的原理做点评。

3. 重作业期(约二周)

(1) 原则：要求做一些较重的体力活，并可以阅读一些内容轻松一点的书籍，继续记日记，仍然禁止交际、游戏、无目的散步等活动。在不知不觉中养成对工作的持久耐力，有了信心的同时反复体验工作成功的乐趣。不问症状。

(2) 目的：通过行动的积累打破思想矛盾和精神交互作用的恶性循环。

(3) 准备：作业内容及时间的安排，身体的准备和精神准备(不去重视作业本身有多大意义)。

(4) 内容

1) 根据条件组织安排各种作业，指导患者自己组织起来。

2) 定期集体心理治疗。

3) 定期演讲会(结合欢送将要出院的患者)。

4) 日记要求同前。

(5) 重作业期指导患者的原则

1) 对精神交互作用的认识。

2) 关注现实生活，使患者从“情绪准则”转向“行动目标准则”。

3) 认识焦虑，恐怖，烦恼等情绪存在的必然性。

4) 分析目前行为方式的必要性。

5) 能带着症状行动，也容易养成合乎目标的行为模式。

6) 通过与现实的接触，对“理应如此”的观念引起注意并予以纠正。

(6) 影响作业期效果的重要因素

1) 稳定的医患关系。

2) 治疗环境的集团力量。

3) 作业内容的丰富性和合适性。

4) 作业活动的组织效率。

4. 社会康复期(一周至二周)　允许外出进行一些有目的的活动，在实际环境中巩固前三期获得的体验，为回归社会作准备。每周1~2次与患者交谈；修改日记；针对现时的治疗目标及存在的问题，进一步深化体验，鼓励继续行动。

二、门诊森田疗法

现在一般认为，森田疗法的住院治疗已经标准化了，所以，原则上认为是正统的治疗方法。森田疗法作为住院疗法，有两个要素：一是绝对卧床疗法和作业疗法；另一是家庭的环境气氛。两者构成了森田疗法的特征。

随着社会对森田疗法需求的增加，已不能满足住院治疗的需要。在门诊，根据森田疗法的原理对合适的患者进行治疗，实践的人多了，就有了门诊森田疗法的名称。然而，与住院森田疗法相比，门诊森田疗法还不够规范化，大多是按照治疗者各自的经验进行的。尽管如此，由于门诊有大量合适的患者，在门诊中开展森田疗法有着更大的发展前景。

只要掌握好“治疗原理”以及“治疗目标”，在门诊开展的森田疗法和正统的森田疗法在本质上是没有区别的。但是对于门诊森田疗法，由于缺乏正统森田疗法具有的“形式”要素，治疗者亲自照料患者的说服力是很重要的，即需要在技巧上弥补被省略的形式和内容，使患者边忍受痛苦，边在日常生活“场合”中获得行为适应。也就是通过语言保留治疗者与患者相互的理性和感性上的交流，以患者的日常生活行为作为详细研究的核心。

(一) 治疗对象

狭义的对象是“森田神经质”，广义的对象从健康人到具有各种病理背景的器质障碍者。在人的一生中，面对现实生活而产生的适应上的烦恼和痛苦的体验者都可成为治疗的对象。患者自身痛苦承受力的大小及医患关系的牢固性是门诊治疗的界限标准，较住院治疗更重要。

(二) 操作方法

1. 初始访谈　包含 1～2 次询问病史。决定患者是否是治疗的适应证，明确诊断和接受治疗的动机。以下特征者较适合治疗：

(1) 内向性格或内省倾向。

(2) 从症状中可见明显的“思想矛盾”和“精神交互作用”。

(3) 现实的自我评价低下，理想的自我意识增强，对其差别苦恼。

(4) 对森田原理能理解并愿意配合。

(5) 或森田神经质量表评定(DIM)得分较高者。

2. 治疗过程

(1) 了解患者对治疗的期待，发病诱因及生活目标的再确认。

(2) 日记指导；准备 2 本日记本，一本在就诊时交给治疗师，就诊后治疗师做批改，下次就诊时治疗师将批改好的日记本和患者的另一本日记本交换。

(3) 治疗指示和程序的说明，并明确患者同意合作。

(4) 每周一次，30～40 分钟，疗程为 3 个月至半年。

(5) 以患者日常生活的场面作为作业内容，逐步使患者的日常生活、学习和工作节奏恢复到接近正常，而症状不得不存在，以目标为准则，通过行动的积累来逐步打破恶性循环和精神交互作用。

第三部分　注意事项

1. 治疗方法的选择原则　如前所述，森田疗法有住院式森田疗法、门诊式森田疗法，实际运用中，还有通信式森田疗法和患者参加自助组织以得到帮助(如日本的“生活发现会”)或几种方式并用。

首先，有接受森田疗法治疗的意向，然后根据患者的处境、病情严重程度、患者本人的期望等来判断选择哪一种形式的疗法。最重要的原则是根据患者的社会功能状态，如患者因为病情无法去上学(已休学)、上班或社交，则倾向于选择住院式森田疗法，先在住院的环境中积累各种体验。其次，社会功能影响不显著的患者，可选择门诊式森田疗法，边坚持学习工作及接触现实环境，边接受治疗，不断加深体验。如病情非常轻，患者可选择通过自助组织得到帮助和交流，或可采用通信式森田疗法以帮助患者。

2. 森田疗法在儿童、青少年心理障碍中的应用　根据研究表明，许多神经症或相关的心理障碍多在青少年期起病；而在青春期，更可见到许多剧烈的情绪波动或行为适应问题。

从森田疗法的理论来看，青春期正是“生的欲望”和“死的恐怖”开始冲突最明显的时期，即由于自我意识的迅速觉醒，非常渴望成功、出人头地、与众不同和具有自信心等，但同时由于经验不足等原因，又害怕失败、被否认等，此种情况下，如果碰到一定的外界诱因，强烈的上进心非常容易转向强烈的自我否定；另外，青春期由于人格尚未完全成熟，极易陷入“思想矛盾”之中，即对自己所面临的一切要求“理应如此”，非常理想化，但和现实却有如此大的距离，难以接受“理应如此”和“现实如此”之间的距离，所以会通过非常理性的方式去加以对抗，形成“精神交互作用”，使得许多神经症性的症状发生、固定和发展起来。

从森田疗法的实践来看，青少年往往都有着一颗森田正马所说的“纯正的心”，即在接受治疗时较少有“功利”的色彩，不会拘泥于“这么做了我会得到什么好处”，较容易在治疗的设置中将“生的欲望”投入到建设性的行动中去，较快获得“顺应自然，为所当为”的体验。据日本森田疗法学者统计，接受住院森田疗法的患者年龄分布中，20岁以下的占50%以上，获得显著疗效的患者当中，70%为20岁以下的患者，多为学校恐惧症、单纯恐惧症、强迫症(强迫观念为主)、惊恐障碍、学习困难等。

另外，对于儿童心理障碍来说，父母及家庭的教育或应对问题的方式是许多心理障碍发病、慢性化的重要原因之一，因此，运用森田疗法的理论去理解父母及家庭的教育或应对问题的方式在患儿的疾病发生过程中的作用，以及在实践中运用森田疗法对整个家庭进行干预，是森田疗法治疗儿童情绪和行为障碍的基本原则。

3. 森田疗法治疗青少年心理障碍的实践及典型案例分析 在青少年学生中，经常可以见到不少人以人际交往的困扰和烦恼为突出问题，严重者会逐步发展为学习成绩下降、不去上学、不与社会接触，甚至对家人、同学和朋友也自我封闭、情绪波动非常大或对家人经常发脾气、自我伤害等。从临床上来看，这些人可以分别被诊断为社交恐惧症或学校恐惧症、适应障碍、焦虑障碍、抑郁障碍、行为障碍或人格障碍等。但从森田疗法的角度去看，这其中的很多人都有一些共同特点，就是从青春期开始，随着自我意识的增强，同时和外界接触增加，人格中敏感、容易感到受伤害的部分会越来越显示出来。一方面，他们非常渴望与别人建立起良好的人际关系、得到别人的认可和赞赏；另一方面，由于非常容易受到伤害和挫折，会在行动上进行自我保护，避免和别人接触交谈，会给别人留下孤僻、清高的印象。他们非常重视自己在别人心目中的形象是否完美、渴望得到注目和赞赏的愿望非常强烈，但现实中得到的感受和结果往往会和他们的愿望有很大差距，使他们感到失望和受到伤害，因此不断地形成恶性循环，对人际交往的回避日益加重，自我感觉越来越糟糕，又感到周围没有人能够理解自己，难以将自己脆弱、受伤害的感觉和别人交流，这样长期的心理冲突如未得到及时解决，会形成以上所提到的各种心理障碍。

下面举一个社交恐惧症的实例来对森田疗法进行阐述。

小孙，男性，17岁，高二学生，病程2年。小孙长相清秀，个头1米76，身材偏瘦。从小起一直得到父母的宠爱，特别是母亲的宠爱。在幼儿园就已经开始担任小干部，从来就不甘落后。小学、初中均成绩优秀，考高中时进入了市重点中学，父母对他寄予了很高的期望。没想到一直顺利发展的小孙进入高中后却遇上了烦恼。

在小学和初中一直是在别人的表扬和赞赏中度过的小孙，进入高中后，成绩并没有显得那么突出，同学和老师也没有对他产生特别的关注，他经常有被排斥和陌生的感觉，感到难以融入到集体当中去。他的不肯服输、容易受伤害的自尊心在激烈的竞争中缺少韧性和弹性，使得他难以适应这样的现实。一次在上英语课时，被老师要求朗读，没想到有一句话竟会读得结结巴巴，引起全班同学的哄堂大笑。他感到自己像个傻瓜一样，体验了从未有过的屈辱和自卑，以及对自己和周围人的愤怒。他对自己的状态感到难以忍受并强烈地担心再陷入到那种窘迫的情景中去。自此以后，他十分害怕上英语课，渐渐地对上学以及和同学见面也感到非常紧张。越是想克制住自己不要在别人面前表现出紧张，越是感到紧张。这样，一方面他很想和其他同学一起活泼地交流，另一方面又为自己的表现和感受感到非常自卑。这样的冲突使他经常在幻想中想象自己的社交是十分出色的、受到了很多人的关注和赞赏。由于问题没有解决，他见人紧张的对象扩展到了除家人以外的任何人。同时他感到自己的紧张还带给别人不愉快的感觉，越发不敢与别人接触了，开始是不去学校，后来连外出也不愿意了，整天闷在家里，对父母和周围充满抱怨、对自己充满责怪、对过去充满懊悔、对将来充满担心和绝望。父母对他的情况感到难以理解，以往这么优秀的孩子，什么话都会向父母讲，现在怎么会变成这样自暴自弃和自我封闭，父母也感到一筹莫展，整日忧心忡忡。

从小孙的案例中可以看出，虽然发病的起因是上课时朗读被其他同学取笑，但原来就存在着一定的个性基础及适应方面的压力，当问题出现时，首先“思想矛盾”起作用了，即小孙认为，在别人面前出现紧张和尴尬的表现是不应该的，是失败的表现，应该通过努力加以马上控制；在“思想矛盾”的基础上，形成了精神交互作用，即越想在别人面前镇定自若，越会注意自己的表情是否自然、讲话是否流畅，结果会感到越来越紧张尴尬，恶性循环越来越深，只有逃避与人接触，才能免受痛苦。但回避时间长了，在与人接触会感到更紧张和难以适应。

（张海音）

第八章　危 机 干 预

第一部分　基 本 理 论

一、危机及其干预概述

1. 危机的定义　本研究中所说的危机是指当人处在紧急状态时原有的心理平衡状态被打破，继而出现无所适从，导致情感、认知、行为功能的失调而进入的一种失衡状态，也称心理危机。心理危机不是一种疾病，而是一种情感危机的反应。

2. 常见的危机反应　当人遭遇突发事件，心理平衡状态被打乱，会出现一系列身心反应。

(1) 认知方面：问题解决能力与应对机制暂时受到打击，如否认、注意力不集中、危机情景再现、失去信心、内疚自责、丧失安全感等。危机中的人主要认知特点是认知狭窄，局限于问题和困难，看不到其他可能性、资源和希望。

(2) 情绪方面：在暂时性的震惊之后，出现混乱、害怕、恐惧、沮丧、麻木、怀疑、悲伤、绝望、无助、羞愧、易怒、平静不下来等。危机中的人主要情绪特点是极端的负面情绪和情绪失调。

(3) 生理方面：心跳与呼吸频率改变，过度出汗，胃痛、头痛、肌肉酸痛、恶心、腹泻、血压升高、疲惫不堪、昏昏沉沉等。危机中的人主要生理特点是出现各种躯体症状。

(4) 行为方面：攻击、社交性退缩、逃避、食欲缺乏、哭泣、酒精和药物使用量增加、坐立不安、过度警戒、失眠等。危机中的人主要行为特点是反常和易失控。

3. 危机干预及其目标　危机干预指通过积极主动地影响当事人，以减缓危机事件所带来的即刻冲击，并协助危机中的人激活其资源，用适应性的方式应对危机。图8-1是危机事件发生后对人的身心可能产生的不同后果。有效的危机干预可以协助当事人恢复心理平衡并获得新的成长。

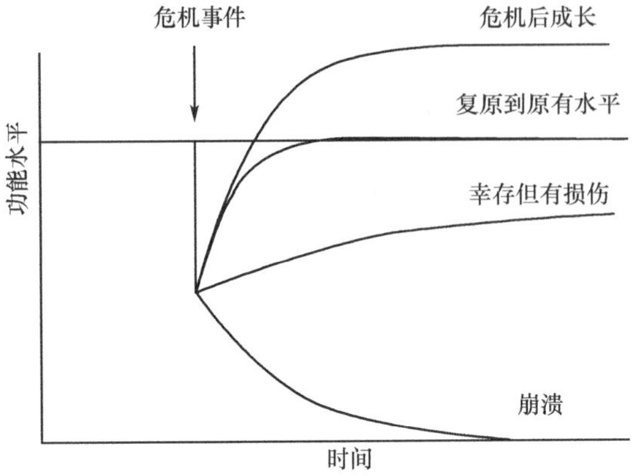

图 8-1　危机后身心发展的可能性(Catver,1998)

4. 危机干预的对象

(1) 初级受害者：亲历了危机事件的人(如遭受暴力者、自杀未遂者)。

(2) 次级受害者：目击危机事件或危机事件中的救助者(如置身现场的人或警察、医护人员等)。

(3) 三级受害者：遭受危机事件非直接影响的人(如受害者家属、同学，存在潜在危机者)。

5. 危机干预的哲学观

(1) 危险即机会：危机包含危险和机会。危机的发生即意味着问题解决的机会和开始。一方面，危机是危险的，因为它可能导致个体严重的病态，甚至出现杀人和自杀等极端行为。另一方面，危机也是一种机会，因为它带来的痛苦和压力会迫使相关当事人寻求帮助和对过去回避、没有暴露或者忽视问题的解决的恰当时机(例如当事者的家人、朋友、教师、领导等)。如果当事人能利用这一机会，意识到自己的问题去面对和解决，并获得危机后的自我成长，则危机能促进当事人获得更好的发展。图8-2是危机发生后应激障碍和创伤后成长两种干预模式的比较。

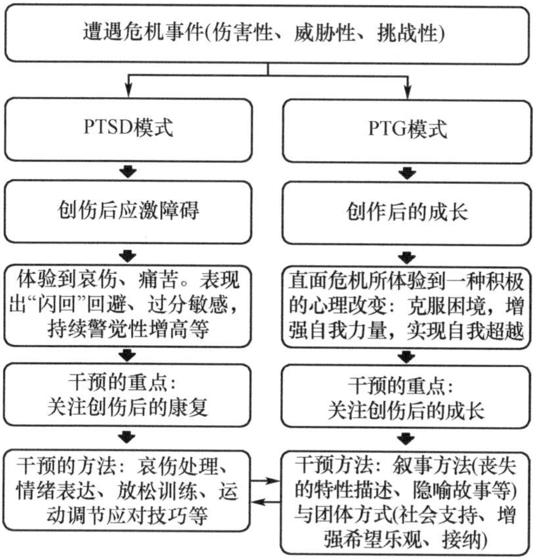

图8-2 危机后的应激障碍与危机后的成长两种危机干预模式比较

(2) 危机是系统的危机：引发危机的问题就像一张网，个体所存在环境的所有方面都交织在一起。一旦危机出现，会有很多复杂的问题(不仅仅是心理健康问题，还可能包括社会、管理、家庭、文化等相关问题)需要危机干预工作者进行直接的干预。如果很多人在同一时间受到危机事件的影响，整个系统就会卷入进去。而干预的主要资源也恰恰来自于危机当事人系统中的人，如何激活和利用好当事人的资源是危机干预的基本策略和长期有效因素。

(3) 危机既普遍又特殊：心理危机人人会有。危机是普遍的，这是因为在特定的情况下，没有人能够幸免；危机也是特殊的，这是因为即使面对同样的情况，有些人能够成功地应对危机，而另一些人则不能。危机事件的发生是此前一系列问题累积的结果，有效的危机干预不仅仅是处理和应对危急状况本身，即对症干预，而且还需要包括危机前预防和危机后的对应干预。

二、危机干预的原则和过程

1. 危机干预的基本原则 危机干预是短期的、问题取向的，其目标是尽可能快速且直接地让当事人的危机状况产生改变，避免当事人自伤或伤及他人，同时协助当事人恢复心理平衡。危机干预要遵循三个原则。

(1) 保障安全：危机干预的首要目标是保证被干预者的生命安全。

(2) 聚焦问题：危机干预目标聚焦于当事人的情绪冲突和情绪调节问题。当事人的人格问题和其他深层问题不是干预的主要目标。

(3) 激活资源：危机干预的主要途径是发掘和激活当事人的内在资源，以应对生命中突如其来的危机和困境。

2. 危机干预的过程　危机干预工作的过程分为发生期、应对期、解除期三个阶段，如图 8-3 所示。以学校危机干预为例。

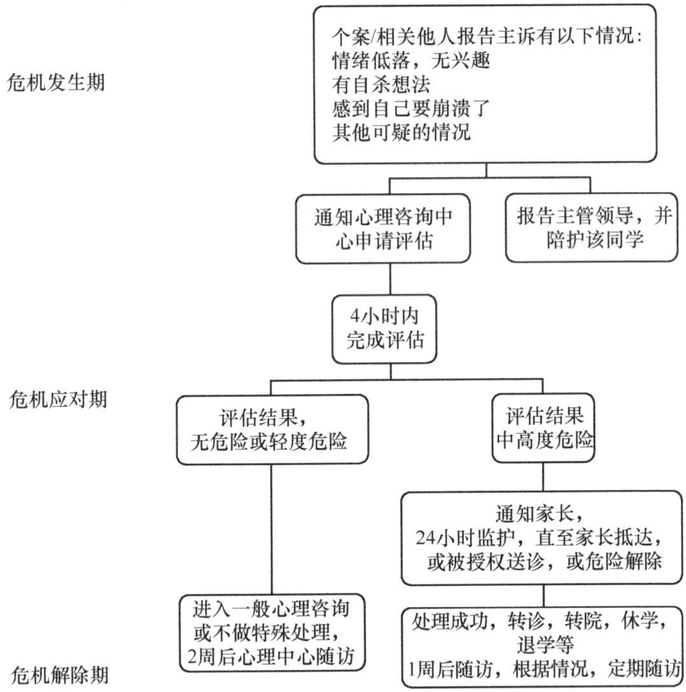

图 8-3　学校危机干预工作过程示意图

第二部分 基 本 操 作

一、危机个别干预

(一) 危机干预中的会谈技术

在危机干预中，危机干预工作者要表现出镇定、专业、关注、真诚和去灾难化的态度。以自杀危机干预为例。当当事人开始谈论自杀，干预者在表达关注的同时要避免震惊和诧异的表情，以避免给当事人留下其问题严重、难以解决的印象。

1. 获取信息的会谈技术 与想自杀的当事人工作时第一条原则就是仔细倾听和体会他们的想法和感受。

(1) 生理与心理的关注：倾听的第一步不需要说什么，而是看着对方，倾身、专心地听对方的叙述。危机干预工作者要注意当事人面部表情和身体姿势的变化，通过点头、保持目光的接触、给予适当的言语反馈、宽松、开放和与当事人保持较接近的距离等，向对方传达出关心、参与和信任的态度以获得必要信息并迅速建立信任的关系。

(2) 开放式提问：开放式提问鼓励当事人完整地叙述经过并深入地表达其内涵。常用来引出有关当事人感受、思维和行为方面的内容。

危机干预工作者需要思考或和当事人讨论的问题有以下几方面：

要求详述——“请告诉我……”，“请跟我谈谈……”。

围绕计划——“你准备怎样做呢?”

慎用“为什么”——使用为什么的问句时一定要传递关注和帮助的态度，而不是好奇和指责，否则会引起当事人的羞耻和心理防御。

(3) 封闭式提问：搜集和确认具体的资料，可以用“是”或“否”来回答。封闭式提问常在危机干预的初期阶段使用，以用来确定某些特别资料，帮助危机干预工作者快速判断正在发生什么。危机干预工作者需要思考或和当事人讨论的问题包括：

确定重要的信息和细节——“你第一次有自杀的想法发生在何时?”，“你想伤害她吗?”，“这是否意味着你想要自杀?”

得到承诺——“你同意……”，“你能承诺在我们咨询期间不做伤害自己的事情吗？”

(4) 复述、澄清和总结：对危机中的当事人而言，或者因为处于危机中情绪焦虑紧张、思维混乱，或者因为危机的现场气氛紧张、混乱，而导致表述不清。此时，危机干预者可以用自己的话将当事人的意思重复一遍，这样可以澄清事实，并且也可以让当事人感受到被关注和理解。此外，想自杀的当事人可能正在经历着认知或注意方面的功能障碍，所以注意到你在说些什么对于他们来说很困难。当与抑郁且想要自杀的当事人工作时，你要讲得缓慢而清晰，偶尔重复关键信息。例如：“你刚才说你之所以感到绝望是因为你男朋友离开了你，而你觉得再也不会有人爱你了，是吗？”

2. 共情与建立治疗关系的会谈技术 建立与当事人的连接和关系是危机干预者能够有效地影响当事人，进而获取必要信息，成功实施危机干预的关键。而这种情感联结的亲密关系本身就有挽救自杀者的纽带和生命线的作用。而在最短的时间里建立与当事人的信任，支持关系的主要途径是使得当事人感到被共情和理解。

(1) 共情：通常，想自杀的当事人感觉与他人是隔离的，没有人能理解自己。所以与他们建立共情的关系是有效干预必须具备的条件。他们可能从来没有公开讨论过他们的抑郁或自杀的想法和感受。所以，危机干预者需要开放地与他们站在一起，让他们知道你真正理解他们是多么的痛苦和郁闷。

危机干预时的共情有两个主要的层次：初级共情和高级共情。初级共情主要是对当事人此时此地的情绪体验的共情。高级共情是不仅对当事人情绪感受共情，而且是基于理论和经验，对当事人深层的内心感受的理解和共鸣。

例如，一个有自杀倾向的当事人在失恋之后，想要自杀。初级共情：你觉得非常委屈，沮丧，因为你是那么爱你的男朋友，但他突然不要你了，你甚至因此有些愤怒。高级共情：你特别渴望一种温暖和亲密的关系，当你男朋友说要和你分手时，你感觉到天都塌下来了，你感到非常孤独，孤独到感觉不到自己的存在。而只有你用美工刀割自己手腕时，才能感觉到自己的存在，才感到轻松一些。

(2) 建立治疗关系：当你努力与你的当事人共情的时候。你同时应该着手建立治疗关系，这一治疗关系的特点是一种帮助和被帮助的关系，当事人之所以信任和接受危机干预者的干预，是因为你的当事人看到你是这方面的专家。因此，展现你的专业背景和能力，是建立这种助人关系的重要途径。

例如，“你要知道，现在看来生命对你来说好像不是很有意义，但我想让你知道，我帮助过很多和你情况非常相似的人，事情可以变好。事实上，很多人都曾感到抑郁和无望，但又克服了它，变得好了起来。”

3. 应对羞耻感和防御的会谈技术 在对危机中的人进行工作时，有些因素会妨碍人们去讨论和暴露自杀的想法，如：

(1) 当事人觉得自杀是软弱的表现，是一件羞耻的事情。

(2) 当事人认为自杀是不道德的，或是有罪的。

(3) 当事人觉得自杀的话题是禁忌的。

(4) 当事人担心他人会认为自己疯了。

(5) 当事人害怕自己一旦透露了自杀的想法，就会被“送进精神病院”。

(6) 当事人一心求死，不想让任何人知道这件事。

(7) 当事人认为没有人能够帮助自己。

应对当事人在会谈中出现的羞耻感和防御，可以常用以下 4 种有效的技术。

(1) 具体化：具体化指的就是危机干预者询问的有关具体行为事实或是具体想法特质的问题。以一种不带任何感情色彩的、直接的方式询问具体的行为细节。例如：

“确切地说，你究竟吃了多少药片？”

“你在这之后做了什么？”

“那个时候你想了些什么？”

(2) 淡化羞耻：淡化羞耻技术能够帮助我们在面对当事人因为感到羞耻和内疚而不愿意谈论的行为话题(比如严重的酗酒、盗窃、暴力、自杀想法)时，以一种不带侵犯性的方式进行询问。以一种无条件积极关注的态度，同时要站在当事人是如何发生这一行为的立场上来看待问题。例如：

“你知道吗，在大学生中做过调查，30%~40%的大学生都有过自杀的想法。”

“有时候，酒精会让人们产生一些平时不会产生的自杀念头。你有过这种经历吗？”

“我很想知道你最近遇到了这么大的压力，你有没有产生过任何自杀的想法，哪怕只是一瞬间而已。”

(3) 具体否认：而相对于某个笼统的问题，对一个具体信息的否认明显要更困难。例如：

“你曾经想过服用过量的安眠药吗？”

“你曾经想过从一座桥或是建筑物上跳下来吗？”

“你曾经想过上吊吗？”

(4) 正常化：这项技术要求危机干预工作者在一开始提及有关自杀话题的时候，就需要有意识地消除当事人对自己被看做异常的、懦弱的或是不道德的人的担心。正常化技术常常被当做一种温和的导入方式，帮助人们介入一些敏感的话题。它让当事人知道其他人也会拥有相似的想法、感受或是痛苦。例如：

“当人们感到极端抑郁时，他们会产生自杀的想法。有研究者发现在人群中，大概有20%~30%的人认真考虑过自杀。你是否有过想要杀死自己的念头呢？”

“有时候当人们感到非常愤怒时，他们会说一些事后令自己后悔的事情。你有过这种经历吗？”

“我的很多当事人告诉我，当他们感到十分抑郁的时候，他们会哭泣，或是至少感觉像是在哭泣。你曾经注意到自己产生过这种现象吗？”

“我的一些当事人告诉我，有时候抑郁情绪带来的痛苦是如此强烈以至于他们想要杀死自己。”

(二) 危机干预的三个步骤

以自杀当事人为例，危机干预主要可以通过三个清晰的步骤来完成，即：

确定问题与目标→快速准确评估→给予希望和解决

干预前准备：保证安全。在危机干预过程中，危机干预工作者将保证当事人安全作为首要目标。保障安全就是对自己和对他人的生理和心理危险性降到最低。在整个检查评估、倾听和制订行动策略的过程中，安全问题都必须予以足够的关注。例如，对有自杀倾向的当事人，使其远离可能造成伤害的物品、器械、地点，必要时实施监护或者在法律许可的情况下送医院治疗等。

1. 确定问题和目标　从当事人的角度，确定和理解引发当事人的危机问题。危机干预者不应该在问题不明确的情况下就开始实施干预。在危急的状态中，干预者还是要沉下心来倾听、共情，以真诚、接纳、尊重的态度来把握当事人的危机核心问题，并建立良好的治疗关系，为下一步干预确定方向和打下坚实的基础。在危机干预中，我们要干预的问题通常不是深层的心理原因，如家庭问题、童年创伤等，而是导致目前当事人情绪失控，生活失去平衡，感到绝望的诱发因素，如最近学业事业的失败、失恋、严重抑郁情绪等。危机干预聚焦于当前问题的解决。

2. 评估危机程度　在保障当事人安全的前提下，需要对当事人进行危机评估。内容包括危机的急迫性和严重性，当事人的反应、症状和可能的精神疾病诊断，以及当事人可利用的资源。通过对危机评估，得出一些基本的结论，包括当事人是否具有攻击自我或他人的危险性，是否符合某一种会导致极端行为的精神疾病诊断，是否需要其他个人、专家和组织的支持，是否需要转介，有哪些资源可以被用来帮助当事人应对危机。

危机评估的结果决定了此后的具体干预措施及其实施方式。

评估贯穿于危机干预和危机后治疗的全过程。这是危机干预中一项必不可少和持续性的工作。危机评估具有很强的时限性，因此我们需要快速评估的方法，以迅速和有效的方式来取得特定危机境遇的资料。下面以常见的危机类型——自杀行为为例说明如何进行危机评估。

本标准中提出的自杀行为评估方法包括以下 5 个方面:

(1) 评估当事人自杀想法和自杀计划。

(2) 评估当事人既往及近亲属相关自杀、自伤经历。

(3) 评估当事人目前所经历的现实压力及其应对能力。

(4) 评估当事人的应对能力和资源。

(5) 评估当事人是否符合某一种或多种精神疾病诊断。

每一题项得分为 0~2 分，总得分 0~10 分，得分越高，危险性越高(表 8-1)。

表 8-1　自杀自伤评估表

评估项目	低危	中危	高危
自杀、自伤想法和计划	0	1	2
既往及近亲属相关自杀、自伤经历	0	1	2
目前现实压力	0	1	2
目前支持资源	2	1	0
临床诊断	0	1	2
总分			

根据评估总分结果分类为：0~2 分，低危；3~5 分，中危；6~10 分，高危。

(1) 评估当事人自伤想法和自杀计划：危机干预者要以一种从容的、同情的、专业的、镇定的态度去直接而平静地询问当事人对此的想法和感觉。例如：

“你好像确实有些抑郁，感受这样的痛苦，你有没有过自杀的想法?”

当当事人承认有自杀的观念时，就应该探察自杀想法持续的时间、频率以及强度。探究自杀想法就应该引向估计当事人是否有一个自杀计划。例如：

“你曾提到有一些时候你觉得如果死了会更好一些。有没有计划过如果真的按照这种想法去做，你将用什么方法杀死自己呢?”

很多当事人对这一问题的反应都会说明他们并不是真正仔细考虑过自杀。他们可能告诉你因为宗教信仰、对死亡的恐惧、顾虑子女或一些他们为之而活的其他理由，永远也不会真的那么做。

如果当事人确定了一个潜在的自杀计划的话，那么对这一计划的进一步探索要考虑到以下三个方面：①计划的具体性；②方法的致命性；③计划的可行性。

1) 具体性：指当事人自杀计划的细节。他有没有考虑到一个完整的自杀过程中的所有细节？这一计划的具体性越强，危险就越大。例如：

“绝大多数考虑过自杀的人都至少闪现过他们将如何实施的念头。如果你曾决定自杀，你有过什么样的实现自杀的想法呢？”

2) 致命性：指的是当事人的计划一旦实施，在多快的时间之内会导致死亡。致命性越强，自杀的危险就越高。如果你认为你的当事人有非常高的自杀危险，你就不应该仅仅询问他的自杀的一般方法(如跳楼、过量毒药、刮胡刀片)，而且还要问及具体实施的手段。例如：

“你准备从几楼跳下？”

“你是打算用阿司匹林还是安眠药或其他剧毒药品？”

3) 可行性：指当事人在多快的时间内会实施自杀计划，自杀行为成功实施的可能性有多大。例如，如果当事人计划用一种特定的安眠药自杀，检查一下有没有足量可以致命的安眠药可以利用。如果当事人准备登上某一高楼的楼顶自杀，他/她是否登上过该楼顶勘察地形(因为很多高楼楼顶的通道是封死的)。

(2) 评估既往及近亲属相关自杀、自伤经历：在评估自杀的危险时，要考虑到当事人对他们自己的自我情绪调节能力。危机干预工作者必须要问到当事人过去是否曾经威胁过或尝试过自杀，最终自杀身亡的人中有接近 3/4 曾经有过自杀未遂的历史。过去的自杀行为中致命性越高，现在的危险就越大。例如：

“你是否害怕自己在某一个你感到抑郁/孤独的时候可能不顾一切真的自杀了？”

“你以前想过或者曾经尝试过自杀吗？”

我们还需要注意当事人过去行为中曾出现的冲动控制问题。例如，如果当事人有言语爆发或争辩的倾向、犯罪和暴力攻击行为，这可能表明存在着冲动控制的问题。如果当事人过去曾产生过自杀念头，要问是什么使他没有失去控制而真的去自杀。因为过去曾经起过作用的事情就有机会再次起作用。例如，当事人对子女的爱。危机干预工作者需要思考或和当事人讨论的问题有：

“你刚告诉我接近午夜的时候，你有时候会害怕自己失去控制自杀。尽管如此，很多时候你能够控制住不那么做，你可以告诉我是什么让你没有实施自杀的吗？”

最后，还需要询问当事人有没有亲密的朋友或家庭成员曾经尝试自杀或自杀身亡。这些家族史和经历会增加自杀行为危险。

(3) 评估当事人目前所经历的现实压力，其应对能力和自杀行为的获益性：我们还需要评估当事人目前所经历和面对的现实压力事件。主要是评估危机事件对当事人的影响和造成的压力，当事人是否认为自己有能力应对该危机，如果难以应对的话，会导致怎样的后果和前景。

危机干预工作者需要思考或和当事人讨论的问题有：

“你觉得这次博士论文答辩你可能无法通过，你有些什么样的办法来应对这个问题？”

“你认为完不成工作任务这件事最糟糕的结果是什么？如果出现最糟糕的情况，你会怎样做？你觉得还有其他的办法和希望吗？”

如果目前所经历的现实事件对当事人构成较大压力，甚至已经超过了当事人应对的能力，当事人感到无法面对、完全没有希望，这样的当事人处在高危的状态。

(4) 评估目前支持资源：支持资源是预防和阻止自杀的最重要的保护性因素。我们需要从当事人的内在资源，外在资源和精神资源三个方面去评估当事人所具有的资源。

1) 内在资源：关于当事人如何去处理之前的困境的历史，以及当事人的人格特点等。

2) 外在的资源：是当事人的社会支持系统的质量、适当性及可利用性，还有当事人接受这些支持的意愿及能力。外在资源的关键在于不管当事人是否认为自己有办法得到支持，他是否能觉察和感受到这些支持，都比任何客观上认为的支持来得有意义。例如，父母虽然不在身边，也无法给予直接的帮助，但是当事人感受到父母之爱，感到不论发生怎样的情况，都会得到父母、家人的无条件的支持。

在危机事件中由于很多人对于共同经验的分享，社群支持可能会因此产生，而且还可以观察到在危机突然发生时社群会自发地伸出手来帮助当事人的现象。

3) 精神资源：指信仰的系统，包括适应性的理想、哲学信仰、宗教信仰，对正受到危机的人之健康状况及对生命的盼望都有很大的影响。但是同时，干预者也要考虑任何的创伤或危机都是信念上的危机，任何有自己精神上的信仰系统的人都可能会问：(神)怎么可以这样对我?为什么我遵循我的信仰和理想却遭遇不幸和困境?

资源的可利用性是指当当事人企图自杀时，其他可以干涉和解救当事人的人。当事人是不是和家人或室友生活在一起?还是他独自生活，没有朋友或邻居在附近?当事人日常是大多数时间单独活动还是与其他人在一起?一般说来，当事人距离潜在的支持资源越远，自杀的危险越高。

关于资源，危机干预工作者需要思考或和当事人讨论的问题有：

“告诉我前一次发生在你身上的困境，你是怎么去面对它的?”

“有哪些机构、社会团体、职业或个人能给予你支持?”

“你和你的父母，兄弟姐妹关系怎样？”

“你有几个关系比较好，能够有情感交流的朋友？”

“你觉得以往你有哪些成功的经历和体验有助于你去克服目前的困难或帮助你解决问题的?”

(5) 当事人是否符合某一种或多种精神疾病诊断：危机干预者可以直接评估当事人的精神症状，来做出初步的精神障碍的诊断，也可以获得当事人的病史，或建议当事人去看精神科医师以确定诊断。根据诊断的结果，来判断其自杀风险的高低。有研究认为，90%以上的自杀致死的当事人都存在有精神障碍。而不同类型的精神障碍自杀的风险是不同的。如果你正在与当事人进行咨询，要定期评估其自杀风险。

综合上述自杀评估的内容，自杀评估见图 8-4。

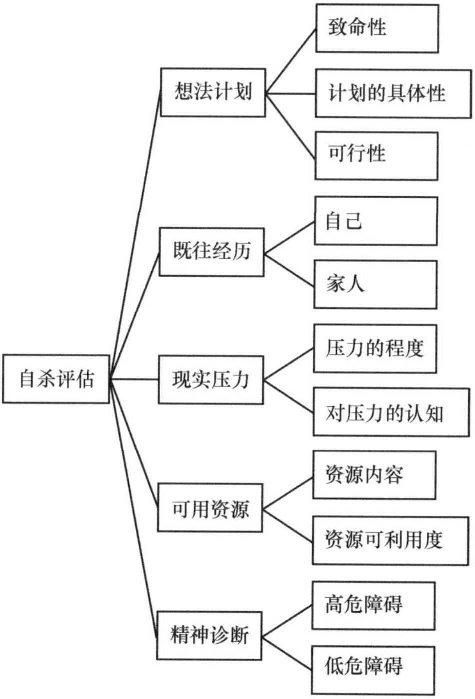

图 8-4　自杀评估简图

3. 给予希望并有计划地实现　危机干预的第四步侧重于帮助当事人发现被其忽略的其他适当的解决问题的方法或途径。多数危机情况下，当事人处于思维不灵活和情绪失控的状态，不能恰当地判断什么是最佳的选择。

人在危机中的基本思维障碍是一种病理性的思维狭窄，这使得当事人只能看到两种选择：要么是一些痛苦的不尽如人意的事情，要么就是陷入崩溃，结局悲惨甚至终止生命。

自杀是一种最后的选择，也是一种不必要的选择。如果当事人能发现其他选择是不会选择自杀的。关键是要抓住当事人生命的缰绳，赢得时间，实际上导致即时自杀的情绪往往是波动的，随着时间的推移，最终时间会降低他们对自杀的渴望。

要帮助当事人“扩展”他们人生选择的视野。他们需要去除精神上的障眼物，看到自杀/崩溃并不是唯一的选择。拿出纸笔就生活中某一特定的困难用“头脑风暴法”找出可供选择的行为方法。鼓励当事人也来完成清单。所有的选择都被列出之后，让你的当事人按照好坏的顺序给这些选择排出等级。大多是情况下，当事人会发现有很多其他的选择，而自杀是最糟糕的一种。

当当事人发现其原来感到绝望的问题可以有足够多和有效的解决途径，就能帮助其从绝望中走出，开始积极的改变。

当当事人发现和接受有新的希望时，还要制订和实施具体的计划来实现。

(1) 具体方案：提供应对方法即当事人现在能够采用的、积极的应对危机的方法。确定当事人能够理解和把握的行动步骤。

(2) 重获掌控：计划是当事人和干预者合作的结果，让当事人感到这是他/她自己思考或决定的。因为危机中的人一个重要的心理特征是失控感和无价值感。因此赋予当事人掌控应对危机过程的权力，感到自己能够做出正确判断和选择有利于当事人恢复他们的自制能力和保证他们不依赖于危机干预者并获得成长和自尊。

当事人问题和危机的解决是需要时间的，因此在建立良好治疗关系的基础上，干预者需要和来访者达成一个安全性协议。而这一承诺的关键不在于当事人承诺不自杀，而是和当事人讨论，当事人出现情绪失控、自杀想法时如何自我调节，如果自我调节失败，还可以有怎样的方法和途径来调节情绪和控制避免自杀。例如：

“现在我们已经商讨了你计划要做怎样应对你的问题，你刚才提到，下一次如果再出现情绪失控，感到非常绝望时，你可以在自己房间里大哭一场，或者和你的好朋友张**、李**或钱**打电话，或者你可以去外面走一会，打羽毛球，通过这样的方式，你可以疏解自己的情绪。”

在这一步中，危机干预工作者要明确，在实施计划时是否达成同意合作的协议。例如，和有自杀倾向的当事人达成安全性协议等。在结束危机干预前，工作者应该从当事人那里得到诚实、直接和适当的承诺。

安全性协议要尽可能正式地写下来。这种协议要包括以下基本内容:

(1) 确立咨询治疗关系。

(2) 确定和承诺在咨询期间，不做伤害自己的事情。

(3) 如果有伤害自己的冲动，可以通过和咨询师联系或其他方式寻求解决。

(4) 如果有伤害自己的冲动，在实施之前必须和咨询师取得联系。咨询师联系方式。

(5) 如果来访者违反该协议，咨询师有权终止治疗。

自此，危机初步消除。此后需要跟进个别咨询，解决深层心理问题，并不断评估，直至危机完全消除。

最后，我们要强调的是，上述危机干预的方法适用于中低危险程度的来访者，对于高度自杀风险的来访者需要即时监护和尽快转介至精神科专科医院进行有绝对安全保障的治疗。

二、危机团体干预

(一) 危机团体干预的目的

危机事件发生后，经历危机或者与危机事件相关的人会普遍出现身心症状，包括痛苦、伤心、焦虑、恐慌、压抑、失眠、无法专心等情绪、认知、行为及生理的反应，影响正常的生活，甚至由此产生长期的负面影响。因此，危机干预工作者运用危机小团体方式进行干预，也称危机减压团体，可以有效地疏解在此阶段所感受的身心压力，恢复适应性社会功能，是一种有效的心理健康教育方法。危机团体干预既可以应用在自杀等个体危机发生后相关人员危机处理，也可以应用于群体性灾难发生后的受灾人群的危机干预。

1. 处于危机中的人共同的心理需求

(1) 减少恐慌。

(2) 远离孤单。

(3) 增加安全感。

(4) 增强控制感。

(5) 强化社会支持。

(6) 增加社会连接感。

(7) 尽快恢复正常生活。

2. 危机团体干预的价值

(1) 通过团体共同经验疏解创伤情绪。

(2) 通过共处增强安全感和归属感。

(3) 通过交流建立新的社会支持系统。

(4) 通过分享找到更多的应对方法。

(5) 有限的资源条件下可以帮助更多的人。

(6) 及时发现需要个别干预的对象。

3. 危机团体干预的适用性　危机团体干预源自于美国的“危机事件应激管理(critical incident stress management)”，简称CISM模式，以及美国红十字会(American Red Cross)危机减压团体。它最初是由Jeffrey Mitchell(1983)正式运用于灾难现场救难人员的团体中，将人们集中起来，一同分享及了解彼此痛苦的经验。目前CISM应用范围包括小规模的危机事件干预和大规模的灾难事故危机干预，是一种全面的、整合的、系统性的危机干预形式。危机干预通过团体讨论的方式，引导成员面对危机，表达感受，处理情绪，彼此支持，从而进行心理重建。在先进国家的灾难心理卫生工作中，危机团体干预是普遍应用的措施。危机团体干预适用于各类危机事件，如地震、空难、各种学校、公司、组织或机构中意外或自杀事件的善后处理。

本危机干预规范所涉及的危机团体干预是参考了国外已有经验，并根据研究者多年从事危机团体干预的实践整合而来的。

4. 危机团体干预的具体目标　危机团体干预不同于长期团体心理治疗或一般成长团体，属于心理急救、短期心理援助，目的是用来减轻面对危机事件的应激反应，从而稳定情绪、减轻症状、恢复适应性社会功能。具体而言，危机团体干预的目标包括提供安全感、给予支持与接纳、促进成员之间的联结、反应的正常化、发展危机应对技巧、找到有助于重返正常生活的个人特质，以及功能的重建。也就是说，第一，反应正常化，让参加者有机会表达并了解自己的危机后的身心反应，理解与接纳这些反应，降低不必要的焦虑；第二，建立和强化社会支持网络；第三，找到有效的应对危机的方法，发展或强化适应性的应变能力及问题解决技巧，以尽快恢复身心和人际的平衡；第四，预防和减少创伤后应激障碍等问题的衍生；第五，通过团体筛选出危机事件中心理受创伤较严重的成员，转介其接受进一步的个别心理治疗或药物治疗。

5. 危机团体干预的实施　危机团体干预一般由受过训练的专业人员带领，通常在危机发生后约 48 小时后，72 小时内进行。单次小团体形式，包括五个阶段，需要 2~3 个小时，运用语言表达的方式，参加人数一般 3~15 人，进行方式是结构性地邀请成员依序发言。干预现场所需材料是白板或者黑板一块，以便记录并整理成员所描述的身心行为反应，用于心理健康教育。

(二) 危机团体干预的过程

危机团体干预整个过程分成五个阶段，包括开始与规范阶段、事实与感觉阶段、反应与想法阶段、应对与行动阶段和结束与收获阶段。

危机团体干预实施前，需要进行危机评估，选择合适的人员参加团体干预。一般当事人家属不宜参加危机团体干预。更适合做个别干预。

1. 开始与规范阶段　团体的领导者自我介绍，然后介绍团体干预的目的、规则和进行步骤，使成员建立起最初的安全感。然后邀请成员轮流自我介绍，以了解团体成员与危机当事人(如死亡者)的亲疏远近，并明确团体进行的原则。自我介绍时不是自愿发言，而是按顺序轮流讲，这样可以增加成员的秩序感、控制感。团体干预的目的是回顾团体成员对危机事件的了解，进行讨论，找到处理问题的方法并预防将来可能出现的心理问题。团体干预遵循四个基本原则：

(1) 不被强迫说任何事情：鼓励成员以自己的方式、自己的步调来参与团体；让成员知道自己可以自在的聆听与参与。

(2) 彼此信任与保守秘密：强调相似点、共同性、普遍性来解除成员的孤独感，并为接下来的重新联结打下基础。

(3) 讨论的重点是参加者的感受和反应：善用机会来使成员的反应正常化，也就是让成员了解创伤后常会产生的感觉、害怕以及身体症状，是人遇到危机后自然会产生的反应。

(4) 鼓励成员之间互相帮忙：尤其是能相互分享应对策略及日常自我照顾的方法。帮助成员善于利用家庭及社会网络资源，鼓励发展新的支持网络。

2. 事实与感觉阶段　团体的领导者引导成员分别回顾危机事件发生当时，自己的第一反应(知觉、念头、想法等)，目的是开启叙说、疏泄情绪、还原真相，让成员明确发生什么事情、事实怎样、对他们的影响如何。团体的领导者通常可以询问：你是怎么知道这个消息的？当时的第一个反应，闪过心里的第一个念头是什么？你在危机事件发生过程中经历了些什么？看见什么？听到什么？做了些什么？可以从五个通道分析感觉印象：所见，所听，所触，所闻，所尝。团体领导者自始至终都要给予接纳和共情，但不做促进。成员如果情绪反应强烈时领导者可以指导其做深呼吸。

3. 反应与想法阶段　这一阶段的目的是引导成员分享和宣泄经历危机事件的冲击，所体验到的感受和反应，包括事件后所经验到的任何生理的，情绪的，认知的或行为的反应或症状，以宣泄负面的情绪。例如，恐惧、无助、挫败、自责、愤怒、内疚、焦虑和抑郁等。通常第三阶段是危机团体干预过程中持续时间最长的阶段，团体领导者要为成员提供释放情绪的机会。 例如，“这件意外带来的冲击和感受是什么？”“当时你最强烈的感觉是什么？”“你出现了哪些身心行为反应(或症状)？”“事件至今，一直持续困扰你的感受或行为有哪些？”

在此阶段，团体领导者要始终保持柔和镇定，不断接纳，协助成员“正常化”自己的情绪反应，让成员学会自我接纳，整合这些异常强烈的反应，转而用平常心来看待和处理。同时，可以用黑板或者海报纸将团体成员所提及的各种反应一一记录下来，分成生理反应、情绪反应、认知反应、行为反应，并使这些反应正常化，同时可以介绍有关心理创伤知识。

心理创伤主要包括经验重现、逃避和麻木、过分警觉。领导者可以描述和解释目前成员有的症状和将来可能出现的情况。包括：侵袭性想法和影像、回忆时的痛苦、企图逃避想法、感受和扳机事件、与人疏离、对曾经喜欢事物失去兴趣、焦虑和抑郁、睡眠问题、烦躁、羞耻、内疚、愤怒、过度警觉，易受惊吓等。

4. 应对与行动阶段 这一阶段的目的是协助成员分享各自应对压力的策略与方法，可以让每个成员交流他自己在危机事件过后采用的疏解压力的策略与方法，并预备应付短期内的后续压力。例如，团体领导者常常会问“这几天你是怎么熬过来的？”“你都做了些什么，让自己好受一些？”“你还会做些什么来帮助自己？”“你和家人、朋友谈了些什么，从他们那里得到哪些支持和帮助？”由此，让成员看到自身在危机应对中所拥有的资源和能力，提升危机应对的信心。

5. 结束与收获阶段 团体领导者鼓励成员逆向思考，回顾危机处理过程中的学习和成长，找出此次不幸发生以后带给自己哪些人生的意义或启迪，这样成为自己学习和成长的契机。领导者可以问：“这是一个悲剧，对大家打击很大。我们不能阻止它的发生，但让我们想一想，我们能从中学到什么吗？它对我们今后的人生有哪些启示？”“参加这次团体你最大的收获是什么？”

此外，团体领导者还要帮助成员判断什么时候需要进一步帮助，以及怎样才能够获得帮助。以下特点是需要进一步提供持续的专业帮助的筛选标准：

(1) 心理症状在4~6周后还没有减少。

(2) 心理症状增加。

(3) 社会功能丧失。

(4) 明显的人格改变。

结束时，团体领导者可以提供成员需要帮助时的专业机构电话等信息，方便成员在需要时及时可以得到帮助。

(三) 危机团体干预的技术

在危机团体干预过程中，无论是讨论还是个人分享，领导者应该善用团体干预的技术，给干预营造良好的团体氛围，促进团体成员充分地表达和投入团体，从团体干预中获益。

1. 危机前的培训和准备

(1) 掌握团体心理干预一般技能：团体干预者必须有团体心理干预的经验，了解团体中促使人改变的有效性因素，善用相关技能，营造团体支持的网络，提升团体凝聚力。

(2) 接受危机团体干预专业培训：没有经过危机干预专业培训的团体领导者无法胜任危机干预工作。

(3) 危机心理教育知识的准备：进入危机干预前必须做好知识方面和专业技能方面的准备。由于危机团体干预属于短期心理援助，领导者事前要准备心理教育相关资料，如情绪管理、睡眠卫生、精神障碍、哀伤支援、疼痛控制、康复治疗以及外伤。尤其是对灾难与危机心理问题的了解应该尽可能多。如急性应激反应(ASD)、创伤后应激反应(PTSR)、创伤后应激障碍(PTSD)等。

(4) 了解危机中不同人的需要：需要了解不同的人在危机中的不同反应和需要，如危机当事人、救援者和相关亲属。并能够根据不同对象设计不同的危机干预方法。

(5) 具备危机心理评估能力：并非所有的危机相关人员都需要进行干预。干预者到危机现场需要对相关人员进行危机评估，对有心理危机反应的人制订干预计划，分别进行个别或团体危机干预。

2. 营造使人分享与成长的团体气氛

(1) 共情(尝试让自己设身处地了解他们的观点)。

(2) 心理专注与生理专注。

(3) 语言与非语言的同感的了解。

(4) 相对安静的环境。

3. 领导者积极倾听与接纳

(1) 领导者集中注意力在成员的世界(不要随意打断他所想说的，让他自由的表达)。

(2) 专注在成员的言语和非语言的信息(如他的眼神、说话音调和肢体动作等)。

(3) 让说话的人感到自在。

(4) 根据成员当时的心理准备状况，让他进入某种情绪状态或以身体上的接触安抚(如拍他的肩膀、递纸巾等)。

(5) 多使用开放式问句提问，有助于发展进一步的观点与必要的澄清。例如，“可以多告诉我一些关于……”“当……的时候，你会怎么做？”“我希望你说一些……”。

4. 时间应用的均等 由于危机团体干预是一次性的工作，时间有限，且目标不是心理治疗，所以团体过程中不对个别成员做深入干预。实施过程非常结构化，每个人的时间相对比较均等，每一圈每个人都要讲话。

5. 重视强化团体中的积极因素 危机团体干预结束时，领导者一定要强化成员中表达出来的正向力量和积极态度。让成员从困难中学习，在逆境下坚强，经危机而成长。

6. 视危机现场灵活运用 危机干预者实际工作中，需要根据危机的特点、现场的具体条件和需要干预对象的特点进行灵活运用，并非严格按照固定的五个步骤和顺序进行。但基本原则不变，都要为被干预者营造一个温暖的氛围，充分表达自己在危机发生时所见所闻所感，通过与团体成员分享，处理负面的情绪和认知，学习新的适应性的应对方式，减少今后出现创伤后应急障碍等心理问题。

在经过以上危机团体干预后，若发现成员仍然表现出行为失控、退缩、精神涣散、注意力不集中、或不明原因的生理病痛等，可以让当地的精神医疗或心理治疗专业人员提供进一步的协助。

第三部分 注 意 事 项

一、危机干预工作团队的建立

因为危机干预是一项需要在短时间内去应对和处理极端事件的极具挑战性的工作，在工作过程中，需要激活和动员各种必要的资源，在承受巨大压力的同时处理好危机干预者自身的因为死亡和死亡威胁所带来的焦虑、恐惧等负面情绪和因为替代创伤带来的内疚、悲伤、绝望等情绪反应。因此，原则上，对危机事件的干预，应该是团队的工作。

一般而言，危机干预团队的组成人员包括政府相关人员、精神科医生、心理治疗师、心理咨询师、社会工作者等。以学校为例，危机干预的团队应该包括学校心理咨询师及其督导、学校相关单位的负责相关工作的领导、学生工作者以及学校保卫部门的保安人员等。这些人员应该在专业的心理干预工作者的组织下形成团队，有各自明确的责任和分工。学校领导扮演司令员的角色，负责组织和提供必要的人力、物力、财力资源和支持。危机干预者在其中扮演总参谋长的角色，负责提供专业的干预方案，也就是团队中每个人各自的分工、责任和具体实施的行动方案，必要时进行现场心理干预。而学生工作者(班主任、辅导员、辅助的学生干部等)是战斗在第一线的战士，负责干预方案的具体实施，如联系法定监护人，实施 24 小时监护，协助护送专科医院等。

二、危机干预者的自我保护

危机干预工作者由于替代创伤，也可能在干预过程中受到危机当事人或危机事件本身的负面影响，导致职业倦怠甚至枯竭。

1. 职业倦怠的征兆

(1) 体能下降，缺乏动机，感到没有自己的时间。

(2) 与他人交流不畅：亲密感问题。

(3) 怀疑自己的职业选择。

(4) 失去生活和职业的界限。

(5) 感到软弱、内疚和羞耻，感到自己的问题与患者相比微不足道。

(6) 失去对公平、善恶的信念，愤世嫉俗。

(7) 因心力交瘁、筋疲力尽而觉得生气，如对周围人、政府官员、媒体感到愤怒。

(8) 集中注意和决策困难。

(9) 缺乏自制力，愤怒，缺乏耐心，与他人关系紧张。

(10) 出现创伤后症状：如睡眠问题，噩梦，闪回，高唤醒等。

2. 诱发职业倦怠的因素

(1) 缺乏休息。

(2) 工作量过大。

(3) 救援者有自己的个人创伤问题。

(4) 缺乏支持。

(5) 干预者缺乏督导，进修和度假。

(6) 干预者对自己有过高的期望。

3. 危机干预工作者怎样预防和应对替代创伤

(1) 改变上述危险因素。

(2) 巩固和完善自身的社会支持系统：良好依恋关系。

(3) 稳定定期督导。

(4) 同侪支持与参加危机减压团体。

(5) 安排好充分的休息和娱乐。

(6) 定时定量的饮食，不管是不是有胃口。

(7) 避免不必要的伤害(如果可能尽量不去其他灾难的现场)。

三、危机干预中的伦理和法律问题

1. 保密原则与危机干预 保密原则是指除与当事人的交谈过程之外，不得泄露任何有关个人的资料。但在某些特殊情况下，必须交流有关的情况。一旦当事人有潜在的冲动暴力行为，往往就牵涉到保密和情况交流这些问题。

保密有一系列原则需要遵循，它涉及助人职业的法律和伦理等方面的要求。

(1) 法律原则：从法律上讲，当事人的资料要保密，但可以在有关专业人员中交流，如检察官、律师、医师，有执照的心理学家、社会工作者和咨询师等。

(2) 伦理原则：伦理标准适用于某一专业团体。违反伦理标准可能会受到专业团体伦理委员会的处罚。例如，《中国心理学会临床与咨询工作伦理守则》规定，心理师有责任保护寻求专业服务者的隐私权，同时认识到隐私权在内容和范围上受到国家法律和专业伦理规范的保护和约束。其中，在其 2.2 条中，规定了例外的情景，并在 2.3 条中告知在例外情境下应如何处理。

2.2 心理师应清楚地了解保密原则的应用有其限度，下列情况为保密原则的例外：①心理师发现寻求专业服务者有伤害自身或伤害他人的严重危险时。②寻求专业服务者有致命的传染性疾病等且可能危及他人时。③未成年人在受到性侵犯或虐待时。④法律规定需要披露时。

2.3 在遇到 2.2 中的①、②和③的情况时，心理师有向对方合法监护人或有关第三者预警的责任；在遇到 2.2 中④的情况时，心理师有遵循法律规定的义务，但须要求法庭及相关人员出示合法的书面要求，并要求法庭及相关人员确保此种披露不会对临床专业关系带来直接损害或潜在危害。

毫无疑问的是，不遵守保密原则在伦理上会对当事人造成很大伤害，同时也破坏了工作者与当事人之间的信任、合作的关系。

2. 伤害意图与提出警告的责任与危机干预　虽然从法律、伦理和道德方面看要为当事人保密，但如果当事人有伤害他人的打算或伤害自己的企图时，则完全是另外一回事。专业咨询人员必须决定。是否要通知有关人员，特别是要让当事人企图伤害的那些人避开，以免发生不幸。这种决定常常是一种推测，危机干预作者要在高度情绪化和高度暴力危险的情况下评估当事人的危险程度，以通知有关人员，从而保证当事人和他人的安全。

四、自杀传染的预防

危机事件发生之后，可能会受到媒体和网络大众的关注，危机干预者工作者需要和媒体一起工作。合作的好，会有利于危机的解决；合作的不好，或导致危机的扩散和蔓延。

自杀传染是指当某一个人自杀之后，其自杀的行为模式被其他人模仿，最初的自杀行为成为对某些特殊的人群的扳机点，从而导致一系列自杀行为，也被称之为自杀模仿或自杀复制。这些特殊人群此前通常就是自杀行为的易感人群，如此前有自杀行为史、抑郁史或与死者有某种相似性。

世界卫生组织国际自杀预防协会于2008年2月提出对于自杀事件的媒体报道的指导原则。包括：

(1) 把握机会对公众进行自杀教育。

(2) 避免使用将自杀耸动化或正常化的语言，也要避免将自杀呈现为一种解决问题的方法。

(3) 避免将自杀新闻放置在显著位置，也要避免不正确地复述自杀事件。

(4) 避免详细描述已致死或未致死之自杀所使用的方法。

(5) 避免提供发生已致死或未致死之自杀的具体地点。

(6) 谨慎设置标题。

(7) 谨慎使用照片或视频。

(8) 报道名人自杀时格外小心。

(9) 对自杀者家属给予相应的关怀。

(10) 提供求助信息。

注意媒体从业者本身亦可能被自杀事件影响。

(樊富珉 徐凯文)

参 考 文 献

芭芭拉·鲁宾·韦恩瑞伯. 2003. 危机干预与创伤反应理论与实务. 黄惠美，李巧双译. 北京：世界图书出版公司.

陈丽云，樊富珉，梁佩茹. 2009. 身心灵全人健康辅导模式：中国文化与团体辅导. 北京：中国轻工业出版社.

陈维樑，钟秀筠. 2006. 哀伤心理咨询：理论与实务. 北京：中国轻工业出版社.

黄龙杰. 2008. 救治心理创伤-从灾难现场到心灵重建. 上海：上海出版社.

松原达哉. 2008. 产业心理咨询入门. 樊富珉译. 北京：中国轻工业出版社.

中国就业培训技术指导中心. 2008. 心理危机干预指导手册. 北京：中国领导社会保障出版社.

Klott J. 2005. 自杀与凶杀的危险性评估及预防治疗指导计划. 周亮译. 北京：中国轻工业出版社.

Myers D, R.H. 2008. 灾难与重建-心理卫生实务手册. 陈锦宏译. 台北：心灵工坊文化事业股份有限公司.

Andronico M, Cleary T, Einhorn F, et al. 2008. Group Interventions For Disaster Preparedness and Response，American Group Psychotherapy Association.

第九章 归因治疗

第一部分 基本理论

归因治疗(attribution therapy)，早期被称为归因训练(attributional retraining/ reattribution training)，由美国心理学家Seligman等人于20世纪80年代提出，是在归因理论的基础上建立和发展起来的一种认知行为治疗方法。归因治疗泛指各种通过引导和改变来访者对其问题或症状的解释来改善不良的情绪和行为的心理治疗方法。归因治疗师以归因方式作为治疗的切入点，通过一系列认知、行为、情绪技术及自尊改变技术，和来访者一起对其问题、归因、基本信念、自尊等进行讨论和改变，由此带动情绪和行为问题的改善，达到治疗的目的。

归因治疗具有两种模式：一种是将引导和改变归因作为心理治疗的工具来对待，这种模式中归因并不是治疗理论的核心内容和病原学基础，只是达到其治疗目标的工具。另一种模式是将改变归因作为心理治疗的目标来对待的，这种模式中不适当的归因本身被视为心理疾患的病原学基础，改变归因既是治疗的手段，又是治疗的目标。

一、基本概念

归因(attribution)是认知的形式之一，指人们对于事件结果的原因知觉和判断。归因方式(attributional style)是一个人在长期的生活经历中逐渐形成的，惯常使用的对事情原因的解释方式及由此产生的特有的归因倾向。

归因方式具有类特质的性质。所谓类特质，是一种人们在长期的生活经历中逐渐发展形成的心理特征，相对稳定而非瞬间即逝；同时，又具有一定的可变性而不是那么根深蒂固的心理特征。归因方式的这种类特质的性质使从归因方式入手发展归因治疗成为可能。

归因理论(attributional theory)是心理学界从归因的角度解释人类心理行为现象的理论，最早出现于社会心理学领域。美国社会心理学家Heider于1944年在《社会知觉和现象的因果关系》一书中，提出了对现象关系的因果研究，可以看做是归因问题研究的开端。1958年，Heider的《人际关系心理学》一书出版，标志着归因理论的形成。20世纪60年代Weiner的成就动机制论提出的归因的三维结构论是抑郁的归因理论的基础。

二、归因治疗的早期理论基础：抑郁的归因理论（抑郁的无望感/自尊理论）

在社会心理学归因理论建立之后几十年中，心理学家不断将归因概念发展应用于其他领域。临床心理学领域中的归因理论来源于心理学家Seligman、Abramson对抑郁成因的理解，其发展渊源包括以下几个阶段。

1. Seligman习得性无助理论 Seligman(1975)首次将动物无助感实验的结果用于人类抑郁的解释，形成了最初的习得性无助理论(learned helplessness theory)。该理论的基本观点认为，当一个个体发现自己无论做什么都无法控制环境中发生的事件，他就会认为自己是无助的，产生抑郁，并丧失行动的动机。这个理论包括了行为和认知两个方面的观点：环境因素培育了态度，进而导致了抑郁。

2. Abramson修正的习得性无助理论 1978年，Seligman和Abramson引入了社会心理学中归因方式的概念，对这个理论进行了修正。他们在Weiner的归因三维结构论的基础上，把人们对事件的归因分为以下三个维度：内部-外部归因，持续-暂时归因，普遍-特殊归因。根据归因方式对情绪和行为的作用是否积极，可将归因方式分为适应性归因方式和非适应性归因方式。正常人有一种自助偏向(self-serving bias)：将生活中的好事情归因为内部的(自己的)、持续的(稳定的)、普遍(全面的)的原因，不好的事情归因为外部的(环境的)、暂时的(不稳定的)、特殊的(不全面的) 原因。这虽是一种歪曲的归因加工，但可以保护自尊，是一种适应性的归因方式。相反，如果将生活中不好的事情归因为内部、持续、普遍的原因，好事情归因为外部、暂时、特殊的原因，便可能降低自尊，引起不良的情绪和消极退缩的行为。因此，这种归因方式被称为非适应性的归因方式。

修正后的习得性无助理论(the reformulated theory of learned helplessness)认为，抑郁者的归因方式是将负性事件归因为内部的、稳定的、全面的原因即非适应性归因方式。内部归因可以导致自责，以及自尊的降低，如一个人将下岗归因为自己没有能力，那么他就会产生自责，若归因为单位不景气，就不会责备自己。稳定的归因预示着问题的持续，如下岗归因为自己没有能力，而且以后同样是没有能力的人，就会对自己丧失信心，若归因为自己不适合这份工作，就预示着这种状态可以改变。对负性事件全面的归因会使问题扩展和渗透到生活的各个方面，如将下岗归因为自己不仅在工作方面没有能力，而且在其他方面也不行，就会对自己未来生活的各个方面感到悲观，但若只归因为是工作本身的问题，就不会影响生活的其他方面。

3. Abramson 无望感理论 1989年，Abramson等又一次修正了理论，强调了无望感在抑郁形成中的重要角色，认为无望感是抑郁最直接的原因，而无望感和抑郁在个体将负性生活事件归因为内部的、稳定的和全面的原因时，最容易发生，归因的重要性只体现在引起无望感的程度上。这种观点很好地区别了焦虑和抑郁，焦虑和抑郁的人都会感到无助，相信他们对事物缺乏控制力，但只有抑郁的人会放弃，认为自己没有希望重获控制力。因此，这个理论又被称为抑郁的无望感理论(hopelessness theory of depression)。

4. Metalsky 无望感/自尊理论 自尊在心理健康中具有重要作用。不同的心理学家对自尊有不同的理解。Coopermith(1967)把自尊定义为“自我评价的一系列态度”。Christopher(1999)在《自尊的研究、理论与实践》一书中，认为自尊是个体对自我的一种情感性评价。国内学者也认为，自尊是个体关于自我价值和自我接纳的整体感受，被认为是心理健康的保护因素。20世纪90年代以来，关于自尊的研究出现了一种新的倾向，把自尊研究的重点放在引起或伴随抑郁情绪的、包含自我的认知因素上。很多研究都证明了自尊和抑郁之间的负相关。Harter等(1991)发现自尊、情绪、无望感三者高度相关，三者结合起来被称为抑郁复合物(depression composite)。

Metalsky 等整合了无望感理论和自尊理论，认为归因方式-低自尊-失败三者合并，通过无望感的中介可以预测抑郁的发生(高自尊可以成为归因-失败导致抑郁这个过程中的一个缓冲因素)；同时，抑郁反过来又会进一步强化消极的归因方式。这就是抑郁的无望感/自尊理论(the integrated hopelessness and self-esteem theory of depression)。

在抑郁的无望感/自尊理论中，对抑郁产生影响的另一个重要因素是应激性生活事件。该理论认为，抑郁正是由于非适应性的归因方式和应激性生活事件交互作用而产生的。这里，非适应性的归因方式作为一种先于应激事件存在的素质性因素，社会生活事件作为一种触发的应激性因素，共同组成了抑郁的素质-应激模型。

另外，Abramson 和 Needles(1990)论述了正性事件的归因对于抑郁恢复的重要性。他们认为，抑郁患者若改进了对正性事件的归因方式(将其进行内部的、稳定的、全面的归因)，则更可能恢复希望感，当正性事件发生时，从抑郁中走出。他们对抑郁大学生进行了六星期的跟踪研究，结果与预测的情况相一致。尽管适应性归因和正性事件并不能单独起作用，但二者兼具的抑郁患者的确表现出无望感的戏剧性减少和从抑郁症状中恢复的迹象。

总之，抑郁的归因理论(无望感/自尊理论)认为：负性生活事件(应激)与非适应性归因方式共同作用导致了抑郁的产生，而无望感和低自尊在这个过程中起了中介的作用，反过来，抑郁又通过无望感，进一步降低了自尊，强化了非适应性归因方式，形成恶性循环(图 9-1)。

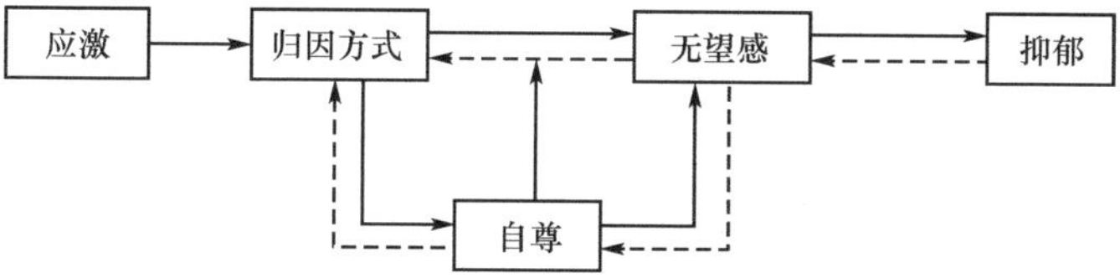

图 9-1　抑郁的归因理论(无望感/自尊理论)

三、归因治疗的发展

1. 适应证的发展　归因理论最初由心理学家应用于对抑郁成因的解释，但大量研究发现，归因方式在精神卫生领域的多种问题中均存在大小不一的作用。有文献支持的存在非适应性归因方式的心理和行为问题包括：抑郁症、焦虑性障碍(广泛性焦虑症、惊恐发作、强迫症、创伤后应激障碍、社交焦虑症)、躯体形式障碍、成瘾行为(病理性赌博、戒烟、物质滥用)、生理心理问题(进食障碍、性功能障碍)等精神疾病、家庭暴力(儿童身体虐待、儿童性虐待、夫妻暴力)、自杀行为、犯罪、移民等社会问题、高血压、糖尿病、哮喘、镰刀形红细胞病等躯体疾病(详见适应证部分)。可见，归因方式作为一种对生活事件、问题和症状等的认知解释倾向，在各种情况下都可发生，并以不同的具体形式直接或间接地对心理健康和行为产生影响。

发展后的归因治疗，不仅适用于归因方式作为问题的心理病理学基础的情况，而且适用于以上存在非适应性归因方式的各种心理行为问题。对于存在非适应性归因和归因方式的来访者，治疗师根据来访者不同的归因倾向，将引导和改变归因作为心理治疗的切入点，带动情绪和行为问题的改变。

2. 归因维度的发展　归因方式经典的维度为：内部-外部维度，持续-暂时维度，普遍-特殊维度。研究者们对躯体形式障碍患者及具有躯体症状的心理疾病患者归因的观察，引出了归因方式的另一种分类维度：正常-问题维度。问题归因可分为躯体归因(somatic attribution)和心理归因(psychological attribution)。当躯体症状出现时，患者对这些症状的归因方式可分为心理归因、躯体归因和正常归因。对于一些并非身体疾病所致的非特异性身体症状，如头昏、乏力、心慌、憋闷、手麻等，正常归因是指接受这些症状的合理存在，将其解释为正常的生理功能，这种归因方式能够增强个体的控制感，减少迷茫感，使其不会过分担心身体，症状会随着情绪的缓解自行减轻；心理归因是指个体认为这些症状为心理问题所致，将其解释为心理问题的生理反应，这种归因方式可引导当事人寻找引起症状的心理原因，虽然面对心理问题的过程可能会带来痛苦，但心理问题的化解最终可以促进症状的消失；躯体归因是个体以身体问题的方式看待这些症状，认为上述症状是身体疾病的表现，这种归因方式会使当事人过分担心和关注身体，不断寻求医疗帮助，症状常有加重或持续的趋势。

国内有学者(2000)研究认为，宿命归因是中国人归因的一大特色。王纯、张宁等(2006)将宿命归因加入到归因方式问卷中文版中，并通过卡特尔 16 项人格问卷(16-PF)的人格特质测查，通过结构方程模型在中国抑郁大学生被试中验证了抑郁的无望感/自尊理论，及宿命归因的作用，见图 9-2。

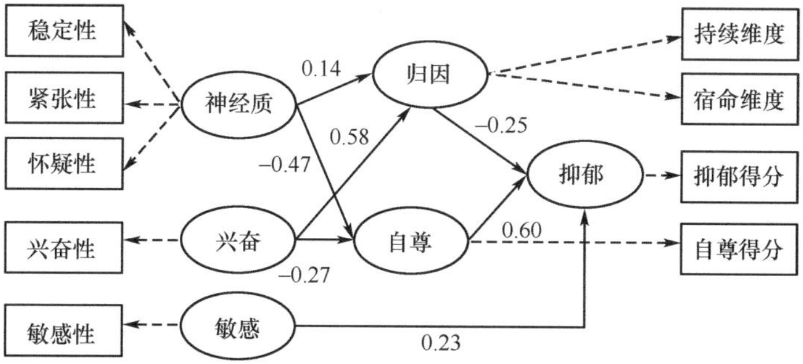

图9-2 抑郁无望感/自尊理论的结构方程模型(R^2=0.679)

另外，可控-不可控维度也是归因方式的分类方法之一。以上这些不同的维度分类均可作为归因治疗改善来访者心理行为问题的切入点。

四、归因方式的形成与基本信念

1. 归因方式的形成 归因方式与人格有关。James 等(1989)运用Comrey 人格问卷对归因方式与人格的关系进行了研究，认为活跃-外向-稳定的人格特质成为适应性归因的重要影响因素。王纯、张宁等(2005)研究发现，具有非适应性归因方式的人，多有一定的人格基础，他们往往容易敏感、紧张、担忧和多愁善感，做事常感情用事。

非适应性的归因方式与家庭关系紧密。Peterson和Seligman(1984)认为归因方式可能来自于对父母的模仿。Alloy等(1999)研究发现，持有非适应性归因方式的大学生的母亲多有抑郁病史或多见抑郁状态，这意味着存在基因遗传的风险和具有从父母那学习、模仿认知方式的风险，这种学习可以是直接模仿或者从父母的反馈中习得。受到虐待，尤其是情感虐待也是个体归因方式形成的原因之一，因为虐待者给受虐者提供了负性的认知。后来，他们又进一步研究发现，持有不良归因方式的学生的母亲本身有较高的负性认知和推理方式，父亲表现出较少的情感接纳和温暖。父母在对待孩子的生活应激事件时，都表现出较稳定和全面的归因反馈及负性后果反馈，这些都预示了孩子将来患抑郁，尤其是无望型抑郁的可能。可见，父母自身的问题(抑郁、认知方式)和对子女的教养方式(消极反馈、情感虐待)是归因方式形成的重要因素，而后者一定程度上是前者问题的延续。

2. 基本信念与归因方式的形成　一个人的成长经历可使他对世界，对周围的人、生活事件、环境和自己形成一些的固定的看法或假设，被称为基本信念。例如，一个准备演讲的学生想，“我肯定会出错，我任何事都做不好”，这话表明他存在一个自我价值感缺乏的基本信念。这种信念通常始于童年，有的对一个人如何认识世界、环境和自己造成全方位的影响，有的在某种情况下发生影响。例如一个学生学习成绩一贯优秀，对自己的成就方面毫不担心，但一直不知道如何处理人际关系，和其他人相处很糟，很难融入群体，那么他在人际方面可能存在孤立、被遗弃等基本信念，这种在某种情况下起作用的信念称为条件性信念。贝克等(1990)列举了一些基本信念(贝克将这些基本信念称为图式)：易受伤害、缺乏社会技巧、无能、贫穷、虚弱、无助、自足、易被他人控制、负责任、有能力、正直、无辜、特殊、独特、迷人和感人。

基本信念影响归因方式的形成。存在某种信念的人，在遇到应激性生活事件时，会按照基本信念的倾向对事件进行归因，多次类似的事件之后，一个人的归因方式就逐渐形成并固定下来了，见图 9-3。

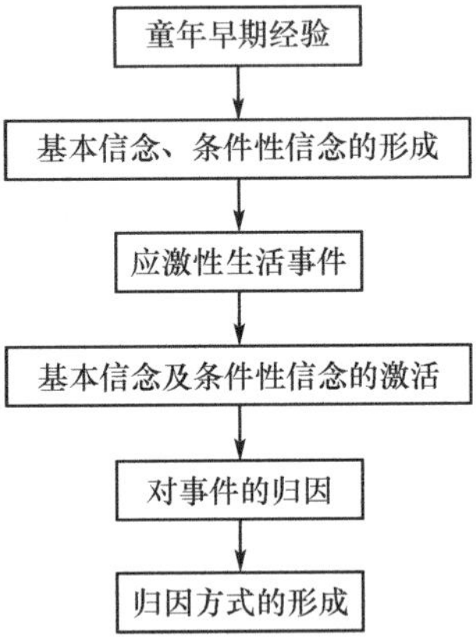

图 9-3　基本信念和归因方式的发展过程

因此，人格、家庭关系、成长经历、基本信念都是归因治疗中需要与来访者讨论的主题。

第二部分　基 本 操 作

一、治 疗 目 标

1. 近期目标

(1) 症状方面：临床症状消除，消极情绪和行为减少，积极情绪和行为增多。

(2) 心理功能方面：归因方式与基本信念的积极改变，自尊、自信增强，幸福感增加。

(3) 社会功能方面：社会功能的恢复和增进，能有效完成社会职能，促进积极的人际关系，生活质量提高。

2. 远期目标

在一定程度上促进人格的适应性发展，促进乐观、积极的人生态度。

二、基 本 模 式

临床心理学中的归因治疗主要来源于无望感/自尊理论，其基本模式见图9-4，即促使来访者对生活事件的非适应性归因方式转变为适应性归因方式，达到消除不良情绪、改善行为的目的(图9-4)。

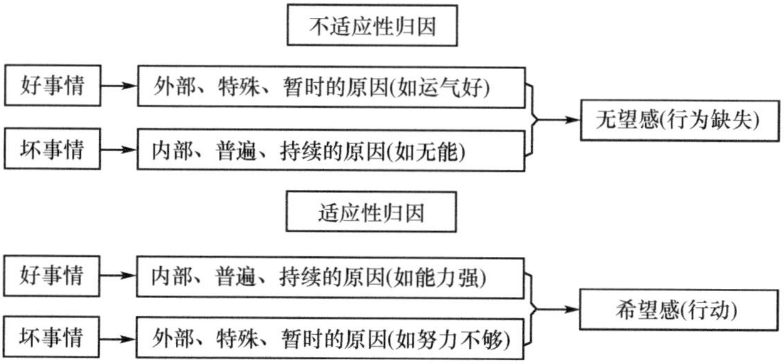

图 9-4　归因治疗的基本模式

三、基 本 原 理

归因治疗是在归因理论的基础上建立的一种认知行为治疗方法，认知行为疗法的基本观点认为，认知过程是行为和情感的中介，适应不良的行为或情感与不适当的认知有关，治疗着手于认知的改变，情绪和行为亦随之改变。

归因治疗的基本原理就是从非适应性归因方式这个认知的层面入手，通过一系列认知行为的技术建立积极的归因方式，促进情绪和行为的改变，打破问题的恶性循环，并通过改进对良性事件的适应性归因，引导患者走向良性循环。以这个原理贯穿治疗的归因治疗是狭义的归因治疗，也被称为归因训练。

同时，归因治疗作为一种完整的认知行为治疗，不仅限于归因模式的改变，其工作任务还包括促进来访者苦恼的呈现、对问题的澄清；对来访者的共情和支持；家庭背景、成长经历、基本信念与现实问题关系的分析和解释；不适应行为的消除和适应性行为的塑造；自尊和人格的重塑；来访者自身资源的发现与挖掘；以及所有来访者需要探讨和改变的问题。

广义的归因治疗可泛指一切通过对生活事件或心理问题的成因进行解释和建构来达到治疗目的的心理治疗过程和手段。有研究表明，来访者带着困惑来到治疗室之前，一般均已对自己遇到的事件或问题有过思考和解释，但他的解释并不能给自己带来安慰并使自己释怀，心理治疗过程中通过一系列技术，与来访者一起建构出一套新的解释，这种解释更有利于来访者的情绪、行为改善和心理康复。

归因治疗中的这种解释，即对生活事件或心理问题成因的建构应该尊重事实并高于事实。尊重事实是指这种解释要客观、现实，能够被来访者所接受并经受得住现实情况的检验，不能为了让来访者安心而歪曲事实真相。高于事实是指，这种解释要以对情绪和行为的积极促进为目的，而不是和来访者一起刨根问底，一味追求事实真相。现代归因理论认为，生活事件或心理问题成因的解释没有绝对的准确客观，都是人们通过语言进行的一种建构，只要在尊重事实方向的基础上，尽可能使其具有积极的心理意义，以帮助来访者更积极地看待问题，从困惑中走出，以促进其情绪和行为的改善。

对自尊的讨论和促进是归因治疗的常见环节。根据无望感/自尊理论，自尊可作为归因方式影响情绪的中介因素，高自尊可成为非适应性归因方式导致抑郁发生的一个缓冲。因此，对自尊的讨论和促进能和归因方式协同作用，改善个体的情绪和行为，同时也促进其归因的改变，促进其对自己、生活和未来的具有更加积极的态度。

四、治 疗 形 式

归因治疗可以是个体治疗也可应用团体训练的形式。个体治疗每周1～2次，每次50分钟，基本治疗需要12次左右，根据来访者的情况治疗次数差别很大。团体治疗一般有5～8个成员，每周1～2次，每次时间为1.5～2小时，一般8～12次。团体治疗每次有相对固定的主题，但可根据治疗的具体情况进行调整。

五、治 疗 过 程

(一) 个体治疗过程

个体归因治疗的基本过程，可分为初始阶段、治疗阶段和结束阶段。治疗过程具有个体化和灵活性的特征，根据来访者的具体情况每个个案间有较大的区别，见表9-1。

表9-1　归因治疗个体治疗过程

主题阶段	次数	内容
初始阶段	1～3	①对来访者的情况进行初步了解和评估；②建立治疗关系；③与来访者协商出治疗目标和基本设置；④给予来访者一定的情感支持和专业解释
治疗阶段	8～10	①归因问题的识别；②归因问题的来源分析与基本信念的讨论；③非适应性归因方式的改变；④适应性归因方式的巩固；⑤对自尊和人格的探讨；⑥行为训练
结束阶段	1～2	①对治疗过程和收获进行总结，强化积极的改变；②对未来计划讨论，进一步帮助来访者把治疗收获带到生活中去，鼓励其继续改变；③讨论离别，咨询关系的结束；④其他未尽问题的讨论

1. 初始阶段　初始阶段一般为开始的 1～3 次会谈，这个阶段的主要任务有 4 点：①对来访者的情况进行初步了解和评估；②建立治疗关系；③与来访者协商出治疗目标和基本设置；④给予来访者一定的情感支持和专业解释。

(1) 对来访者的情况进行初步了解和评估：初次会谈时，治疗师要对来访者的一般情况(性别、年龄、民族、学历、工作、出生和居住地、婚姻家庭情况等)、来诊情况(是否初次心理治疗、是否转介、是否自愿等)、求助的主要问题、为什么现在来、是否患有精神疾病等情况进行初步了解和评估，判断来访者能否进行心理治疗，是否适合归因治疗(是否存在归因方面的问题)，以及是否需要同时进行其他方式的治疗等。

归因方式问卷(attributional style questionnaire, ASQ)是用于评定归因方式的问卷(见附录)。由Peterson等人于1982年编制，王纯、张宁等(2006)翻译和修订了该问卷中文版。由12个场景组成，包括6个正性事件和6个负性事件，共48项采用1～7分的7级评分法，1～7分代表区别于两端描述的程度。量表得到的总分、内外维度、普遍维度和持续维度得分越高，代表归因方式越积极。虽然中英文版的ASQ都没有明确的划界分，但一般来说，得分在1分以上可视为适应性的归因方式，1分以下归因方式有改进的空间，0分以下肯定存在非适应性的归因方式。

(2) 建立治疗关系：良好的治疗关系是治疗有效进行的前提和保证。归因治疗提倡真诚、温暖、合作的治疗关系，以一种商讨式的态度共同制定治疗目标，商讨治疗方法、治疗时间间隔等具体问题，并在这些问题上达成一致。治疗师的作用是启发、引导来访者思考与行动，促进其领悟与改变，并保持对来访者的积极关注。促进来访者自身潜能的发挥，依靠自身的力量解决问题。

(3) 与来访者协商出治疗目标和基本设置：对来访者进行评估，认为来访者适合进行归因治疗之后，需要和来访者协商治疗目标，一般由治疗师对此进行询问，来访者表达自己的要求，治疗师和来访者共同商讨出较为合理的治疗目标。治疗目标应分为初级目标和中高级目标，有些来访者只需要改善症状或解决某些具体的现实问题，仅设立初级目标即可，如果来访者还有进一步探寻内心、改变生活质量等更高的需要，便可设立中高级目标。在设立目标的同时，应对达到目标可能需要的治疗次数有一个预期，并告知来访者。

需要指出的是，治疗目标商定后并非一成不变，在治疗过程中可能会根据具体情况不断调整，每次调整都要和来访者共同商讨，达成一致。在需要调整治疗目标时，治疗师首先要分析目标调整背后的心理意义和调整的价值，并与来访者讨论。

基本设置也是在治疗初期需要与来访者明确商讨的内容，包括治疗方法、时间、频次、大概需要的治疗次数、收费、迟到或违约的处理等，如果来访者对心理治疗不了解，还需要向来访者概要说明心理治疗是做什么的，怎么做。明确这些内容对治疗的有效开展很有价值。

(4) 给予来访者一定的情感支持和专业解释：来访者寻求心理治疗的帮助，常是在应激性生活事件发生之后，此时往往存在较强烈的情绪反应，对于这样的来访者，治疗师有必要给予来访者无条件的情感支持，通过倾听、共情、反馈、解释、鼓励、甚至保证等一般性的咨询技术，帮助来访者稳定情绪和获得支持。有时，由于缺乏专业知识，来访者对自己的问题的性质不了解，对问题存在不恰当的归因，也需要治疗师给予恰当的专业解释和心理教育，帮助来访者了解情况、缓解因不了解带来的焦虑、启发治疗动机。

2. 治疗阶段　治疗阶段是从初始阶段结束开始，到治疗目标基本达到之间的会谈，是治疗的主体阶段，一般需要 8～10 次。所涉及的内容主要包括：归因问题的识别、归因问题的来源分析与基本信念的讨论、非适应性归因方式的改变、适应性归因方式的巩固、对自尊和人格的探讨等，如果有具体行为问题还可以同时进行行为训练。上述内容一般依次进行，但也可根据来访者的具体情况进行调整，尤其是对自尊和人格的探讨、行为训练这两项内容，可以根据具体情况在治疗阶段的任何时候采用。在治疗阶段中，如果来访者出现明显的情绪波动或过激行为，都需要针对当时的情况进行特殊处理并给予支持，帮助来访者稳定情绪和行为之后，才能按计划进行进一步的治疗。

(1) 归因问题的识别：在治疗阶段的初期，治疗师首先要启发来访者对身体症状进行心理归因，启发来访者领悟症状背后的心理意义及认知因素在其中的作用，通过一系列的识别归因的技术(见基本技术)，帮助来访者认识到归因方式在其问题中的作用，了解归因对情绪和行为的影响，并从一开始就通过家庭作业(家庭作业的运用一般贯穿整个治疗阶段)方式，让其在现实生活中记录和检验自己的归因方式。

(2) 归因问题的来源分析与基本信念的讨论：归因治疗虽然强调此时此地，但也注重对来访者成长经历及成长过程中的重要事件的分析，以探讨归因问题背后的基本信念，及早期经验与基本信念形成的关系，帮助来访者认识到非适应性归因方式的形成过程。这一部分内容经常也会涉及个体自尊和人格方面的探讨，治疗方向可能会根据来访者的倾向，沿着归因方式的改变或者对其自尊、人格讨论的某一个方向进行，然后再进行到另一个，有时也可能同时进行。

(3) 非适应性归因方式的改变：在识别来访者的非适应性归因方式的基础上，摆在来访者面前的问题首先是要不要改变，治疗师可以通过成本-效益分析等技术激发来访者改变的动机，但最终是否改变的选择仍是要由来访者自己做出。一旦治疗师和来访者达成改变的协议，治疗师将通过一系列归因重建技术(见基本技术)促进其适应性归因方式的建立。

这个阶段是治疗的关键阶段，而这个阶段的治疗往往不是一帆风顺的。归因方式是来访者在长期的生活经历中逐渐形成和稳定的类特质，改变起来一定会遇到各种各样的困难，改变的进程很可能会反复多次。治疗师首先要对这个现象有充分的认识和耐心，并把这种认识和耐心传递给来访者，在来访者遇到反复和情绪波动时能够给予理解、鼓励和积极关注，对来访者的改变保持信心。同时要和来访者一起对遇到的困难进行分析，及时改变策略，不断调整具体的归因改变方法，提高治疗效率。由于影响每个来访者改变的因素不同，解决的难度不同，这个阶段需要的会谈次数因人而异，差别很大。

(4) 适应性归因方式的巩固：在这个阶段中，非适应性归因方式逐渐减少，适应性归因方式逐渐增多，治疗师进一步通过归因巩固技术和家庭作业帮助来访者巩固适应性的归因方式。此时，从整体上看治疗已经取得一定进步，但这一阶段经常会出现一个平台期，即改变稳定在一定的程度上很难再进展。此时，治疗师除了继续保持对来访者的理解、耐心、信心、鼓励、积极关注和调整策略外，在治疗室外继续通过家庭作业巩固归因的改变；与此同时，在治疗室内应转向对来访者自尊、人格等方面的探讨，淡化对平台期的关注。

(5) 对自尊和人格的探讨：归因治疗中对归因方式及基本信念的讨论，很容易涉及对自尊、自我概念、自信等主题的讨论，治疗师可以通过自尊训练技术(见基本技术)，也可通过分享适应性归因方式带来的情绪和行为的改变、强调来访者对最近生活经历中成功事件的归因和感受，讨论由此带来的来访者自尊的变化，给予强化和积极关注，以提升其自尊。同时，归因治疗的改变也可引申至正性结果的赢得和适应性人格的讨论。虽然归因治疗并不强调人格改善，但适当的讨论和力所能及的修饰，对来访者未来赢得更多的正性事件、促进适应性归因的巩固也有一定帮助。因此，归因治疗中对自尊和人格的探讨，也是促进来访者适应性归因、改善情绪和行为问题的方法之一。

(6) 行为训练：归因治疗作为认知行为治疗大家族的成员之一，对来访者需要改变的具体的行为问题，可以设计行为训练进行改变(见基本技术)。在治疗阶段里，行为训练可与以上5项内容同时进行，治疗早期进行分析和训练计划的制订，之后主要通过家庭作业的形式进行训练，充分利用治疗室外的时间，治疗室内每次会谈时进行简单的反馈和讨论。

3. 结束阶段 对于一个较完整的归因治疗，治疗结束是指治疗目标基本达到之后，来访者和治疗师对治疗效果基本满意并协商认可，这时就进入了结束阶段，一般包括1～2次会谈。由于其他因素而中断的治疗，称为治疗中止，被中止的治疗最好也有1～2次的结束阶段，作为来访者脱离治疗帮助的一个缓冲。

结束阶段主要内容包括：①对治疗过程和收获进行总结，强化积极的改变；②对未来计划讨论，进一步帮助来访者把治疗收获带到生活中去，鼓励其继续改变；③讨论离别，咨询关系的结束；④其他未尽问题的讨论。帮助来访者淡化对残留症状和问题的关注，通过积极归因与这些问题相伴生活，和谐相处。

(二) 团体治疗过程

张宁、王纯等设计了8次的团体归因训练，每次都有相对固定的主题，治疗按一定程序进行，称为模块化团体归因训练(modularity attribution retraining group therapy, M-ARGT)，计划见表9-2。如果团体训练的时间允许多于8次，可将每次的主题细化分次进行，并加强第5～8次归因改变和行为训练的内容，陪伴来访者更好地巩固适应性归因，或根据具体情况重塑行为。但团体治疗一般不多于12次。

表 9-2　模块化团体归因训练(M-ARGT)干预计划

次数	主题	内容
1	相识与支持	向小组成员说明团体治疗的目的、形式和原则；在宽松的氛围中相识，减少组员的不安与担心；初步了解情况，了解临床症状的演变；共同制订治疗目标，签订治疗契约；共同为小组起名字
2	症状的心理意义与认知的作用	组员呈现各自的症状与困扰，治疗师运用心理治疗技术，启发组员领悟症状背后的心理意义和认知因素在其中的作用，并保持对组员的共情、支持和积极关注
3	归因方式在心理问题中的作用	结合生活事件，通过半开放式团体活动，探讨不同归因对不同情绪体验和行为的影响，启发组员认识归因方式在心理问题中的作用；布置家庭作业：检验在生活事件中表现出的归因方式
4	成长经历与基本信念的讨论	组员分享其成长经历及成长过程中的重要事件，探讨早期经验与基本信念形成的关系，治疗师助其分析非适应性归因方式的形成过程，并保持对组员的共情与支持；家庭作业
5	归因方式的重建和行为训练	在识别组员的非适应性归因方式的基础上，通过归因重建技术促进适应性归因方式的建立；设计行为训练计划帮助解决组员具体的行为问题；布置家庭作业：通过新的归因方式解释生活事件，记录情绪和行为反应
6	归因方式的巩固和行为训练	结合家庭作业的分享，通过认知技术、情绪技术和行为技术巩固适应性归因方式；讨论行为训练的感受，存在的困难和解决方法；家庭作业：继续练习和记录
7	正性事件的归因及自尊和适应性人格的讨论	结合家庭作业，分享适应性归因方式带来的情绪和行为的改变；强调对最近生活经历中成功事件的归因和感受，讨论由此带来的自尊的变化；引申至正性结果的赢得和适应性人格的讨论；家庭作业：继续练习和记录(侧重正性事件)
8	未来计划分享与离别	未来计划的分享，鼓励将团体治疗中得到的启发和改变带到以后的生活中去，教会患者做自己的治疗师，督促保持适应性归因方式和继续行为训练；讨论离别，启发结束是崭新生活的开始

第三部分　基 本 操 作

归因治疗的技术主要包括三大类：所有心理咨询和治疗都涉及的一般性咨询技术，归因改变技术和自尊训练技术。其中归因改变的途径包括：帮助来访者认识不适应的归因方式，促进适应性归因方式的重建和巩固。归因治疗为认知行为治疗的一种，认知行为治疗的经典方式和技术均可用于归因的改变。具体方法包括认知技术、行为技术、情绪技术、自尊训练技术等，其中认知技术包括识别技术、重建技术和巩固技术。

一、认 知 技 术

(一) 识别非适应性归因的技术

1. 共情式提问　不适应归因的识别有多种独立的技术，但最常用的还是咨询中反复使用的共情式提问。在咨询过程中，治疗师发现了来访者具有非适应性的归因方式，但不能采用直接指出的方式告知来访者，而应通过一系列共情式提问逐渐启发来访者自己意识到归因方式的问题。所谓共情式提问，就是治疗师在对来访者陈述的内容表达共情的基础上，针对归因方式有目的地进行启发式的提问，使来访者在回答治疗师问题的时候进行思考，顿悟出自己归因方式方面存在的问题。整个识别过程就是通过一个个这样的提问不断深入启发进行工作的。

2. 生活中归因记录的归类　对生活中发生的事件和对其归因的记录是归因治疗常用到的家庭作业，也是治疗师和来访者一起工作，对来访者在生活事件中表现出的认知和行为情况进行分析的资料。记录一般按时间和事件为线索，对生活中发生的事件、对这件事的解释(归因)及引起的情绪和行为反应等进行记录，根据需要设计 3～8 栏表的形式进行，包括时间、事件、归因、情绪、行为等，在归因改变阶段还可包括替代归因、替代情绪、替代行为等。

在治疗的初期，为了发现来访者在对生活事件的解释中存在的归因问题，一般可进行最简单三线表记录，即包括事件、对事件的解释(归因)和情绪，在下一次治疗会谈中对记录的材料进行分析，将所记录的归因进行归类，从而发现来访者存在的归因方式及对情绪的影响。另外，这种将所记录的内容进行归类的治疗技术，还可以用来识别来访者的基本信念。

随着治疗的进展，家庭作业不断调整，从一开始的三栏记录，扩展出更多的内容，包括之后的行为，以及归因改变阶段的替代归因、替代情绪、替代行为等。家庭作业的运用在归因治疗中是十分重要的治疗手段，一般可贯穿整个治疗阶段。

3. 饼图填充技术 面对生活中的不良事件，不适应归因的来访者常过分自责或过分责备对方，这时需要一个具体化的形式来帮助客观思考和呈现事情的原因，饼图填充技术就是一个简单有效的方法。首先要求来访者仔细思考一张饼图，饼图中有不同大小的份额，不同的份额代表对事情所占的不同责任。然后，让患者尽可能地想出导致这个事件所有可能的原因，以及每种原因占有饼图中多大的份额，并在饼图中填充好。最后，让来访者从饼图的直观形象中重新思考事情的归因，以及自我在其中的责任有多大。类似的，饼图填充技术也可用于挑战普遍性归因。

4. 强情调情境的变化 治疗师可以通过强调情境的变化，或强调来访者对情境知觉的变化，来帮助他们对应激性事件建立暂时归因。如可以对一名感受到伤害的人说：“当时你和他在一起时，你的天真让你对他完全信任，现在你不一样了，通过这件事情，你已经成长了，以后再遇到这种事情，你会保持应有的警惕。”可以对一名情急之中冒犯他人而后悔的来访者说：“你当时那样做是因为太激动了，控制不了自己的情绪，我相信你平静下来后不会那样做的，以后也不会。”

5. 观察其他人的归因方式 很多时候，治疗师可以借助他人的力量让来访者有所发现。与来访者一起讨论处在相似境遇的人对事件的解释和应对方法，这能够让来访者获得一些不同的启发。

6. 定义用语 对不良事件具有普遍归因的人，对一些事情的观点往往持有极端的定义。例如，在一件事情失败后就称自己是一个失败者。这时，可以和他一起讨论失败的定义，常可以很容易地帮助他理解自己的看法有多么不合理。

(二) 重建归因方式的技术

1. 成本-效益分析 当来访者意识到自己具有非适应性归因方式

后，接下来一个问题是：是否要改变归因方式呢？改变长期以来形成的思维习惯，是件困难且痛苦的事。由于人的思维体系在长期的发展过程中已形成了缜密的结构，用外来的新方式取代原来结构中的某个部分会受到原来思维结构自然地抵抗。很多时候，来访者即使明白是自己的归因方式引起了情绪问题，也未必有强烈的改变动机。这时，我们可以通过成本-效益分析，帮助来访者检验持有一种新的归因方式可以带来哪些有益之处，哪些不利之处。一旦结果呈现出来，来访者便可以清楚地明白改变归因方式的价值所在，从而产生改变的动机。

通过成本-效益分析，可以很容易地让来访者理解，改变的成本是一种“先期投资”，短期可能会遇到一些困难，但只要去尝试了，盈利则会随着时间与日俱增。有了这样的理解后，来访者一般都愿意以短期的努力来换取长期的回报。

2. 自我调节三步法　自我调节三步法是在 Meichenbaum 的自我指导训练的基础上发展出的归因重建技术。Meichenbaum 的自我指导训练主要是通过矫正消极的内部语言，以正面、积极的自我对话来矫正异常心理或行为。自我调节三步法包括：

(1) 自我放松技术：运用学会的放松技术缓解焦虑等不良情绪，阻断非适应性归因所引发的情绪反应，尤其是生理反应，为自我观察和自我指导技术的实现提供可行的基本状态。自我放松可以在自我调节过程的任何时候使用，以稳定情绪，配合认知改变的进行。常用的方法包括各种形式的肌肉放松技术、情绪稳定技术、呼吸调节技术、冥想技术等。

(2) 自我观察技术：在自我放松的基础上，有意识地观察内心，找出对事件的非适应性归因等认知方式。有时，来访者可能不善于进行有效的自我观察，可采用一个常用的方法：找一个客观存在的物品作为“观察自我”，如挂在床头的一幅画、随身佩戴的一块手表、坠在某处的装饰扣等。“观察自我”仿佛是一个随时对自己的情绪和行为进行观察的另一个我，一看到它，就立刻意识到另一个我所观察到的自我的消极情绪或行为，并对这些情绪和行为背后的潜在归因等认知进行检查。

(3) 自我指导技术：通过内部对话，将对事情的非适应性归因替换成适应性归因。这时，来访者需要用代表适应性归因的言语指导自己，而这些代表适应性归因的言语很多都是在治疗室中讨论和练习过的。自我指导技术成功的标志在于，促进适应性归因的内部对话引起了一种新的情绪和行为链，一种与他们的消极情绪和行为完全不同的新的锁链反应。

(三) 巩固适应性归因的技术

1. 压力免疫技术　压力免疫技术是仿效免疫的生物学机制，帮助来访者通过掌握如何应对不同等级的压力情境而建立起对压力的抵抗力。归因治疗中的压力免疫技术以 Meichenbaum 最初设计的压力免疫训练(SIT)为基础，SIT 包括概念阶段、技巧获得阶段和应用阶段。在归因治疗中，概念阶段是让来访者理解归因等认知因素与压力环境中情绪、行为及症状的关系；技巧获得阶段主要是让来访者学会上文提到的自我调节三步法以及其他相关技巧；应用阶段是结合系统脱敏方法中的焦虑等级列表，将学习到的应对策略通过想象和(或)实地操作逐渐应用到压力情境中，最终从容应对现实中的压力事件。

通过渐进的练习，压力免疫技术不仅可以有效建立并巩固积极的归因方式，而且还可以将对自我的认知从一种“习得性无助感”转变为一种“习得性力量感”。每个小压力事件的成功应对都将逐渐增强来访者对于改变的信心，让他们体验到对自己和生活的控制感，提高自尊，形成积极的自我信念。

2. 适应性归因的应用记录　正如上文“识别非适应性归因的技术”中提到的，布置家庭作业，是归因治疗常用的技术，可以达到认知检查和复习的作用。来访者在心理治疗室中学习了适应性归因方式之后，会谈过程的结束并不意味着治疗的完成，治疗结束前，治疗师会以布置家庭作业的方式给来访者提出某些相应的任务，将咨询过程进一步延伸到现实生活中。

在巩固归因的阶段，同样常用分栏记录法对归因方式及其对情绪、行为影响进行检验和巩固。在学习了归因的自我调节方法之后，还可以用另外的分栏笔记记录调节前后的变化。这里的分栏表可包括时间、事件、非适应性的归因、消极情绪、消极行为、替代(适应性)归因、替代(积极)情绪、替代(积极)行为等。栏目的设置并非固定不变，而要根据记录目的随时调整。有时，为了检验归因方式的客观性，可另加两栏：支持不适应归因的证据和支持适应性归因的证据。

二、行 为 技 术

在归因治疗过程中，除了认知改变，常常会遇到一些具体的行为问题，被称为靶行为。在行为技术中，靶行为的概念是广义的，包括某种情绪体验、对事情的认知态度、某种具体动作、相对固定的行为模式以及一些躯体症状等。常用的行为治疗技术包括各种形式的暴露技术、示范技术(角色扮演)、行为功能分析(S-O-R-C)技术、日常活动计划、情绪和行为的记录和评估、各种强化技术等。

在归因治疗中，治疗师常启发来访者将积极的行为结果归因为自己努力的结果，增强正性事件的自我归因，促进来访者的自信和控制感，同时也是一种对适应性归因的强化。

三、情 绪 技 术

在归因治疗中，各种情绪技术都可被用于帮助来访者进行情绪表达、宣泄、稳定和放松，常用的包括各种形式的放松训练、冥想、情绪稳定训练等。

四、自尊训练技术

对来访者自尊的讨论和提高是归因治疗中的常见环节，并常结合前期治疗中归因改变的积极结果对来访者自尊的影响和提升进行讨论。在团体归因治疗和 M-ARGT 中，自尊的讨论已作为固定内容，并设计有相对固定的导入活动，如“某某眼中的我”、“纸杯练习”等。

在个体治疗中，对自尊的讨论更常用的方法是，在治疗中根据来访者在会谈过程所暴露的自尊方面的问题，利用恰当的讨论机会顺势进入自尊问题的讨论，通过不断的共情式询问对个体的自尊情况进行澄清和启发，并通过前期治疗中归因改变的积极结果、无条件积极关注、来访者自身资源的发掘等技术，提高来访者对自己的认识，促进自尊的改变及对自己、生活和未来的积极态度。另外，行为技术中的自信心训练也可用于自尊的改善训练。

五、团 体 技 术

在团体形式的归因治疗中，书写和身体练习、艺术治疗(音乐、绘画、雕塑、插花等)均可适时使用，服务于治疗目的。

第四部分 注 意 事 项

一、适应证和禁忌证

归因对于心理问题的理解最早来自心理学家对抑郁的研究，因此归因治疗最早被用于抑郁症的治疗。根据归因治疗理念和应用的发展，归因治疗不仅适用于归因方式作为问题的心理病理学基础，而且适用于抑郁症及其他存在非适应性归因方式的各种心理行为问题。常见的包括抑郁症、焦虑性障碍(广泛性焦虑症、惊恐发作、强迫症、创伤后应激障碍、社交焦虑症)、躯体形式障碍、成瘾行为、生理心理问题、家庭暴力、自杀行为等。

1. 焦虑性障碍 Alloy 等(1990)把无望感理论扩大到对抑郁和焦虑的解释。这种观点得到了一些研究的支持。一些关于焦虑和归因方式的研究认为，非适应性的归因方式是抑郁和焦虑的非特异性特点，也可预测焦虑的发生。Rachman(1992)结合临床资料认为，强迫症患者对自己许多情景下的作为做出歪曲的归因，夸大自己的责任感。而具有将责任感扩大的普遍性归因方式的患者，会觉得自己的强迫思维(如担心自己损伤他人的想法)更应该受到谴责，情感反应更加强烈。国内学者(2001)对青少年归因方式与心理健康水平的关系进行了研究，结果显示，具有抑郁归因方式的青少年心理健康水平较低，归因方式对抑郁的作用最大，其次是焦虑和强迫。

对恐惧的研究发现，恐惧与不良结果的自我归因有关，并伴有普遍性归因的倾向。负性生活事件、非适应性归因方式和回避性应对可预测恐惧水平。Gray 等(2003)在归因方式问卷中增加了对创伤性内容归因的测量，以探索特质性归因方式和创伤特异性归因方式与创伤后应激障碍症状的关系。结果显示，特质性归因方式与创伤后应激障碍的症状相关，但创伤特异性归因能更好地预测创伤后应激障碍的症状。

2. 躯体形式障碍 躯体归因是躯体形式障碍患者稳定的归因模式。他们具有更多的症状体验，过多的疾病担心和对躯体症状的偏见。这种归因妨碍了疾病的诊治，和对抑郁等情绪问题的发现。Duddu 等(2006)回顾了根据这种分类进行的研究，其结果支持了躯体形式患者倾向于躯体归因，而心理归因与抑郁和焦虑的关系更近。对躯体形式的患者进行归因治疗，可帮助患者认识自己的心身状况，促进医患关系，并能促进疾病及时、有效地诊治。

3. 精神分裂症 归因理论认为，人们在解释生活事件时，会存在一些偏向，被称为归因误差。自助偏向就是归因误差的一种，可以保护自尊，却是一种歪曲的归因加工。妄想即为自助偏向的一种极端形式。具有迫害妄想的患者有强烈地批评他人的倾向，这是一种防御性的归因方式，为了避免消极自我观念的形成，他们往往把负性生活事件归为外部的和他人的原因。有研究者综述了 1987~1997 年关于妄想的认知方面的文献后认为，虽然有阴性结果的报道，但更多阳性结果支持了这种解释，即妄想患者具有外部归因偏向，并建议可将这些发现纳入心理治疗。

4. 成瘾行为

(1) 物质滥用：在有物质滥用倾向的人中，约一半人有非适应性归因，女性比男性略轻，且非适应性归因越明显，抑郁情绪越严重。研究发现，归因方式与物质滥用患者认知损害的表现具有相关性，其中认知灵活性和反应抑制任务的表现与正性事件的内部归因呈正相关、与负性事件的稳定归因呈负相关，工作记忆任务的表现与负性事件的全面归因有关。

(2) 病理性赌博：对赌博心理的早期研究认为，具有内部、稳定、全面归因的人，在输钱后往往进行反复思考，之后会下更大的赌注，这种归因方式可导致无助感和问题赌博的发展。但从另一个角度来看，病理性赌博行为可能是自助偏向的另一个极端典型。失败后，有些赌博者将失败归因为外部环境(如设备不配合)或可纠正的个人缺点(如努力不够)，因而可能选择新的尝试；成功后，他们把成功归因为自己的功劳或个性中具有幸运的特征，进而强化了其自信心，提高了自我效能感，对赌博更加渴望。有趣的是，病理性赌博可能就是在这样一个伴随着自我效能感增强的过程中循环发展而成的。这样的体验往往使以教育为主的戒赌干预无能为力。

5. 生理心理问题

(1) 进食障碍：进食障碍患者存在一定的认知偏见，在归因方式方面表现为对负性事件常具有内部归因，而对一个特定负性事件的全面归因则可预测更严重的饮食控制问题的复发。Morrison 等(2006)在控制了抑郁的情况下对正性和负性事件的归因方式与进食障碍的关系进行了研究，结果支持了患者对负性事件有明显的内部归因倾向，与抑郁情绪无关，并认为这种内部归因导致的自我批评可能是进食障碍得以维持的原因之一。

(2) 性功能障碍：归因方式在与性有关的不同事件上有着不同的特点。Scepkowski 等(2004)通过性特异性归因方式问卷，调查有无男性勃起障碍的患者对一般事件和性方面事件的归因方式。结果显示，患者与对照组在一般事件的归因方式上没有差别，两组对一般事件都显示出了积极的归因方式。但患者在负性的性方面事件上比对照组显示出更多的内部和稳定归因。有趣的是，与对一般事件的归因相反，两组被试在正性的性方面事件的归因上，都显示出了外部、不稳定和特定的归因。两组被试在不同性质事件上归因的不同，提示归因方式这个认知因素，既存在跨情境的一致性，也存在跨情境的特异性。可见，与其他认知因素相似，并非所有归因偏向都需要治疗，只有在归因偏向导致了心理问题，影响了个体的心理健康时才需要治疗。

6. 家庭暴力

(1) 儿童身体虐待：关于归因方式与家庭暴力的研究主要集中在儿童虐待方面。受到父母身体虐待的儿童，其虐待特异性归因(abuse-specific attributions)和一般性归因方式与他们行为症状之间有一定的联系，归因方式可作为儿童精神病理水平的指标。家庭暴力的严重程度、对虐待事件的归因和对一般性事件的归因方式可解释 28%~63%的行为症状。适应性的归因方式可缓解受虐儿童的外部行为问题。这意味着，归因方式可成为儿童虐待不良影响的保护性因素。

(2) 儿童性虐待：随着对儿童性虐待问题的研究深入，儿童性受虐者在归因方式方面的问题逐渐被研究者们所认识。性受虐儿童对负性事件的归因多表现为内部的、稳定的和全面的原因。这种非适应性的归因方式导致了受虐儿童的自责，并同各种应对方式一起，中介了与性相关的因素(如与施虐者关系、暴力、反抗、发生年龄、参与和频率等)造成心理痛苦的程度。Feiring 等(2002)在虐待被发现时及一年后，两次对 83 名儿童、64 名青少年的心理调适情况进行了调查。结果发现，能解释受虐后心理调适中各种变量的因素不是虐待的严重程度，而是羞耻感和归因方式。只有受虐儿童存在高水平的非适应性归因方式时，虐待严重程度和由此而来的抑郁、自尊问题才出现相关。他们认为，羞耻感和归因方式可以预测哪些孩子会出现心理问题。

(3) 夫妻暴力：归因方式这个概念也在夫妻生活中产生影响。很多夫妻矛盾的发展都与当事人的内外归因(将问题归因为自己还是对方)有关。丈夫酗酒和妻子的归因方式可影响家庭暴力的发生。责任归因成为丈夫暴力和妻子对婚姻不满的调节因素，正如“借口”理论(“excuse” model)所假设的，当妻子将负性夫妻间行为外部归因为丈夫的责任，而丈夫有酗酒倾向时，夫妻间暴力对婚姻不满和离婚观念的影响就不那么重要了。

7. 自杀行为 自杀行为和抑郁关系密切，近年来也有研究开始探讨归因方式与自杀的关系。Abramson 等(1998)研究认为自杀倾向与认知方式有显著相关。而且，无助感是负性认知方式与自杀的中介因素。美国针对有自杀行为的儿童和青少年的评估与治疗指南(americian academy of child and adolescent psychiatry, 2001)中认为，消极的归因可导致无望感，而无望感被反复证实与自杀倾向有关。Wagner 等(2000)研究发现自杀观念消失后，归因方式变得积极，无望感明显下降，而个体的自尊没有发生变化。这提示归因方式是自杀的一个危险因素，而且可以用改变归因方式的方法，帮助消除自杀观念。

归因治疗没有特别的禁忌证。但归因治疗以归因方式为基本切入点，如果来访者不存在非适应性的归因方式，选择归因治疗则需慎重。

二、归因治疗的注意事项

一般来说，除了模块化团体归因训练根据具体设计要求有一定的次数限制外，归因治疗没有特别的疗程限制。但由于归因治疗针对归因认知因素，较为具体，因此一般为短程治疗。如果正规治疗超过 20 次仍效果不佳，可进行再评估并考虑换用其他治疗方法。

三、治 疗 场 地

归因治疗的场地要求与一般的认知行为治疗相似，个体治疗的咨询室要求安静、隔音、封闭、明亮，15m^{2}左右，放置一些简单的家具，如舒适的单人沙发，简洁的茶几和放置资料的立柜、饮水设备等，并备有纸笔等一些相关工具，一般不需要治疗床或放松床。

团体治疗室要求有一定的活动空间，可以进行简单的身体练习，但不能过大而显空旷，约40m^2。备有相同舒适的有靠背的软椅十余个，除个体治疗相似的简单工具外，还需备有白板和白板笔，及简单的艺术治疗和放松训练的设备，最好装有多媒体设备，以供团体活动使用。

治疗室的装饰风格以简单、大方、略带温馨感为主，避免冷冰感或过于绚丽的装饰。

（王 纯 张 宁）

参 考 文 献

刘永芳. 1998. 归因理论及其应用. 济南：山东人民出版社.

王本法. 2000. 归因理论. 心理学理论精粹. 福州：福建教育出版社，4: 86-91.

王纯，马辉，张宁，等. 2011. 团体归因治疗与选择性5-羟色胺回收抑制剂对血浆脑源性神经营养因子的作用. 临床精神医学杂志，21: 152-155.

王纯，张宁. 2004. 抑郁的归因理论与归因训练. 中国心理卫生杂志，6: 423-425.

王纯，张宁. 2005. 大学生归因方式与人格的相关研究. 中国临床心理学杂志，13(1): 53-54.

王纯，张宁. 2006. 大学生抑郁情绪与归因方式和自尊的关系. 中国临床心理学杂志，14(6): 629-631.

王纯，张宁. 2006. 归因方式问卷的初步修订. 中国行为医学科学杂志，15(5): 470-471.

王纯，张宁. 2007. 大学生抑郁无望感自尊理论的结构方程模型. 中国行为医学科学杂志，16(11): 1030-1032.

王纯，张宁. 2008. 找回心灵的宁静. 心理咨询与治疗案例分析. 北京：人民卫生出版社，8: 227-250.

王纯，张亚林，张宁，等. 2011. 团体归因治疗对抑郁症、焦虑症、强迫症患者的症状及心理社会功能的效果. 中国临床心理学杂志，19(3): 398-400, 403.

王纯，张亚林，张宁. 2007. 归因训练在精神卫生领域的应用. 医学与哲学，28(3): 58-59.

张婕，王纯，张宁，等. 2010. 团体归因训练对抑郁症、焦虑症和强迫症患者的疗效. 临床精神医学杂志，(6): 371-373.

张宁，王纯. 2007. 大学生抑郁自评高分者的团体归因训练. 临床精神医学杂志，17(4): 229-231.

Abramson LY, Metalsky, GI, Alloy LB. 1989. Hopelessness Depression: A theory-based subtype of depression. Psychological Review, 96:358-372.

Abramson LY, Seligman MEP, Teasdale JD. 1978. Learned helplessness in humans: critique and reformulation. Journal of Abnormal Psychology, 87:49-74.

Alloy LB, Kelly KA, Mineka S, et al. 1997. Comorbidity of anxiety and depressive disorders: A helplessness-hopelessness perspective. // Waikar SV, Craske MG. Cognitive correlates of anxious and depressive symptomatology: An examination of the Helplessness/ Hopelessness Model. Journal of Anxiety Disorders, 11(1): 1-16.

Metalsky GI, Joiner TE, Hardin TS, et al. 1993. Depressive Reactions to Failure in a Naturalistic Setting: A Test of the hopelessness and Self-Esteem Theories of Depression. Journal of Abnormal Psychology, 102(1):101-109.

Needles DJ, Abramson LY. 1990. Positive life events, attributional style, and hopefulness: Testing a model of recovery from depression. Journal of Abnormal Psychology, 99(2): 156-165.

Wang C, Zhang J, Zhang N, et al. 2011. Attribution retraining group therapy: a clinical trial of outpatients with major depression disorder, generalized anxiety disorder, and obsessive-compulsive disorder. Journal of Biomedical Research, 25(5): 348-355.

Wang C, Zhang N. 2012. Attribution retraining group therapy for outpatients with major depression disorder, generalized anxiety disorder, and obsessive-compulsive disorder: a pilot study, the 30th International Congress of Psychology, Cape lown.

Zhang N, Wang C, Zhang J, et al. 2011. Effects of the Attribution Retraining Group Therapy for Major Depression Disorder, General Anxiety Disorder and Obsessive-Compulsive disorder: a Multiple Baseline Study. 3st Asian Cognitive Behaviour Therapy Conference, Seoul, 7.

附录

归因方式问卷

归因方式问卷(attributional style questionnaire, ASQ)是用于评定归因方式的问卷。由 Peterson 等人于 1982 年编制，王纯、张宁等(2006)翻译和修订了该问卷中文版。

请试着想象您处于以下场景之中，如果这些场景发生在您身上，您觉得会是什么原因引起的呢？这些事件可以有多种原因，请把对您而言的一个主要原因写在横线上。然后回答接下来的 4 个问题，数字 1~7 代表 7 个不同的程度，4 为中间水平，在您认为的程度数字上划圈。

场景(一) 你遇到一个朋友夸你今天很漂亮(潇洒)。

1. 写下这件事的一个主要原因______________________________

2. 你朋友的称赞是由于你的原因还是由于其他人或者环境的原因？
完全由于其他人或环境因素 1 2 3 4 5 6 7 完全由于我自己
3. 这个原因是否具有神灵命运，因果报应等宿命色彩？
完全具有宿命色彩 1 2 3 4 5 6 7 完全不具有
4. 将来当你和朋友在一起时，这个原因仍然存在吗？
不再存在 1 2 3 4 5 6 7 总会存在
5. 这个因素只影响你与朋友交往，还是也影响你生活的其他方面？
只影响这个特定的情境 1 2 3 4 5 6 7 影响我生活的所有情境

场景(二) 你已经有一段时间没有找到工作了。
6. 写下这件事的一个主要原因________________________________
7. 你没有找到工作是由于你的原因还是由于其他人或者环境的原因？
完全由于其他人或环境因素 1 2 3 4 5 6 7 完全由于我自己
8. 这个原因是否具有神灵命运，因果报应等宿命色彩？
完全具有宿命色彩 1 2 3 4 5 6 7 完全不具有
9. 将来在找工作的时候，这个原因仍然存在吗？
不再存在 1 2 3 4 5 6 7 总会存在
10. 这个因素只影响你找工作，还是也影响你生活的其他方面？
只影响这个特定的情境 1 2 3 4 5 6 7 影响我生活的所有情境

场景(三) 你变得富有。
11. 写下这件事的一个主要原因________________________________
12. 你变得富有是由于你的原因还是由于其他人或者环境的原因？
完全由于其他人或环境因素 1 2 3 4 5 6 7 完全由于我自己
13. 这个原因是否具有神灵命运，因果报应等宿命色彩？
完全具有宿命色彩 1 2 3 4 5 6 7 完全不具有
14. 在你未来的经济生活中，这个原因仍然存在吗？
不再存在 1 2 3 4 5 6 7 总会存在
15. 这个因素只影响你赚钱，还是也影响你生活的其他方面？
只影响这个特定的情境 1 2 3 4 5 6 7 影响我生活的所有情境

场景(四) 朋友遇到困难求助于你，你却不帮忙。
16. 写下这件事的一个主要原因________________________________
17. 不帮助朋友是由于你的原因还是由于其他人或者环境的原因？

完全由于其他人或环境因素 1 2 3 4 5 6 7 完全由于我自己

18. 这个原因是否具有神灵命运，因果报应等宿命色彩？

完全具有宿命色彩 1 2 3 4 5 6 7 完全不具有

19. 将来若再有朋友来求助时，这个原因仍然存在吗？

不再存在 1 2 3 4 5 6 7 总会存在

20. 这个因素只影响你帮助朋友解决问题，还是也影响你生活的其他方面？

只影响这个特定的情境 1 2 3 4 5 6 7 影响我生活的所有情境

场景(五) 你在公开场合发表了一次重要的演讲，而听众的反应却不好。

21. 写下这件事的一个主要原因______________________________

22. 反应不好是由于你的原因还是由于其他人或者环境的原因？

完全由于其他人或环境因素 1 2 3 4 5 6 7 完全由于我自己

23. 这个原因是否具有神灵命运，因果报应等宿命色彩？

完全具有宿命色彩 1 2 3 4 5 6 7 完全不具有

24. 将来在公开场合发表演讲时，这个原因仍然存在吗？

不再存在 1 2 3 4 5 6 7 总会存在

25. 这个因素只影响你发表演讲，还是也影响你生活的其他方面？

只影响这个特定的情境 1 2 3 4 5 6 7 影响我生活的所有情境

场景(六)你完成的一项工作或任务受到了高度的评价。

26. 写下这件事的一个主要原因______________________________

27. 你受到赞赏是由于你的原因还是由于其他人或者环境的原因？

完全由于其他人或环境因素 1 2 3 4 5 6 7 完全由于我自己

28. 这个原因是否具有神灵命运，因果报应等宿命色彩？

完全具有宿命色彩 1 2 3 4 5 6 7 完全不具有

29. 将来在完成任务时，这个原因仍然存在吗？

不再存在 1 2 3 4 5 6 7 总会存在

30. 这个因素只影响你完成任务，还是也影响你生活的其他方面？

只影响这个特定的情境 1 2 3 4 5 6 7 影响我生活的所有情境

场景(七)你的一个朋友向你表示出不友好。

31. 写下这件事的一个主要原因______________________________

32. 你的朋友向你表示敌意是由于你的原因还是由于其他人或者环境的原因？

完全由于其他人或环境因素 1 2 3 4 5 6 7 完全由于我自己

33. 这个原因是否具有神灵命运，因果报应等宿命色彩？

完全具有宿命色彩 1 2 3 4 5 6 7 完全不具有

34. 将来在与朋友相处的时候，这个原因仍然存在吗？

不再存在 1 2 3 4 5 6 7 总会存在

35. 这个因素只影响你与朋友相处，还是也影响你生活的其他方面？

只影响这个特定的情境 1 2 3 4 5 6 7 影响我生活的所有情境

场景(八) 你不能像别人希望的那样，完成所有的工作。

36. 写下这件事的一个主要原因________________________________

37. 你不能完成工作是由于你的原因还是由于其他人或者环境的原因？

完全由于其他人或环境因素 1 2 3 4 5 6 7 完全由于我自己

38. 这个原因是否具有神灵命运，因果报应等宿命色彩？

完全具有宿命色彩 1 2 3 4 5 6 7 完全不具有

39. 将来在做其他人希望你完成的工作的时候，这个原因仍然存在吗？

不再存在 1 2 3 4 5 6 7 总会存在

40. 这个因素只影响你像别人希望的那样完成工作，还是也影响你生活的其他方面？

只影响这个特定的情境 1 2 3 4 5 6 7 影响我生活的所有情境

场景(九)你的配偶(男/女朋友)更爱你了。

41. 写下这件事的一个主要原因________________________________

42. 对你更亲昵是由于你的原因还是由于其他人或者环境的原因？

完全由于其他人或环境因素 1 2 3 4 5 6 7 完全由于我自己

43. 这个原因是否具有神灵命运，因果报应等宿命色彩？

完全具有宿命色彩 1 2 3 4 5 6 7 完全不具有

44. 将来在与你的配偶(男/女朋友)相处中，这个原因仍然存在吗？

不再存在 1 2 3 4 5 6 7 总会存在

45. 这个因素只影响你与配偶(男/女朋友)相处，还是也影响你生活的其他方面？

只影响这个特定的情境 1 2 3 4 5 6 7 影响我生活的所有情境

场景(十)你得到了梦寐以求的位置(如重要的工作，考上研究生等)。

46. 写下这件事的一个主要原因________________________________

47. 你的成功是由于你的原因还是由于其他人或者环境的原因？

完全由于其他人或环境因素 1 2 3 4 5 6 7 完全由于我自己

48. 这个原因是否具有神灵命运，因果报应等宿命色彩？

完全具有宿命色彩 1 2 3 4 5 6 7 完全不具有

49. 将来在求职或求学时，这个原因仍然存在吗？

不再存在 1 2 3 4 5 6 7 总会存在

50. 这个因素只影响你求职或求学，还是也影响你生活的其他方面？

只影响这个特定的情境 1 2 3 4 5 6 7 影响我生活的所有情境

场景(十一) 你的一次约会很糟糕。

51. 写下这件事的一个主要原因________________________________

52. 约会糟糕是由于你的原因还是由于其他人或者环境的原因？

完全由于其他人或环境因素 1 2 3 4 5 6 7 完全由于我自己

53. 这个原因是否具有神灵命运，因果报应等宿命色彩？

完全具有宿命色彩 1 2 3 4 5 6 7 完全不具有

54. 将来在约会的时候，这个原因仍然存在吗？

不再存在 1 2 3 4 5 6 7 总会存在

55. 这个因素只影响你约会，还是也影响你生活的其他方面？

只影响这个特定的情境 1 2 3 4 5 6 7 影响我生活的所有情境

场景(十二) 你升职了。

56. 写下这件事的一个主要原因________________________________

57. 你的升职是由于你的原因还是由于其他人或者环境的原因？

完全由于其他人或环境因素 1 2 3 4 5 6 7 完全由于我自己

58. 这个原因是否具有神灵命运，因果报应等宿命色彩？

完全具有宿命色彩 1 2 3 4 5 6 7 完全不具有

59. 在未来的工作中，这个原因仍然存在吗？

不再存在 1 2 3 4 5 6 7 总会存在

60. 这个因素只影响你升职，还是也影响你生活的其他方面？

只影响这个特定的情境 1 2 3 4 5 6 7 影响我生活的所有情境

第十章 网络心理咨询

第一部分 基 本 理 论

一、网络心理咨询的概念

(一) 网络心理咨询的界定

Grohol 最早将网络心理咨询(e-therapy)定义为一种新型的帮助人们解决生活和关系问题的咨询模式，通过互联网在求助者与专业人员之间实现同时或即时沟通，进行有关心理咨询与治疗的信息互动过程。后来 e-therapy 也被称为 on-line counseling(在线咨询)、e-counseling(电子邮件咨询)、cyber counseling(计算机咨询)和 tele-counseling(远程咨询)、online therapy(在线治疗)， web counseling(网络咨询)等。

美国注册心理咨询师协会(National Board for Certified Counselor，NBCC, 1998)提出以下定义：当咨询师与分居两地或身处远方的求助者运用电讯方式在网络上沟通时，所从事的专业咨询与信息提供的实务工作。不少学者对网络心理咨询持有不同的看法，总体来说大致可分为广义的定义和狭义的定义。

广义的定义为：网络心理咨询是咨询师与异地的求助者运用电脑在网络上沟通时所进行的心理治疗和信息提供等服务，咨询师通过网络所提供之治疗与资讯服务皆属之。其中包括信息的提供(如 homepage)以及其他未以特定专业治疗关系为基础的网络互动服务(如 BBS、留言板、讨论区)等。

狭义的定义为：网络咨询包含咨询师与求助者之间运用电子邮件、网上聊天与视讯会议等网络沟通方式之同步与异步远距互动，是指以特定专业治疗关系为基础的网络服务。是指网络上持续性的互动过程，其中包括一位咨询专业人士，以及一位或多位位于不同地方，通过电子媒体沟通的求助者。

本书中，将网络心理咨询定义为咨询师与求助者之间运用电子邮件、网络文字、网络视频等沟通方式，以特定专业咨询关系为基础的网络心理服务，是网络上持续性的即时或非即时的远距互动过程，以此帮助求助者解决心理困扰，促进自我成长。具备以下特征：网络为媒介；远距离互动；专业人员提供的心理咨询专业服务。

（二）不属于网络心理咨询的其他网络心理服务

1. 网络心理健康教育　所谓网络心理健康教育，是指经由网络提供心理健康信息资源，以介绍心理学知识促进心理健康为主的服务。此种服务主要是资讯提供，缺少与专业人员的交流与互动。服务性质为宣教功能，是以心理教育的形式解惑，而不是心理咨询或治疗。

2. 以面询为目的的网络心理咨询介绍　部分网站提供的网络咨询服务，与求助者进行网络互动的目的是为了让求助者走下网络，走向现实中的咨询室去接受面对面咨询。这种形式与以网络为平台，目的是通过网络进行专业咨询的“网络心理咨询”不同，它只是一种推广服务。

3. 网络支持团体、网上自助团体　咨询师通过电子邮件或网络公告板对来访者共性的问题提出解答、建议和咨询方案，并不保证与每位来访者都发生多次、反复的互动交流。或者来访者成立的自助小组，为了解决共同的问题，利用论坛里的公告板、聊天室等分享信息、交流经验，支持互助，没有固定的咨询师参与其中。

二、网络心理咨询的特点

随着电脑科技的快速发展，网络已经迅速走进了我们的生活。网络的发展，创造了一个新的人际沟通管道，为咨询创造了一个新的平台与空间。通过互联网开展的心理咨询属于快速增长的服务领域。目前，网络心理咨询已经成为传统的面对面咨询有益的补充。网络咨询具有其特有的优势。

1. 经济便利性　网络咨询突破了时空限制，只需要一台电脑和网络，咨询就可以进行。解决了因路途遥远、交通受限、行动不便等原因造成的阻碍，扩大了咨询的服务范围。网络咨询节省了交通费，场地费，咨询费也相对低廉。降低了咨询成本。

2. 隐蔽性、匿名性　网络咨询提供了一个更加隐蔽的工作环境，网络使用者可以隐藏自己身份与个人信息，增加其表达自我的安全性，降低自我防御。匿名性使那些抱有传统观点——“有问题了才咨询”“我咨询了别人会怎么看我”，但需要帮助的求助者卸去负担，走进咨询。

3. 去限制性　通过电子邮件，咨询师与个案双方都将有足够的时间，适度地弹性重整与思索他们的问题与回复。特别是当个案有时间反映与探索他们的问题时，这或许能促成个案对问题的新觉察，这样的探索也可能提升个案解决问题的动机。求助者在书写电子邮件的过程中，有充分的时间去反省和编辑组织其思绪，这种过程有助于求助者把问题和人分开来看(将问题具体化)，间接地减少非建设性的冲突与失败感。

4. 远距性　求助者与咨询师身处两地，避免了面对咨询师的恐惧与紧张。同时为那些不习惯并排斥面询的来访者提供了可以利用的咨询方式。

三、网络心理咨询的类型

美国注册心理咨询师协会于2001年针对咨询(治疗)的分类为网络咨询(治疗)做了一个颇为精准明确的定位——可分为面对面咨询与科技辅助远距咨询两大类，科技辅助远距咨询又可依据咨询人员与远程个案的信息往返形态区分为同步(synchronous)与异步(asynchronous)两类(NBCC，2001)(图10-1)。

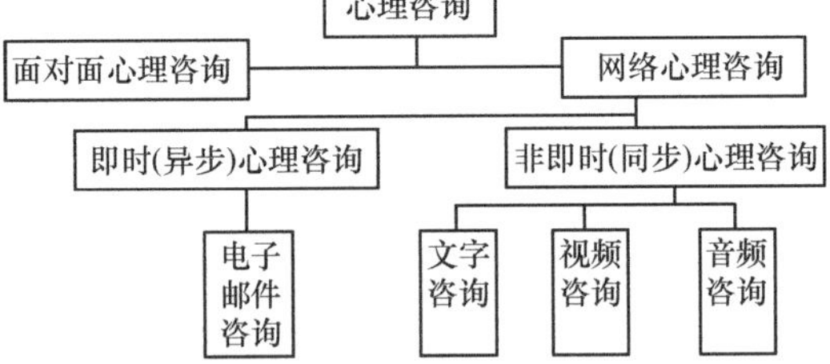

图10-1　咨询分类构架图

1. 即时(同步)远距咨询　即时(同步)远距咨询是本地咨询人员与远程个案的信息交流以实时或同步的方式进行，当咨询人员传递信息之后几秒钟内，远程个案可以在远程计算机屏幕看到治疗人员的信息而可以实时针对该信息做响应的动作。可以分为同步文本咨询、同步语言咨询和同步视频咨询三类。

同步文本咨询要求来访者和咨询师同时在线，在聊天室或者通过聊天软件进行文本交谈，不涉及声音和图像。同步文本交流相对于电子邮件交流来说，缩短间隔时间，互动更加直接，信息反馈快。但缺点是，对于经济不宽裕的来访者来说，如果长时间在线，需要支付较多的上网费用以及咨询费用。

同步音频咨询是来访者和咨询师同时在线，通过网络语音软件进行语音交谈，不涉及文本和图像。

同步视频咨询是来访者和咨询师之间互动的理想形式。它让来访者和咨询之间可以实现完整声音和完整运动图像双向的动态交谈，视频互动这种形式最接近于面对面的咨询。

2. 非即时(异步)远距咨询　指咨询师和来访者的交流不是发生在同一时间的咨询方式。不能实时反应的原因是因为所采用的咨询平台或媒介没有同时上线或不能察觉对方上线的机制而非指网络讯号延迟造成的不同步现象。最常见的非同步远距咨询是通过电子邮件来完成的。发件人向接受人电子信箱发送信件，接受人必须打开自己的电子信箱查看新邮件，阅读邮件信息。从发件人发送信件到收件人阅读邮件并回复邮件需要一定的时间间隔。

四、相对于传统面对面咨询的特点

(一) 咨询环境的特点

1. 无实体咨询室，对网络设备的要求高　网络心理咨询对设备、技术有依赖。面对面咨询中，需要一个精心布置的安静、隔音、保证咨询不被打扰的咨询室。咨询环境有助于来访者处于适度的唤醒水平。网络咨询并无实体咨询室。它更依赖于支持上网的设备。网络咨询中如果来访者正在表露自己的有关信息或感受，突然被中断，情感投入的来访者会感到迷惑和被拒绝。在处理一些很严重的心理问题时，很难预料来访者何时出现强烈的情绪化反应，所以需要做好一切应急的准备。

2. 咨询师影响力部分因为居家效应而消失　咨询师影响力是各种网络咨询模式的共同问题。因为面询中咨询师的办公室是一种权威的象征。总的来讲，习惯于过去传统咨询情境的咨询师在网络咨询中需要调适，因为居家效应的消失，网络求助者的重视程度可能不如面询者。所以网络咨询师需要不断提高网络表达能力、组织和促进网络沟通的能力，以此来树立自己的威信。

3. 网络的局限性，造成有些技术难以运用　如系统脱敏、暴露疗法、若干行为训练无法得到有效的实施。网上咨询，如果没有摄像头，来访者无法看到示范动作，许多咨询方法就无法实施，从而达不到预期的效果。

4. 咨询的便利性与隐蔽性　面对面咨询需要填写个人信息等内容。但网络咨询只需简单注册就可以咨询，无法确定对方身份。同时，网络治疗具有隐蔽性，匿名性特点，似乎就能够很好地达到保密的效果。来访者尽可以大胆倾诉自己的苦恼与烦闷而不必有任何关于是否被别人知道的担心。有部分人群仍不太能接受咨询，会认为有问题的人才去咨询的情况下，他们会比较有意愿上网接受咨询。同时，网络咨询可在安全且匿名的情况下进行，比较容易谈出真正的困扰。

(二) 咨询方式的特点

网络咨询中，咨询可以是视频、文字和音频。目前更多的是以 e-mail 和即时性的文字(如 QQ 等)沟通为主。咨询主要通过文字为载体，其有以下特点：

1. 非言语线索缺失　文字咨询相对于传统面对面咨询，存在非言语线索的缺失。传统面对面进行的心理咨询，咨询师可以从来访者的神态、身体语言、衣着打扮、音调等方面获取大量有用的信息，网络咨询通过电子邮件、QQ 等沟通方式进行，不易准确捕捉求助者的真实状况，在一定程度上增加了对求助者的心理状况做出准确的评估与诊断的难度。在缺乏非言语信息的情况下，例如情绪的表达，错误的解读，非常有可能发生在单纯以文字来沟通的网络咨询。与此同时，单纯文本的沟通需要花更多时间做澄清的动作。

2. 记录可能被反复阅读、赋义　在文字为载体的咨询中，包括电子邮件的相互答复和聊天时间都能在电脑文件夹中被记录和保存下来。那些被永久保存下来的文本关系，人们可以再体验和再评估这关系中的任何一个部分，也可以使用或引用这些文本作为给对方的反馈信息。正是因为同一个人在不同的时间会有不同的精神状态，不同的人重读这些记录也会有不同的情绪反应，这些记录也就被赋予各种意思和目标。

3. 记录可能被误用　在网络咨询的过程中，也非常有可能信息被错误地引用。举例来说，个案可能随意或擅自剪贴他人之信息或话语，而引发对他人之伤害造成了咨询师对咨询控制的困难，因此对咨询的时机、疗法的选择能难以把握。

4. 求助者在文字书写过程中可能受益　以文字的形式进行咨询，强化来访者在咨询活动中的参与意识，书写的过程实际上就是求助者对自己日常生活和自己心理问题的准自我报告，帮助求助者意识到自己处于咨询过程之中。另一方面，文字书写本身具有情绪抒发的功能，积极主动陈述自己的心理状况，可以起到情感倾诉和心理减负的作用。情绪的探索与处理在许多心理治疗过程中都是很重要的因素。

另外，对心理咨询师而言，文字沟通的压力较小，尤其在非同步文字咨询中，心理咨询师能有更多的时间来思考，以精确地响应要关注的内容，如此能让心理咨询师对于心理咨询技术的使用更有胜任感。

(三) 治疗关系的特点

1. 关系的建立需要时间较长　在线咨询中非言语信息的缺乏可能妨碍或限制治疗关系的建立。研究发现在线咨询比面对面咨询的步调更缓慢，例如，在线咨询过程要求咨询师和来访者花费更多的时间去响应彼此。关系建立过程中，在响应中关键的时刻可能会被错过。不过，部分研究指出，随着时间的推移，网络咨询形成的人际关系强度逐渐和面对面沟通一样。已经证明有时网络咨询形成的人际关系强度确实超过面对面沟通形成的人际关系强度，被称为“超人际沟通”。因为在这样的沟通中其影响力超过面对面的沟通。一些求助者在头脑中创造了一个可以帮助他们的理想的咨询师形象，而且网络使人放松，不拘束，容易敞开心扉。

2. 关系的维持存在难度　正是基于网络心理咨询的自主性，来访者既可以自主选择自己喜欢的咨询师，也可以随时终止咨询关系。来访者行为的试探性和随机性使得咨询关系不能确保稳定长久，容易中断和变换。

3. 双重关系的避免存在困难　网络咨询有隐蔽性和匿名性的特点，导致咨询师很难确认个案的身份，避免双重关系存在困难。

4. 投射、移情及反移情的可能性大增　研究指出，就目前以文字沟通为主的服务方式，使得在专业关系中产生投射、移情及反移情的可能性大增。

五、网络心理咨询常用的理论取向

目前还没有基于网络心理咨询而产生的独特的理论取向。网络咨询虽然是借助网络平台，但网络咨询的本质和面对面咨询并无差异。基于面对面咨询的心理咨询概念被界定为“治疗(咨询)是一个过程，其间治疗(咨询)者与当事人的关系能给予后者一种安全感，使其可以从容地开放自己，甚至可以正视自己过去曾否定的经验，然后把那些经验融合于已经转变了的自己，做出统合”(罗杰斯)。而网络咨询同样是一位咨询师和一位或多位求助者，通过建立咨询关系而产生咨询功能。基于面对面咨询形成的理论和技术对于网络咨询同样具有重要作用。例如，以人为中心的疗法中罗杰斯的真诚、同感、无条件积极关注对网络中建立咨询关系具有重要的指导意义；其他理论中的对人性的理解、对心理问题成因的分析会同样帮助网络咨询师更准确地理解，进而更有效地帮助求助者；面询中具体的技术，例如共情、具体化、澄清等都有助于网络咨询的进行。同时，面对面咨询中的部分理论概念对理解网络治疗有特别的价值。例如，精神分析中的移情和反移情。研究表明，就目前以文字沟通为主的服务方式，使得在专业关系中产生投射、移情及反移情的可能性大增。

目前研究和实际工作中也出现了与网络比较匹配，被建议采用的几种理论取向，包括叙事治疗、焦点解决、认知行为治疗等。

1. 焦点解决取向　焦点解决短程治疗(solution-focused brief therapy，SFBT)是指以寻找解决问题的方法为核心的短程心理治疗技术，是由 Steve de Shazer 和 Inn Berg Kim 于 20 世纪 70 年代在短期家族咨询中心发展出来的一种有别于传统的治疗模式。该模式强调人是有资源的，而且是自己的资源，有解决问题所需要的能力。主张不追溯个人历史，把焦点放在探讨问题不发生时的状况，注重引导来访者看到自身未发生问题时的状态，并由此入手，强调其正向积极的改变。从小改变做起，小改变的累积逐步成为个案的大改变，即“雪球效应”，在这个过程中个案的困扰也得到逐步减轻。

焦点解决取向认为，意义与经验是在互动中建构与影响的。个体依据自己的经验而形成其对生活世界的观点，而这些意义同时也成为我们真实的经验。意义并非由外在世界所引起，其形成来自于个体与环境的互动。在焦点解决短期治疗中，问题、目标以及解决都是来自于意义。因此，当意义改变时，经验也就有所改变；反之亦然。对于案主而言，改变可能是问题不再存在或是个体愿意采取不同的行动的时候。

焦点解决短程治疗强调正向的例外、问题的重新建构与改变之积少成多等概念与做法，运用于网络咨询中有其简便性与高效率之优点。尹海兰、贾晓明等研究发现，焦点解决短期治疗在即时文字网络心理咨询中使用是有效的，并且运用较好的是“评量问句”、“例外问句”、“重新建构”等技术，“奇迹问句”、“关系问句”等技术在网络心理咨询中不太适合(2011)。Mitchell 和 Murphy(Collie, 2000；Murphy, 1998)通过网络电子邮件治疗的过程，运用焦点解决取向的策略帮助求助者找到可行或有用的想法、做法、感觉、环境与资源等，并积少成多以化解问题，他们巧妙结合叙事治疗与焦点解决两种取向的概念，认为正向的例外即是具有能力与成功的故事，但是被主流的问题故事所掩盖住了，因此，焦点解决之治疗过程正是达成帮助求助者重写生命故事之治疗目标的合适方法。焦点解决取向在治疗过程中所常用的治疗团队与休息阶段的工作方式，也颇能契合网络治疗的工作环境，再加上此等取向强调语言运用的重要性，也能适宜呼应网络 e-mail 治疗的互动方式，因此，此取向确能适用于网络心理咨询。

2. 叙事治疗取向　叙事治疗是指治疗师通过倾听来访者的故事，运用适当的方法，帮助来访者找出遗漏片段，使问题外化，从而引导其重构积极故事，以唤起其发生改变的内在力量的过程。它的创始人澳大利亚临床心理学家 Michael White 和 CheryWhite 夫妇及新西兰的 David Epston 认为，来访者症状背后的原因是复杂的，是来访者自己主观建构的。问题是被保持在语言中的，所以问题也可以在谈话中解决。

它的重要概念有：主线故事、支线故事。叙事治疗认为，我们把经历的事件按照特别的顺序联结在一起，并找到解释和理解的方式，创造出独一无二的生命故事，即主线故事。我们赋予主线故事以独特的意义，并形成一个固化的自我认同。在以后的经历中，我们不可避免地根据已有的自我认同选择性地将符合主线故事的事件纳入自己的关注范围，而忽略其他的事件，即支线故事。如果主线故事恰好是有问题的故事，它们就会成为个体的精神监狱。叙事治疗的精髓是对个体经验的积极解释。个体将经历列入叙事，叙事治疗允许帮助来访者用较期待的故事去替换被压制的问题故事，为理解个体的成长提供了积极、正向的参考框架。叙事治疗的步骤包括故事叙说、问题外化、解构、重写的过程，其主要技术包括外化、解构、重写、局外见证人团队、信件和仪式。

叙事治疗重视书写的传统、文件的运用与问题的外化等概念与做法，确实对以文本为主的网络电子邮件或即时文字咨询有极大的吸引力与可行性。Mitchell 和 Murphy(Collie, 2000；Murphy & Mitchell, 1998)通过网络电子邮件治疗的过程，运用叙事治疗的方法帮助求助者从造成问题的旧故事中解套出来，协助求助者重写(reauthoring)成有益于心理健康的新故事，而能朝向健康之路发展。

叙事治疗的核心信念认为，求助者的声音或故事，如果有机会被听见，治疗上的改变就有可能发生。在网络咨询中，是求助者和咨询师共同来创造文本(text)。因此，咨询上的改变，并非治疗师一个人的功劳，而且在治疗过程中，会让求助者感觉到自己是有能力的，这将导致求助者在治疗结束之后，愿意持续维持改变。虽然，叙事治疗植基于法国哲学中知识即是权力的诠释学基础，未必可全然移植于华人社会中，特别是文件的使用可能要更考虑文化的差异因素。但是，在目前网络治疗以电子邮件与聊天室之文本方式互动的工作形态，叙事治疗确实有其不可忽视的重要性与适用性，特别是在 e-mail 形式的沟通与关系中所具有的叙事心理特质，已为学界所重视。

3. 认知行为取向　认知行为取向是以认知、情绪与行为为关注重点，以认知改变为治疗核心，并具有实践敏感度与教育色彩。该疗法认为，人们的困扰源自于本身的非理性思考，而非外在世界的某事件。认知行为取向以 Ellis 的理性情绪行为治疗法(rational emotive behavior therapy, REBT)、Beck 的认知疗法 (cognitive therapy)与 Meichenbaum 的认知行为矫治法(cognitive behavior modification)最为有名。

由于认知行为取向的治疗策略强调治疗师的专家性与教育性，再加上经由网络资料易于传送、记录与保存，认知行为治疗常用的反复阅读和聆听咨询记录、自我监控记录与自助资料阅读等治疗辅助策略便于实施，因此在校园网络咨询上应用的可能性随之提升。Day 和 Schneider(2000)将认知行为取向运用于通过影像或声音的远距治疗情境，发现能达到与传统面对面咨询相同的效果，也说明此取向在网络治疗实务上确实可行。不过，认知重建应考虑到泛文化因素，咨询师在传统治疗情境中使用认知行为治疗时就应对求助者的文化背景保持敏感性，在网络治疗情境中更需加以注意，以避免造成影响治疗效果以及对求助者的伤害。

第二部分　基本操作

网络心理咨询包括很多类型，本治疗规范只具体介绍网络即时文本心理咨询的操作技术。

一、网络心理咨询的基本设置

心理咨询作为专业助人工作，不同于一般的人际帮助活动，最突出的体现是心理咨询的场景属于非自然的、“人工的”场景。这种专业化的场景通过特定的设置(setting)构成，包括场所、人物、时间、费用等因素，与面对面心理咨询相类似的，网络心理咨询有自己独特的设置要求。

1. 服务范围(解决什么问题)　作为提供专业心理服务的心理咨询治疗机构，通常有明确的服务范围，这是建立和传播专业声誉的一个重要前提。服务范围指预先明确设定的网络心理咨询范围，包括问题的类型及严重程度、对来访者身份(如年龄、性别、职业、经济状况等)的要求，这些可以通过潜在来访者进入服务流程之前的问卷、量表和在线访谈等评估程序完成，达到初步筛选的目的。

随着咨询经验的积累，网络咨询师提供专业服务的服务范围也可以进行调整。

2. 咨询师资质　与上面所提到的服务范围相呼应的是咨询师的资质、理论及技术取向。咨询师的专业介绍可以在网站上公布，便于潜在来访者评估自己是否愿意选择该机构以及选择机构中哪位咨询师的服务。

作为面向社会的一个心理咨询治疗服务机构，其社会价值及影响力在很大程度上来自来访者对服务质量的评价。因此，在对咨询师资质的评价中需要将来访者的反馈占有一定的权重，这种评价机制本身也可以作为机构对咨询师激励的重要依据和途径之一，有利于促进咨询师提升专业水平和保证服务质量。

3. 咨询环境　网络心理咨询同样需要一个相对封闭、安静、不被打扰的环境。尽管网络心理咨询是在虚拟空间工作的，并不需要求助者直接进入的实际空间，但是咨询师同样需要一个安静、可以全身心在网上与求助者工作的环境。

4. 咨询时间

(1) 每次咨询时长：按照每次 50~60 分钟进行，根据实际操作中经验的总结再进行调整。

(2) 咨询的频率：频率可以初步限定为每周 1 次，根据咨询需要可以对咨询频率进行调整。

(3) 总疗程的次数和时间：总疗程指从第 1 次会谈直到咨询目标实现，整个心理咨询过程持续的次数与时间长度，其长短取决于求助者心理困难的程度、咨询目标及采用的疗法。从目前研究结果看，12~16 次的咨询次数可以作为基本的疗程，主要基于文字咨询建立咨询关系及所获得及提供的信息有限，比一般面询 8 次的咨询疗程会有所扩展。

(4) 迟到、未到的处理方式：类似于面谈咨询的方式，有特殊情况需要在约定时间 24 小时之前提前更改时间或取消预约，否则按照预先约定的时间进行咨询，对于迟到、未到按照约定收费。如果在三个月内连续出现三次取消预约时间的情况，则机构有权力降低该来访者预约固定时间进行咨询的优先级。

(5) 咨询以外的时间能否接触：咨询以外的时间必须有既定的接触渠道和接触规范，比如咨询预约时留下方便的联系方式，比如电话、e-mail 等，否则如果出现无法按照预定的时间进行咨询，或者与咨询内容相关的突发情况等，就可能因缺少必要的应急沟通渠道而产生问题。

5. 费用　费用的收取需要遵循国家对心理咨询与治疗的价格规定，以及参考市场行情来确定。具体每次的费用为多少，通常与咨询师的专业资质挂钩。也有学者指出，专业人员除了要考虑自身的工作负荷以外，收费的标准还要结合当事人的经济能力加以斟酌。

来访者可以通过网络转账方式到机构指定账户，并注明自己的身份、咨询师姓名等识别信息。

6. 需要预约，同时签订知情同意书 出于合乎专业伦理与维护求助者权益的考虑，在开始进入网络心理咨询之前，提供网络心理咨询服务的机构应先就网络咨询的性质、其适合讨论的主题、保密的限制、网络安全方面的问题、彼此身份辨识的方式等相关资讯告知求助者，具体的做法是设计一份知情同意书的网络表单供求助者填答。机构与咨询师要特别注意对潜在来访者进行筛选，如根据《中华人民共和国精神卫生法》，如果是精神障碍患者显然不适合网络咨询。

知情同意过程容易敷衍成为一个“为了记录”的仪式，尤其是对于普通的网站，签署知情同意更是这样。只是在单页网页上提供细则，然后让来访者选择点击“确定”或“取消”按钮是不够的，更好的是设计一系列页面，每页带有较为详细的解释和交互功能，要求求助者理解清楚才算浏览成功。

二、基本咨询过程

网络心理咨询的过程可以分为以下四个阶段：初始阶段、过渡阶段、工作阶段、结束阶段。

1. 初始阶段 初始阶段由初次接触、首次咨询、收集信息与建立关系几部分组成。

(1) 初次接触：正式进行网络咨询前，咨询师可以为来访者先提供一次咨询，旨在评估这种方式是否合适，与咨询师之间是否匹配。

在初次接触中，咨询师可以问自己这样一些问题：

1) 来访者是否还处于寻找咨询师的阶段，所以初次接触还不适宜作为一次咨询？

2) 来访者之前是否接受过面对面咨询或者网上咨询？

3) 对于这个来访者，这次在网络上求助是否只是一次尝试，还是已经决定进入咨询过程了？

4) 来访者是不是只是需要一次性的心理教育和咨询？

5) 来访者感兴趣的是症状缓解还是长程咨询？

(2) 首次咨询：首次咨询中，最重要的是建立咨询同盟关系。一方面，来访者会评估咨询师是否值得相信，自己能否从他那里得到帮助；另一方面，咨询师也要评估来访者的问题，以及自己是否有能力提供咨询。同时，双方还要评估网上咨询是否合适。

由于网络心理咨询的隐匿性，咨询双方的沟通缺乏非言语信息，有利的一面是来访者的防御会降低，不利的一面是对对方的了解有一个隔阂，信任感建立也有一定困难。因此，咨询师在首次咨询时要更主动地开放自己，做出有效的共情沟通和提问，以促进良好咨询关系的建立。

首次咨询时，咨询师的基本工作步骤如下。

第一步：介绍自己的真实姓名等个人信息。

例："我先自我介绍一下，我叫××，是××大学心理咨询中心的老师，硕士毕业于××大学心理学院，80年生人，年龄介于你的姐姐和阿姨之间，你叫我××老师即可。"

第二步：询问可以怎么称呼对方。

例："在这里你希望我怎么称呼你？"、"用你网名行吗？"

第三步：询问是否选用单独保密的独立账户。

例："为了安全和保密，我先问一下，你这是没有其他人知道的独立的××账户吗？"

第四步：询问是否了解网络心理咨询。

例："不知你以前是否做过网络咨询，想先了解一下你是怎么看网络咨询这种方式的？"、"咨询的保密原则等不知你是否了解？"

第五步：询问来访者求助的目的。

例："谢谢你来咨询，你想谈些什么？"

第六步：了解困扰对现在生活的影响。

例："能告诉一下这个困扰让你的生活觉得怎样？"

第七步：更多的了解与互动。

例："你刚才讲的……，能再多讲一点吗？"

第八步：确定下一步的咨询安排。

例："这次咨询时间差不多到了，觉得我们可以谈×次，时间就定在这个时间可以吗？每周一次。"

在这个阶段，明确来访者求询的目的是十分重要的，要分清是一次性的咨询、危机干预、心理教育、短程咨询还是其他。很多人使用网络求助只是为了获得快速简单的答案，并不想进入咨询关系，在咨询过程中，网络咨询师对于在线咨询过程要对来访者进行相关的引入性教育。

(3) 收集资料与建立关系：与面对面心理咨询一样，在初始阶段咨询师需要收集来访者各方面的资料，包括来访者的基本情况、首次咨询印象、既往咨询经历、心身病史、特殊生活事件、家庭状况、重要的人际关系、目前的困惑、资源以及例外情况等。在网络咨询的初始阶段，咨询师需要尽可能全面地收集来访者的资料，通过运用心理咨询的共情、澄清、情感反映、反馈等技术，帮助来访者确定、澄清和探索自身的问题，以利对问题进行概念化。可能的话，使用在线的表格也可以帮助咨询师更有效地收集来访者的问题并做出评估诊断。此外，咨询师还可以通过让来访者发送电子邮件、日记、贴图、上传照片等形式收集资料。需要注意的是，咨询师要预先与来访者商定，当来访者给咨询师发送电子邮件时，咨询师不回复邮件，而是在下次咨询时讨论。

由于网络咨询时，咨询师无法获得来访者表情、动作等非言语信息，有时因为信息缺失更容易造成一些误解，因此咨询师对来访者的感受、认知、体验和行为等方面进行探索和澄清更为重要，可以通过提问的方式促进来访者进一步表达，咨询师要及时将理解的意思反馈给来访者，请来访者核实，并进一步倾听来访者所讲述的事件及对这些事件的感受。

建立良好的咨询关系是咨询初始阶段最重要的任务，对后续咨询及咨询效果都有着至关重要的影响。良好咨询关系的特征是平等，信任、安全、开放，在网络心理咨询中透过网络交流的特点，咨询师持有真诚、尊重、共情的态度才有利于建立良好的咨询关系。

除了传统的面对面咨询共有的真诚、尊重、共情表达方式以外，网络文字沟通还可以使用的有利于增进咨询关系的方式有：

(1) 咨询师使用亲切或中性的网名。

(2) 咨询师使用字体的大小、颜色与来访者匹配。

(3) 由于缺乏面对面非语言信息，咨询师有多一些个人化的表露以增加来访者对咨询师的了解，缩小距离感。

(4) 了解来访者使用的网络语言和符号，增加对来访者的理解，便于沟通。

(5) 表明在倾听的特殊表达方式，如“我在等”、“我知道你在写”等。

(6) 在缺乏非语言的情况下，恰当使用语言、符号、标点、表情图等表达共情。

不利于咨询关系的网络特点：

(1) 文本输入延时性所带来的等待和产生的误解。

(2) 咨询时的多任务操作。

(3) 咨询时容易使用书面语和专业术语。

(4) 因为没有直接面对面，使负面的移情、反移情更强烈。

(5) 更容易遗忘和更换咨询时间，因为不见面心理压力会比较小。

2. 过渡阶段与建立目标

(1) 对咨询关系的修通：研究发现，在初始阶段与工作阶段之间明显呈现出一个“过渡阶段”，此阶段并非初始阶段的简单延续，而是对进入工作阶段起到了至关重要的作用。在过渡阶段，通过修通咨询关系、明确咨询目标、将来访者问题概念化等方式，促进咨询进程向工作阶段发展。同时，过渡阶段的咨询关系也与前后两个阶段不同，并非是从初始阶段到工作阶段的稳步加深，而是呈现出来访者试探、回避、犹豫的特点，咨询师对来访者状态的理解以及有效干预，可促使咨询关系由波动发展到逐步稳定，过渡阶段的顺利完成有助于来访者进一步深入探索，也为进入工作阶段做出了必要准备。

1) 主动坦诚探讨因为咨询师产生的咨询设置改变。例：

咨询师：我昨天刚上线就接到家里电话，心里很矛盾。

来访者：没事，家里宝宝更重要。

咨询师：谢谢你的理解，不过我也想告诉你我的真实想法，所以回去路上我在想你当时的心情，能说说吗？

来访者：呵呵，其实每次咨询前我都会有莫名的紧张与期待，没能咨询多多少少有点失落的。

2) 以共情的方式探讨来访者对咨询师的真实感受。例：

咨询师：你觉得我喜欢你吗？

来访者：实话，我感觉你应该开始厌倦我了。

咨询师：你会觉得我会厌烦你对吗？

来访者：程度没有那么深，但会有。

咨询师：嗯，我想把这点表达出来对你来说是很不容易的。

来访者：嗯。

咨询师：或者你很担心我会对你厌烦，也很担心和你交往的人时间长了以后会厌烦是吗？

来访者：嗯，应该是的。

3）咨询师向来访者真诚分享对咨询关系的感受和想法。例：

咨询师：那你想知道我的真实感受吗？

来访者：好的。

咨询师：嗯，说实话，我对我们的咨询有两种感受。一种感受是刚才说的很期待，也觉得交流得很投入。我很喜欢和你咨询；另一种感受是我能感到你对咨询开始有了一些犹疑，比如会担心咨询不能让你的生活改变。

来访者：确实有点。

咨询师：我想甚至也有可能担心自己做不到会让自己或让我失望。

来访者：是的；与其问您喜不喜欢我，倒不如问我喜不喜欢我自己；我觉得自己每次都向您抱怨，每次都让您很累，我觉得这也是我的错，我不太喜欢这样的自己。

咨询师：嗯，我能体会这样的心情。如果我说我会有些压力，担心不能很好地帮你，但我不会觉得厌烦，你相信吗？

来访者：嗯，我相信。

（2）进一步信息收集：即时文字网络咨询进入工作阶段之前的时间较长，并且需要达到一定的咨询次数进入工作阶段取得咨询效果，这可能是由于网络咨询双方无法通过非语言信息熟悉、感知对方，所以在初始阶段需要较长的时间建立关系，也可能反映出即时文字网络咨询在一次咨询中获取的信息量比面对面咨询少，在初始阶段需要较长时间收集信息、对来访者问题进行概念化。但本研究发现，网络咨询同样可以建立信任、深入的咨询关系，并且一旦建立了良好的咨询关系，咨询师对来访者问题能准确理解、形成概念化。

1）进一步探索。例：

来访者：我非常想他。

咨询师：你们在一起有多长时间了？

来访者：两年。我们所有业余时间都在一起，几乎每一分钟。

咨询师：关系是怎样发生变化的？

来访者：他对我冷淡了，开始对我不断地发火。

咨询师：发火。嗯，因为什么呢？

来访者：我也不知道，他会找任何借口对我发火。

咨询师：对你发火，还是只是不高兴？

来访者：他总是在生气，然后就会迁怒于我。

2) 总结、澄清和反馈。例：

咨询师：所以当他愤怒时，你就想要躲起来。

来访者：是的，当我说到这些的时候，我都会发抖。

咨询师：让你重新回想这些我也很难过。当他回来的时候你会做什么？

来访者：我会安抚他，给他弄吃的，对他说甜蜜的话。

咨询师：这样做有用吗？

来访者：有时候有用，但当他辱骂我的时候就没用了。

咨询师：是这样吗，我听到你说当他发火的时候，你试图通过给他吃东西、爱他来让他平静下来；但他却在你家里摔东西，辱骂你。

来访者：是的，总是如此。

咨询师：我感觉你对他的爱，有时候甚于你对自己的爱。

网络心理治疗中治疗联盟的建立和保持与面对面咨询不同，网络咨询师必须提高感觉和技能以便在来访者不在场的情况下建立治疗联盟，咨询师要能够通过使用文本来传达共情、关注、合作和非评判性接纳。

在网络咨询中，如果来访者缺少处理强烈情绪的能力和技能，则不适合进行网络咨询，因为这样的来访者可能对自己或他人带来伤害，更应该接受面对面咨询。

(3) 合作建立目标：在了解来访者的基本信息后，咨询师需要根据来访者问题的类别、程度进行评估，并依据自身所侧重的心理咨询理论进行个案概念化，而后在个案概念化的基础上再与来访者一起协商确定咨询目标。咨询目标的设立可以促使咨询师和来访者明确咨询的方向和进展。不同的理论取向会设立不同的咨询目标，如是现实问题的解决、认知调整、行为问题，还是长期的个人成长问题。当然，咨询目标的确立必须也要考虑可行性。例：

咨询师：现在你决定照顾自己，并且让抑郁成为过去。我很高兴你能这样照顾自己。正如我们都知道的，你越能够喜欢自己，做对自己好的事，你对自己感到的恐惧和愤怒就越少，你的抑郁就会逐渐离开。

来访者：如果能这样就太好了。

咨询师：我们慢慢来。你首先要做的是什么？我们从哪里开始？

来访者：我总感到孤独和情绪低落。

咨询师：好的，你希望将来的情绪状态是怎样的？

来访者：我想变得快乐和生活有所进展。

……

3. 工作阶段　网络咨询这个阶段类似于传统咨询，咨询师在对来访者问题诊断基础上，使用合适的干预手段根据自己的理论取向进行咨询，处理来访者的核心信念和深层情感。例：

咨询师：你有很强的改变动机，我们也谈了不少你困惑的问题，现在到了可以将咨询聚焦于一个方面，然后深入下去工作的时机了。

来访者：好的，这也是困扰我多年的一个事了，我发现自己，在权威面前总是很紧张，不知所措，权威包括××、××……

4. 结束阶段

(1) 评估咨询效果：当来访者达到了咨询目标，并且能在日常生活中使用学到的新的应对技能，就是终止咨询的时候了。网络咨询师要有多种资源能够提供给来访者，包括网上的以及日常生活中的。

(2) 巩固所学：回顾咨询前后期的对比及所取得的成效。现实检验，与来访者讨论终止咨询后的生活及可利用的资源。例(最后一次咨询，共12次)：

咨询师：还记得第一次咨询时你说大学前同学对你的评价吗？

来访者：嗯，……

咨询师：如果现在让你描述自己，你会怎样表达呢？

(3) 处理分离焦虑：心理咨询特别是网络咨询的局限性，不可能一下子改变所有的问题，改变可能是缓慢而微妙的。首先，至少要在最后一次咨询之前提前告知及和来访者讨论什么时候要结束，使来访者有心理准备；其二，要和来访者讨论结束咨询会有怎样的感受；其三，还可以通过逐渐减少咨询的频率，来达到终止的目的。例：

咨询师：我想听你谈谈咨询的安排，我想我们还可以有1次咨询，你的想法呢？

来访者：那我们以下次咨询作为最后一次咨询。

对于终止咨询关系感到焦虑的来访者，网上咨询的终止有时候比传统咨询要容易，但另一方面通过网络咨询建立的关系可能和传统咨询一样强，同样需要一个经历结束的哀伤过程。例：

来访者：我们就不可以再聊了吗？哎呀，特别不舍。

咨询师：嗯，是呀，我也是很不舍的。

来访者：谢谢您这一路陪伴。

咨询师：呵呵，我会很怀念和你的这段咨询。

(4) 结束阶段的特殊问题：有时候会发生意外终止。意外终止可能有多种原因：在四到六次未见成效的咨询之后；未建立有效的咨询关系；来访者的经济状况有变化，需要做出调整；出现难以修通的显著的移情或反移情。

为了防止意外终止咨询，重要的是要告知来访者结束阶段的重要性。咨询师要和来访者建立一个协议，来完成咨询过程，并且经历一个终止的过程。

还有一种情况是，来访者要求结束网络咨询改为面询。咨询师要根据来访者的实际情况，负责任地进行合适的转介。

三、基本技术

1. 服务器的使用　网络心理咨询依靠电脑透过网络服务器来实现，因此熟练使用电脑及网络服务器是区别于面对面咨询的一个特殊技术要求。如果咨询师不熟悉服务器的使用，会出现不能按时进行咨询工作，或者一旦出现一些简单技术问题不能处理导致中断咨询。

2. 对书写交流方式的掌握　由于书写速度的影响，咨询师和求助者都存在不能一次性地把所有想说的写出来，而是一部分一部分的发送。在对方书写时，每发送一部分在结尾处使用省略符，这表明还有要写的话，咨询师不用急于对每次发过来的内容做反馈，而是等收到较完整的内容后再有针对性的回应。如果来访者过去没有在线对话的经验，那么咨询师在开始工作前最好以很友好的方式给他一些小贴士，帮助他很好地度过学习使用这个阶段。

3. 共情的回应　共情不仅是建立治疗关系所需的态度，也可以有效地帮助求助者表达情感，感受被理解和接纳。文字共情性表达与面谈基本类似。

4. 倾听的表达　由于网络使求助者看不到咨询师，在求助者较长时间打字书写或者沉浸在一定情绪和思考时，难以判断咨询师是否在电脑前仍然在关注求助者，所以咨询师要在有一定节奏地书写一些语言或符号，让求助者知道你还在倾听求助者。例如：

(1) 我在这边。

(2) 你在想一些事情吧，没有关系我在这边等。

(3) 可以慢慢写。

(4) ……

另外，因为需要打字求助者较长的一段表述会分句传上，因此咨询师在其间可以用嗯、哦等感叹词回应，表示在一直关注着求助者。

5. 咨询师需要留意的网络礼节　这些礼节通常是会涉及一些非官方的规则和用语。在可接受的沟通范围内，这些方式应该允许保留下来。当越来越多的人使用手机短信及网络时，这些“规则”就开始“挑战”文明对话的界限了。因此，当与来访者对话时，即使来访者不会有这样的行为，但是咨询师还是需要守好底线，避免任何造成暧昧的话语结构在。

需要记住的一些互联网工作基本规则：

(1) 保持与面对面会谈时使用的相同的标准。

(2) 标点符号传达特定的含义。

(3) 如果你的反应充满了错误，这意味着你不关心他们。

(4) 尊重时间界限，不要滥用来访者的时间。

(5) 确认来访者是否喜欢表情符号的使用。

(6) 如果你使用短语缩写的话，确定来访者能明白你的意思。

(7) 不要假装你明白了来访者使用的缩写。

(8) 仔细思考下你使用的字体及文本颜色——这些对来访者会不会有不同含义。

6. 网络文本交流特殊符号的使用　在网络咨询中会使用各种交流符号，对其使用也要格外注意：

(1) 表情符号：表情符号可以是用一组标点符号来表达感情，也可以是像 QQ、MSN 的即时信息程序包里有个表情栏。表情符号或图片被用来表示前面所写的短语或句子所负载的腔调，或者是对刚才所讲东西的一种回应。咨询师要熟悉这些表情符号，可以适时用于表达自我情感和对求助者情感的理解。

(2) 有画面、音乐的动漫等资料：咨询师除非了解来访者，否则还是谨慎使用这些符号为好，因为对于咨询师来讲可能是很可爱或是很娱乐的，但是对来访者来讲可能显得过于轻率，或者也有可能使咨询会谈变得跟朋友聊天似的，没有了咨询效果。

(3) 字体颜色、字体性状、字体大小：通常使用不同的颜色也是有意义的。如果咨询师字体比来访者大或小的，也可能反应一定的咨询关系。比较柔软的字体和比较有棱角的字体，或者清晰与潦草的字体选择，也会反应不同的心态。咨询师在所有咨询中总是使用一种风格、尺寸及颜色是有咨询意义的，这让来访者有种连续的感觉，并且如果咨询师有什么发生改变的话，也不会有意外的(out-of-awareness)惊讶。如果是来访者有这些变化的话，也是有意义的。例如，平常他们常常使用绿色，但是突然开始用红色了，是不是意味着来访者生气了？当然也许来访者只是想要尝试下新的变化。

第三部分　注 意 事 项

一、适 应 证

1. 适应证

(1) 因地理位置限制不方便的求助者。

(2) 因身体残疾、严重患病和不方便出门的求助者。

(3) 患广场恐惧症、焦虑障碍或社交恐惧症的求助者。

(4) 对面对面咨询排斥或恐惧者，或不方便采取面对面咨询形式者。

(5) 习惯于通过书写方式表达自己情感的求助者。

……

2. 禁忌证

(1) 有自杀和杀人倾向的求助者。

(2) 身陷暴力或虐待性的关系的求助者。

(3) 有严重精神障碍的求助者(如妄想型精神分裂症、边缘性人格障碍者等)。

(4) 具有较少的计算机经验及知识的个体。

……

二、伦 理 问 题

(一) 网络咨询师的能力与资格

从事网络咨询，咨询师需要经过专门的能力训练和资格认证。网络咨询师首先要经过心理咨询的专业训练，并且有一定的面对面咨询经验。除了具备咨询专业能力以外，还应具有实施网络咨询的特殊能力和技巧，熟悉电脑网络操作程序、网络媒体特性以及相关的伦理内容。网络咨询师在独立从业前必须完成一定的培训并获得认证。因此，以下条件是必备的：①要完成一定的基础知识的培训；②要在督导和独立情形下进行若干小时的临床实践；③还要通过认证考试。可见，咨询师必须能够胜任网络咨询提供专业服务，而且求助者可以在网络上验证咨询师的身份与资格认证。

1. 特质

(1) 具有敏锐的感觉。

(2) 出色的语言能力。

(3) 能够通过文字察觉、处理求助者的情绪问题。

(4) 相信网络咨询的有效性。

(5) 对文本交流不反感等。

2. 能力要求　远距离交流的媒介包括电话、电子邮件、聊天室、视频会议等。每种方法都各有优缺点，要求网络咨询师能针对环境和来访者的适应证和禁忌证，根据特殊技术和注意事项来确定适合来访者的治疗形式。

受训者对基于文本为媒介的治疗感兴趣，比如电子邮件、电子邮件列表、通报版、论坛和聊天室，需要学习这样一种更有效的沟通方式——不仅取决于来访者的技术，还有他们的打字水平。像触摸打字技巧、计算机导航、语法和拼写、新的社会意识、习俗与被操作的交互动力(例如新的操作模式或欺骗行为)的学习都是必要的(Stofle，1997)。要求学员在培训期间内互发邮件，或者与其他学员亲自体验。任何一个临床的沟通，受训者都要从关于来访者各个方面的讨论中提取有效信息(如智力、教育、母语、文化语境、家庭状况、健康、药物或酒精、药物服用)。

不同生活地区与成长经验的当事人都有可能突破地域限制而求助，因此强化了多元文化训练的必要性，当咨询师熟悉求助者口语表达方式、习语以及当地的习惯用词有时会有很大不同。鉴于网络语言和文化的多样性，使得"文化能力"对于网络咨询师尤其重要(美国心理协会，1997)。

(二) 网络咨询的安全与保密问题

网络咨询师在遵守安全和保密原则的同时，还要提供网络的安全保障。网络的安全性受到计算机病毒、黑客等造成数据被侵入或破坏的可能威胁，对网络心理咨询的安全性而言是非常大的挑战。网络咨询师除了个人应严守保密规定之外，还必须采取适当的安全措施以维护求助者的隐私，包括如何确认彼此的身份、告知网络的安全性限制、技术性失误的可能性以及应对措施等。当面临求助者可能自我伤害或伤害他人时，网络咨询师应尽到预警责任，这属于保密的例外情况。当求助者属匿名的情况或身处异地时，确实给预警工作带来很大的挑战和困难，这也是网络心理咨询备受争议之处。关于保密的另一个问题是，保密原则对咨询师来讲是必需的，但是对求助者来讲却没有相应的限制。

(三) 知情同意原则

提供网络心理咨询前，机构与咨询师应进行知情同意程序，向求助者进行必要的说明，具体包括：

(1) 网络上的咨询服务的特性、形态。

(2) 保密的规定与程序，及可能的限制(如电脑科技的限制、服务功能的限制、网络功能的限制、保密的限制、何种问题不适于使用网络咨询等)。

(3) 网络安全上的顾虑与应对方式等信息。

(4) 咨询师的专业资格。

(5) 收费方式。

(6) 当网络求助者为未成年人时，咨询师应考虑获得其家长与监护人的同意。

(7) 求助者有关每一次咨询的资料会被如何保存、保存多久的信息。

(四) 避免对求助者的伤害

网络治疗师应考虑到网络咨询的特殊形态，避免可能出现的伤害。由于网络咨询服务形态的限制，为避免求助者因无法获得适合的服务而受到伤害，网络咨询师应对求助者进行筛选，对患有严重精神疾病以及处于危急状况的求助者、或者所探讨的问题不适于使用网络咨询者应及时转介。对适于接受网络咨询的求助者，咨询师也要多方面考虑以避免求助者受到伤害，如避免网络求助者求助无门、或已受伤害而不自知等。

具体的做法包括：

(1) 评估求助者的需求及使用上网的能力。

(2) 为求助者提供相关资源网站及其居住所在地可寻求协助的治疗人员信息。

(3) 告知当网络咨询师不在线上时如何联络的程序。

(4) 追踪咨询服务的效果。

此外，咨询师应有使用新科技时可能出现不可预知潜在危险的危机意识，以防意外的伤害。

(五) 评量、诊断与技术使用

通过网络提供专业服务时，如何诊断评估当事人的心理特质与问题症状成为一项很大的挑战。由于 e-mail、网络文字聊天工具沟通方式，缺乏对当事人的口语和肢体的观察，做临床判断十分困难，可能在诊断或评量上有所误差。基于上述同样的理由，咨询师在技术的使用也会受到限制，所提供的咨询可能无法针对或满足求助者的需要，甚至造成伤害。因此，网络咨询师应向求助者说明造成彼此沟通上误解的可能性以及应对方法，并尽量避免错误评量与诊断的可能性。此外，如果网络上提供的评量方案是自助方式，则求助者是否因为操作上的误差，或是因其对结果主观的误解而导致不利结果，也是咨询师应加以注意和追踪的课题。

(六) 与认证机构链接

在主页上应与咨询师资格鉴定机构和执照委员会的网站建立链接，

以方便网络求助者查询咨询师资格或提出服务不当或伦理申诉时使用，以确保求助者权益。

三、法 律 事 项

在网络上提供心理咨询服务可能会遇到一些法律相关的问题。从心理咨询师的职业认证、从业执照、登记注册、行业管理、财务制度，到来访者的权益保护、隐私权、投诉权等，都需要法律法规的保障。

主要的法律问题有：

(1) 法律管辖权的问题。

(2) 网络犯罪防治的问题。

(3) 著作权的问题。

(4) 消费权益的问题等。

(贾晓明)

参 考 文 献

沉玉培. 2007. 网路谘商守则与道德顾虑. 谘商与辅导，253：2-7.

崔丽霞，雷雳. 2007. 网络心理咨询的疗效与展望. 心理科学进展，15(2)：350-357.

崔丽霞，郑日昌. 2007. 网络心理咨询职业伦理研究概况及展望. 中国心理卫生杂志，21(7)：510-512.

窦金城. 2007. 网络咨询的争议、解决及技巧. 谘商与辅导，253：8-13.

贾晓明，周玥. 2011. 网络心理咨询中的咨询关系. 中国心理卫生杂志，12(25)：885-889.

简正镒. 2003. 谘商师使用焦点解决短期谘商经验之历程研究. 彰化师范大学辅导与谘商系(博士论文).

李成齐. 2007. 网络心理咨询研究综述. 中国特殊教育，83(5)：86-91.

李书艺. 2004. 以网路即时通为媒介之焦点解决取向网路即时谘商研究. 国立彰化师范大学辅导与谘商学系(硕士论文).

李伟斌. 2002. 网路即时谘商中工作同盟、晤谈感受与谘商员口语反应之历程分析.国立屏东教育大学教育心理与辅导学研究所(硕士论文).

彭信扬. 2007. 以叙事治疗在网路谘商中陪伴故事主人重写生命蓝图. 中国文化大学心理辅导研究所(硕士论文).

邱珍琬. 2001. 线上谘商新趋势. 辅导季刊，36(4)：60-62.

孙炳海，周贤. 2005. 电子邮件心理咨询在大学生中的应用. 中国健康教育，21(10)：760-762.

王智弘，杨淳斐. 2001. 网路谘商中可行之理论取向与实务技巧. 辅导季刊，37(4)：20-27.

王智弘. 1998. 网路谘商的伦理课题. 辅导季刊，34(3)：8-16.

王智弘. 1998. 网路谘商与辅导的相关伦理问题. 世界心理卫生与辅导会议. 台北市：剑潭青年活动中心.

王智弘. 2000. 网际网路对助人专业带来的契机与挑战. 谘商专业发展学术研讨会. 台北市：国立台湾师范大学，11.

伍麟，钟暗华. 2005. 网络心理咨询活动的特点与面临的问题. 中国临床康复，9(44)：145-147.

张匀铭，王智弘. 2009. 以全球资讯网为介面之认知治疗网即时谘商研究-以忧郁情绪当事人为例国立台湾师范大学教育心理与辅导学系. 教育心理学报，41(1)：45-68.

郑惠君. 2007. 网络谘商发展现状与影响因素之探讨. 辅导季刊，43(1)：48-57.

卓翠玲. 2007. 人际困扰当事人接受网路即时谘商之研究. 国立高雄师范大学辅导与谘商研究所(硕士论文).

Childress CA, Asamen JK. 1998. The emerging relationship of psychology and the internet: Proposed guideline for conductinginternet intervention research.Ethics & Behavior, 8:19-35.

Collie RK, Mitchell D, Murphy L. 2000. Skills for on-line counseling: maximum impact at minimum bandwidth. In J. W. Bloom & G. R. Walz (Eds.), Cybercounseling and cyberlearning: Strategies and resources for the millennium (pp.219-236). Alexandria, VA: American Counseling Association.

Corey G. 1996. Theory and practice of counseling and psychotherapy 5th ed Pacific Grove, CA: Brooks/Cole, 3-21.

Day XK, Schneider P. 2000. Cybercounseling and cyberlearning: Strategies and resources for the millennium. Alexandria, VA: American Counseling Association，203-218.

Derrig-Palumbo K, Zeine F. 2005. Online Therapy, CA: A Norton Professinal Book.

Grohol J. Best practices in e-counseling: definition and scope of e-counseling [On-line]. Available:http://psych-central.com/best/best3.htm

Jones G, Stokes A. 2009. Online Counselling-a Handbook for Practitioners, CA:palgrave Macmillan.

Murphy LJ. Mitchell DL. 1998. When writing helps to heal:e-mail as therapy.British Journal of Guidance & Counseling, 26: 21-32.

National Board for Certified Counselor [on-line]. 2001. The Practice of Internet Counseling. http://www.nbcc.org/ethics/webethics.htm.

National Board for Certified Counselor[On-line]. 2008. Standards for the ethical practice of Web Counseling. http://www.nbcc.org/ wcstandards.htm.

White M, Epston D. 1990. Narrative Means to Therapeutic Ends.New York:NORTON, 29.